나의 로망, 로마

나의 로망, 로마

여행자를 위한 인문학

글·김상근 | 사진·김도근

시공사

로마–두 번째 탄생을 위한 오래된 지도

로망Roman이란 단어는 일반적으로 '간절히 원하는 그 무엇, 혹은 갈망하는 대상을 간절히 바라는 상태'를 말하지만, 사실은 로마Roma란 도시와 깊은 연관이 있습니다. 프랑스어인 로망은 '라틴어를 바탕으로 하는, 로마 외 지역에서 발달했던 로마 스타일의 문학'이라는 뜻을 가지고 있습니다. 이 단어는 영어를 사용하는 사람들에 의해 로맨스Romance로 번역되었습니다. 결국 로망이나 로맨스의 가장 정확한 사전적 의미는, '로마의 지배를 받던 지역의 언어'라고 할 수 있습니다.

그럼에도 불구하고 우리는 로망이라는 단어를 '간절하게 바라는 그 무엇'으로 사용하고 있습니다. 나이와 소원은 다 달라도 우리 모두에게는 로망이 있습니다. 더 이상 로망이 없다면, '간절하게 바라는 그 무엇'이 없다면, 살아도 살아 있는 것이 아니지요.

저의 로망은 이것입니다. 은퇴하면 로마에 가서 살아보리라! 작은 쪽방이라도 발 뻗을 공간만 허락된다면 말입니다. 독일의 대문호 괴테가 "오렌지 향기 나는 나라"라고 표현했던 이탈리아에서 꼭 살아보고 싶은 것이 저의 로망입니다. 이런 저의 간절한 소망을 담아 쓴 책이 바로 이제 여러분이 읽게 되실 《나의 로망, 로마》입니다.

저는 지금부터 제가 '간절히 바라는 그 무엇'에 대하여 책을 쓸 작정입니다. 즉 저의 간절한 '로망'에 따라 쓰려고 합니다. 솔직히 이 책은 저 자신을 위한 책이라고 할 수 있습니다. 저의 간절한 '로망'을 담고 있기 때문입니다. 남을 의식하며 책을 쓰는 일은 이제 더 이상 하지 않을 것입니다. 저 자신에게 정말 솔직해지고 싶습니다. 여기저기서 주워들은 이야기를 결코 반복하지 않겠습니다. 제가 제게 쓰는 책이니만큼, 정직하게 쓸 것입니다. 이것이 이 책의 출발점에 서 있는 저의 마음가짐이자 각오입니다.

로마에 대한 책은 이미 시중에 많이 깔려 있습니다. 죄송한 말씀이지만, 아주 얄팍한 책들이 대부분입니다. 로마의 맛집은 어디고, 쇼핑을 하려면 어딜 가야 하고, 명품 아웃렛에 가서는 어느 브랜드의 제품을 사야 하는지에 대한 정보가 차고 넘칩니다. 오드리 헵번과 그레고리 펙이 주

어떤 사람에게 로마는 사랑의 도시이다.

인공으로 나왔던 영화 〈로마의 휴일〉은 모든 책에서 반복되고 있는 식상한 주제의 이야기입니다. 토마토케첩을 뿌리고 좀도둑질을 일삼는, 악명 높은 로마 소매치기들에 대한 경험담이나 침 튀기며 이야기할 뿐입니다.

이런 정보만을 가지고 로마를 방문하니 지금까지 우리들의 로마 여행은 그야말로 주마간산走馬看山일 수밖에 없었습니다. 로마 방문객이면 꼭 들러본다는 판테온 근처 카페 앞에서 사진을 찍고, 트레비 분수를 등지고 동전을 던지는 것이 로마 여행의 하이라이트라고 생각했습니다.

그래서 저는 단단히 마음을 먹고, 로마라는 도시의 유구悠久한 역사와 다양한 문화를 철저하게 파헤쳐보고자 합니다. 꼼꼼한 문헌 고증을 거치되, 쉬운 문장을 사용할 것을 약속드립니다. 독자가 읽어도 이해하기 힘든 문장을 쓰는 작가는 책을 쓸 자격이 없는 사람이라고 생각합니다. 그런 작가는 먹지 못하는 과일을 생산하는 과수원의 농부입니다. 엘리자베스 여왕이 통치하던 16세기 말부터 극작가로 활동했던 윌리엄 셰익스피어는 모든 계층의 사람들이 쉽게 이해할 수 있도록 주요 대사를 이중으로 썼습니다. 셰익스피어의 청중은 영어를 사용하던 평민 계급과 라틴어나 프랑스어를 궁중의 언어로 사용하던 귀족들로 구성되어 있었습니다. 그래서 그는 〈맥베스〉 2막에서 이런 문장을 선보입니다.

바다의 신 넵튠이 거대한 바닷물 전체를 쓴다 한들
내 피를 이 손에서 씻어낼 수 있을까? 아니야.
이 손은 온 바다를 진홍색incarnadine으로 물들여서
푸른 물을 붉게red 만들고 말 거야!

한국말로 '진홍색'으로 번역된 단어 incarnadine는 라틴어에 어원을 둔

어려운 단어입니다. 반면 '붉게'로 번역한 단어 red는 영국의 보통 사람들이 사용하던 일상적인 단어입니다. 그러니까 셰익스피어는 '붉게'는 평민들을 위해서, 그리고 '진홍색'은 귀족들을 위해서 따로따로 사용했습니다. 참 마음이 따뜻한 사람이란 생각이 듭니다. 자신의 청중을 정중하게 대하려는 배려의 정신이 없었다면, 이런 친절한 표현 방식은 사용되지 않았을 것입니다. 부족하지만 저도 과시하기 위해서 글을 쓰거나, 제가 가진 알량한 지식으로 독자를 설득하기 위해서 글을 쓰지는 않을 작정입니다. 부족한 저 자신을 돌아보기에도 시간이 모자랄 형국인데, 과시라니요?

이제 저와 함께 이 책을 들고 로마 여행을 떠나십시다. 이 책은 로마로 떠나기 전에 읽어도 좋고, 로마에서 읽어도 좋고, 로마를 다녀와서 읽어도 좋습니다. 영원히 로마에 가보지 못하더라도, 이 책을 통해서 로마는 우리의 로망으로 자리매김할 것입니다. 로마에는 매년 1,200만 명 이상의 관광객이 그야말로 구름처럼 몰려들지만,2 깊이 있는 여행을 하는 사람은 얼마 되지 않습니다. 로마는 수많은 인류의 고전을 탄생시킨 곳입니다. 저와 함께 로마를 방문하시는 여러분이 아래와 같은 고전과 더불어 깊이 있는 로마 여행을 시도해 보셨으면 합니다.

리비우스Titus Livius, 《로마사》
폴리비우스Polybius, 《역사》
키케로Marcus Tullius Cicero, 《의무론》
루크레티우스Lucretius, 《사물의 본성에 관하여》
플루타르코스Plutarchos, 《영웅전》

카시우스 디오Cassius Dio,《로마사》

베르길리우스Publius Vergilius Maro,《아이네이스》

오비디우스Publius Naso Ovidius,《변신 이야기》

타키투스Cornelius Tacitus,《연대기》

세네카Lucius Annaeus Seneca,《도덕서한집》

타키투스,《역사》

마르쿠스 아우렐리우스Marcus Aurelius,《명상록》

아우구스티누스Augustinus,《고백록》

어떻습니까? 이름부터 압도적이고 무시무시한 로마 시대의 고전을 함께 읽자니 처음부터 너무 부담스러우신가요? 갑자기 책을 덮고 싶으신가요? 고전의 무게가 보통 책을 압도하기 때문에, 아마 조금은 부담스러우실 것입니다. 그러나 제가 분명히 약속드립니다. 이 책을 통하여 고전도 쉽고 재미있게 읽을 수 있다는 것을 보여드리겠습니다. 무엇보다 로마 시대에 쓰인 고전들이 지금 우리 삶의 길잡이가 될 수 있음을 보여드리겠습니다.

위에 열거된 로마의 고전들은 약 2,000년 전부터 집필되었습니다. 그러나 지금도 서점에서 살 수 있고, 2,000년 동안 세계 각국의 다양한 독자들을 만나온 책들입니다. 2,000년 동안 고전이 살아남을 수 있었던 이유는 수많은 사람들이 그 책을 읽어낼 수 있었기 때문입니다. 그러니 우리도 할 수 있습니다. 제가 독자 여러분을 고전과 함께하는 로마 여행으로 안내해 드리겠습니다. 물론 고전만 죽어라 공부하면 재미가 없겠지요. 그래서 이 책의 후반부에서는 로마를 대표하는 예술가를 선정해서 그들의 족적을 따라가는 예술 투어를 병행해보려고 합니다. 르네상스 시대와 바로크 시대의 로마는 예술가들의 족적을 따라 여행해보도록 하겠습니다. 앞에 소개해드렸던 고전들이 로마의 정신을 구축했다면 로마의 예술을 대표하는 아래 조각가들, 건축가들, 화가들은 로마의 외형을 구축했습니다. 로마를 대표하는 예술가 목록은 아래와 같습니다.

브라만테Donato Bramante, 건축가

라파엘로Raffaello Sanzio, 화가

미켈란젤로Michelangelo Buonarroti, 조각가·화가·건축가

카라바조Michelangelo Merisi da Caravaggio, 화가

베르니니Gian Lorenzo Bernini, 조각가·건축가

고전을 통한 로마 공부와 예술을 통한 로마 공부라는 두 가지 방식을 제안한 이유가 있습니다. 지금부터 우리가 방문할 로마라는 도시는 고대Ancient의 로마와 근대 초기Early Modern의 로마라는 두 가지 상이한 지층으로 구성되어 있기 때문입니다. 그리고 이 두 개의 다른 로마 지층은 '르네상스Renaissance'라는 독특한 문화 현상을 통해 서로 연결되어 있습니다.

근대 초기인 15~16세기의 로마는 고대의 로마를 부활시켰습니다. 그것을 로마 문명의 재탄생, 즉 '르네상스'라 부릅니다. 그러니까 로마는 새롭게 태어난 곳입니다. 흔히 르네상스를 '문예부흥'이라고 번역하곤 하는데, 주의해야 할 점은 고대 그리스의 부흥이 아니라 고대 로마의 부흥이었다는 것입니다. 그러니 로마로 떠나는 우리가 가져야 할 것은 고전을 통해 고대 로마를 만나게 될 뿐만 아니라, 르네상스와 바로크 예술을 통해 근대 초기의 로마도 만나게 될 것이라는 두 가지의 황홀한 기대감입니다.

자, 이제 우리는 로마로 떠날 준비를 마쳤습니다. 그리고 로마로 가는 이유도 명백해졌습니다. 도시 자체가 재탄생했던 로마처럼, 우리도 다시 태어나는 방식을 배우기 위해서입니다. 그러기 위해서 우리는 로마에서 자발적으로 길을 잃는 여행을 시도해야 합니다. 모든 여행은 길을 잃을 때부터 시작됩니다. 목적지로 가는 방향을 잃어버리고, 낯선 골목에서 서성거리면서 우리는 진정한 로마 여행을 하게 될 것입니다.

로마는 고대와 르네상스와 바로크가 겹치는 도시이므로, 우리가 그곳에서 길을 잃는 것은 당연한 일입니다. 고대 로마에서는 아우구스투스가 꿈꾸었던 제국의 야망과 키케로가 품었던 공화정의 이상이 충돌합니다. 르네상스와 바로크의 로마에서는 미켈란젤로의 직선과 베르니니의 곡선이 교차합니다. 성聖과 속俗이 공존하는 곳도 로마입니다. 세상에서 가장 매춘부가 많은 도시가 로마이고, 세상에서 가장 성직자가 많은 곳도 로마이니까요. 그러니 우리가 로마에서 길을 잃는 것은 당연한 일이고, 이름 모르는 골목에서 우리는 예상치 못한 경험을 하게 될 것입니다.

이 책은 로마에서 자발적으로 길을 잃고 싶어 하는 '로망'을 가진 사람들의 길라잡이가 될 것입니다. 이 책은 상세한 거리 지도를 제공하거나 로마 여행 루트를 추천하지 않습니다. 로마 거리에 숨겨진 맛집의 주소도 일러주지 않을 것입니다. 오히려 이 책은 로마에서 길을 잃어버릴 것을 권장합니다. 로마에서는 가는 방향을 잃고 무작정 좁은 골목을 걸어보아야 합니다. 깨달음은 낯선 곳에서 우연히 찾아올 때가 많습니다.

로마는 이탈리아 전역에서, 알프스산맥 너머 북유럽에서, 아프리카의 사막에서 사람들이 몰려든 곳입니다. 로마는 성벽으로 둘러싸인 도시가 아니라 열린 정신들이 모여든 하나의 거대한 공동체였습니다. 다양한 문명이 만나는 곳, 인종의 상이함이 존중되는 곳, 야만족도 나라에 공만 세

로마에서 정신의 재탄생을 경험했던 독일의 대문호 괴테. 티슈바인Johann Heinrich Wilhelm Tischbein, 〈캄파니아 평원의 괴테〉(1787년), 프랑크푸르트 슈테델 미술관 소장.

나의 로망, 로마

우면 시민의 권리를 누릴 수 있는 곳, 팔려온 노예도 노력하면 당당한 시민의 일원이 될 수 있는 곳, 평민이라도 집정관의 최고 자리에 오를 수 있는 공화정의 도시였습니다. 로마는 단순히 이탈리아의 수도가 아니라 '세계의 배꼽'이었습니다. 서구 문명의 탯줄이 로마를 통해 연결되었기 때문이기도 하지만, 누구나 새로 태어날 수 있는 어머니의 자궁과 같은 곳이 로마였기 때문입니다.

로마에 처음 도착했던 독일의 문호 괴테는 다시 태어나는 느낌을 받았다고 합니다. 1786년부터 약 3년간 로마와 이탈리아 남부에 머물면서 정신의 재탄생을 맞이했던 괴테는 로마에서의 첫날을 이렇게 회상합니다.

> 지금 역사에 대한 관심이 생겨난다. 전체 세계사가 이 장소와 결부되어 있으니, 나는 여기서 두 번째 탄생을 맞고 있다. 내가 로마로 들어선 날부터 진정한 재탄생이 시작된 것이다.[3]

괴테처럼 우리도 로마에서 두 번째 탄생을 맞이할 수 있을까요?

2019년 6월
저자 김상근

차례

3부 중세 로마와 제국의 부활, 르네상스

보르게세 미술관 P.371

언덕 위의 삼위일체 성당 P.49

카페 그레코 P.50
스페인 계단 P.45
스페인 광장 P.48

디오클레티아누스 욕장 P.231

레푸블리카 광장 P.236

세르비우스 성벽 P.21

테르미니 역 P.23

트레비 분수 P.164

산타 마리아 소프라
미네르바 성당 P.123

산타 마리아 인
아라코엘리 성당 P.114

포로 로마노

도무스 아우레아 P.195

캄피돌리오 언덕 P.109

콜로세움 P.193

콘스탄티누스 개선문 P.253

팔라티노 언덕 P.74

대경기장 P.38

↓ 카라칼라 욕장 P.237

1부

로마 왕정과
공화정의 시대

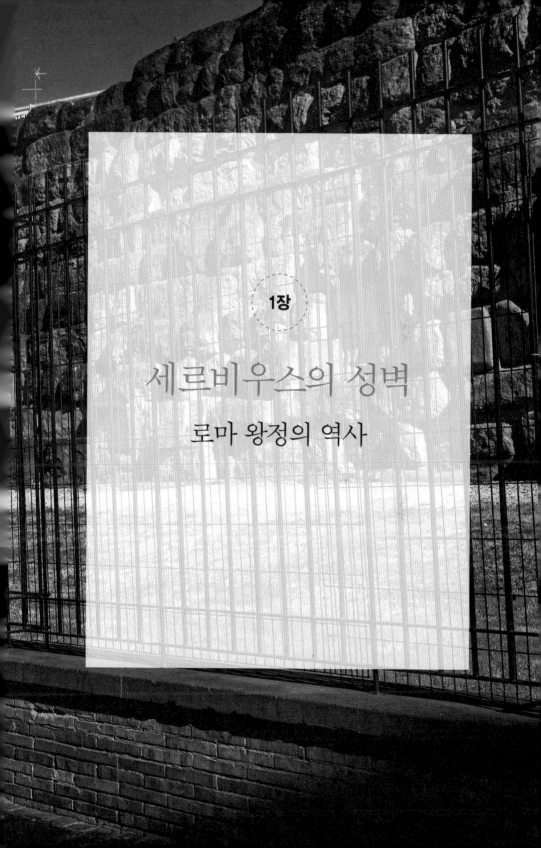

1장

세르비우스의 성벽

로마 왕정의 역사

흔히들 이렇게 말한다. "모든 길은 로마로 통한다"고. 이 말이 30만 킬로미터에 달했다는 로마 가도街道의 종착지가 로마 도심의 한복판이라는 뜻인지, 아니면 로마 제국의 초대 황제 아우구스투스가 지명했다는 포로 로마노Foro Romano의 황금 지표Milliarium Aureum라는 뜻인지 정확하지 않다. 사실 이 말은 고대 로마 시대에 한 번도 사용된 적이 없다. 로마인들에 의해 사용되지 않았던 문장이 로마의 특징을 규정하는 데 동원된다는 것은, 그만큼 우리가 로마를 로망의 대상으로 보고 있다는 뜻이다. 우리는 로마를 마음대로 상상하는 경향이 있다. 어쩌면 로마는 우리가 만든 상상의 도시일지도 모른다.

　현재 한국에서 비행기를 타고 이탈리아로 가는 방법은 두 가지다. 로마로 가든가, 베네치아로 가든가. 물론 유럽의 다른 도시를 경유해서 들어가는 방법도 있지만, 나는 직행을 타든 경유를 하든, 로마로 바로 들어가는 교통편을 추천한다. 정확하게 말하자면 레오나르도 다빈치 공항을 출입문으로 삼으란 것이다. 이 공항은 현지인들에게는 피우미치노 공항 Aeroporto di Roma-Fiumicino이라 불린다. 아까 말한 '황금 지표'에서 35킬로미터 거리에 있는 공항이다.

피우미치노 공항에서 로마로 가는 레오나르도 익스프레스

　바닷가에 가까이 있는 피우미치노 공항에서 로마 도심까지 깔린 고속도로는 거의 직선이다. 물론 전설일 뿐이지만, 3,200여 년 전에 이 도시를 처음 방문했던 아이네아스가 말을 타고 갔을 그 거리를 직선으로 달린다고 생각하면 기분이 남다르다. 로마의 역사는 이 곧게 뻗은 고속도로를 따라 3,000여 년 전의 세계로 우리를 인도한다.

　공항에서 로마 시내로 들어가는 방법은 여러 가지지만, 나는 기차를 이용할 것을 추천한다. 우리가 방문할 첫 번째 목적지가 바로 공항에서 기차(레오나르도 익스프레스)를 이용하면 직행으로 32분 만에 닿을 수 있는 곳, 테르미니 역Stazione Termini이기 때문이다. 로마에 도착하자마자 우리의 그랜드 투어가 시작되는 셈이다. 우리는 이곳에서 로마라는 나라가 어떻게 창건되었는지 확인하게 될 것이다.

첫 번째 방문지, 테르미니 역의 맥도널드

테르미니 역이라는 이름이 '터미널terminal'과 비슷하게 들리지만, 사실은 역 부근에 디오클레티아누스Diocletianus 황제가 4세기 초반에 만든 대형 목욕탕thermae이 있기 때문에 이런 이름을 갖게 되었다. 1950년에 완성된 테르미니 역 건물 자체가 로마 그랜드 투어의 첫 번째 방문지는 아니다. 우리는 지하 1층에 있는 맥도널드로 향해야 한다. 그곳이 우리들의 첫 번째 방문지가 될 것이다.

이곳은 지구상에 존재하는 모든 맥도널드 중에서 가장 오래된 성벽으로 둘러싸여 있는 매장이다. 맥도널드 사의 공식 통계에 의하면(2018년

테르미니 역 지하에 있는 맥도널드. 매장 안에 세르비우스 성벽이 있다.

기준) 전 세계 120개국에 총 3만 6,899개의 매장이 있지만, 테르미니 역의 맥도널드는 약 2,400년 전의 로마 건축물을 볼 수 있는 유일한 곳이다. 그 고대 로마의 건축물을 '세르비우스 성벽Servian Wall'이라고 부른다.

맥도널드에서 고대 로마의 성벽을 볼 수 있는 것도 신기하지만, 이탈리아에서 맥도널드를 볼 수 있는 것도 경이로운 일이다. 오직 이탈리아인들만이 진정한 요리를 할 수 있다고 큰소리치는 사람들의 도시 한복판에, 그것도 역사적인 유물 바로 옆에 미국의 패스트푸드 가게가 자리잡고 있다니, 참 경탄할 만한 일이다. 패스트푸드에 반대해 슬로푸드Slow Food 운동을 주창한 나라가 바로 이탈리아 아니던가? 그런데 로마 중앙역 한복판에 맥도널드라니!

그러나 10분만 테르미니 역 지하의 맥도널드에 서 있어보면 이 가게의 존재 이유를 알 수 있게 된다. 이곳의 맥도널드는 이탈리아 사람들을 위한 것이 아니라, 외국 관광객들을 위한 것이란 사실을. 이곳의 고객은 대부분 미국이나 캐나다에서 온 젊은 배낭여행객들이나, 글로벌해진 입맛을 지향하는 맥도널드의 마케팅에 자신의 미각을 평준화시킨 젊은이들이다. 로마를 찾아온 이방인들이 익숙한 미각을 찾아 얄팍한 지갑을 여는 곳인 셈이다.

길게 줄을 서서 자신이 주문한 햄버거가 나오기를 기다리고 있는 사람들 옆에 세르비우스 왕이 만든 성벽이 우두커니 서 있다. 이방인들의 유입을 막기 위해 만든 로마의 성벽 옆에, 외국에서 온 이방인들이 서성거리고 있다. 햄버거로 로마에서의 한 끼를 달래는 평범한 이방인들의 모습을 보면서 우리는 로마가 처음 시작될 때의 모습을 상상하게 된다.

이방인들의 도시

영원한 로마Roma aeterna라 불렸던 이 도시의 출발은 초라하기만 했다. 평범한 사람들, 가난한 사람들, 심지어 다른 나라에서 추방당한 범죄자들이 만든 도시였기 때문이다. 로마 사람들이 들으면 기분 나쁘겠지만 로마는 범법자들이 만든 도시이고, 너무 가난해서 끼니 걱정을 하던 사람들이 모여 만든 도시였다. 심지어 이웃 나라에서 범죄를 저지르고 법의 추적을 피해 도망쳐온 사람들이 세운 피난처 같은 도시였다.

우리는 로마를 처음 방문할 때 이미 이 도시의 거대함과 위대함을 마음속으로 고대하며 온다. 로마 제국! 제국을 창건한 아우구스투스! 카이사르 만세! 영원한 도시! 세계의 머리Caput mundi! 로마는 하루아침에 만들어지지 않았다! 모든 길은 로마로 통한다! 그러나 그 위대한 로마의 출발이 맥도날드에서 한 끼의 배고픔을 달래는 이방인들에 의한 것이었다니, 기대에 크게 어긋나는 것이 사실이다. 위대한 제국의 출발이 이렇게 초라했다니! 우리는 로마 여행의 첫 번째 장소 맥도널드에서 로마 탄생의 첫 번째 모습을 상상하게 된다.

로마의 건국 신화에서부터 고대 로마, 공화정 시기의 로마, 제정 로마 초기까지의 모든 역사를 망라했던 위대한 역사가가 있었으니, 바로 리비우스Titus Livius(기원전 64/59~기원후 12/17년)라는 사람이다. 우리는 리비우스 덕분에 고대 로마의 출발과 초기 역사에 대해서 알게 되었다. 그런데 그는 위대한 저작《로마사Ab Urbe Condita Libri》에서 자기 조국 로마의 출발을 이렇게 설명한다.

(기원전 753년, 로마의 건국자) 로물루스는 새로 창건한 도시를 강하게 만

오스트리아 비엔나의 국회의사당 광장에 서 있는 리비우스의 동상

들기 위해 모아들인 비천하고 무지한 사람들을 '땅에서 솟아난 자녀'라 불렀다. 캄피돌리오 언덕의 인근 숲 사이에 피난처를 확정하고 그들을 초청했는데, 인근 부족의 다양한 범죄자들이 이곳으로 몰려들었다. 그들이 자유민이든 노예이든 상관하지 않았기에, 새로운 거주자들은 이곳에서 인생을 새롭게 출발했다. 이 첫 번째 거주자들이 이 도시가 특별한 힘을 가지게 된 출발점이었다.4

리비우스가 얼마나 대단한 역사가였는지, 그리고 그의 《로마사》가 얼마나 방대한 역사서였는지 새삼스럽게 설명할 필요는 없을 것이다. 르네상스 시대의 탁월한 정치 이론가였던 마키아벨리Niccolò Machiavelli가 평생을 두고 탐독했던 책이 바로 리비우스의 《로마사》이다. 그는 이 책을 읽고 또 읽었으며 심지어 이 책의 독서 가이드를 써서 자신이 지도하던 '루첼라이 정원' 멤버들에게 헌정했다. 그 글이 바로 마키아벨리의 《로마사 논고》이다.

마키아벨리의 대표적인 책은 《군주론》으로 잘못 알려져 왔지만 사실 《군주론》은 《로마사 논고》의 요약본에 불과하며, 그의 전체 사상이 담겨 있는 《로마사 논고》와 함께 읽지 않으면 왜곡의 위험에 빠지게 된다. 마키아벨리는 로마의 고전으로 돌아가서 자신의 시대가 직면하고 있던 역사의 질곡을 헤쳐가려 했으니, 그 논의의 근거가 되는 고전이 바로 리비우스의 《로마사》였던 것이다. 결국 르네상스와 근대의 정치사상은 리비우스의 재발견과 재해석 과정에서 출발했다고 볼 수 있다. 그런데 그 천하의 리비우스가 로마 탄생의 비밀을 공공연하게 밝히고 있으니, 로마는 "비천하고 무지한 사람들"이 모여서 만든 도시이고 "다양한 범죄자"들이 새로운 인생을 시작한 장소였다는 것이다.

로마의 초라한 출발

우리가 로마에서 제기해야 할 첫 번째 질문은 이것이다. "어떻게 이런 미천한 인간들이 만든 나라가 세계를 제패하게 된 것일까?" 이토록 초라하게 출발했던 나라가 어떻게 서북쪽으로는 스코틀랜드의 국경선까지, 동남쪽으로는 메소포타미아 유역까지 거대한 영토를 차지하고 세계를 호령할 수 있었을까? 어떻게 약자가 강자를 지배할 수 있었을까?

로마 제국이 몰락하자 감히 스스로를 로마 제국의 후계자로 칭했던 나라가 신성로마 제국Holy Roman Empire, 즉 지금의 독일이다. 프랑스의 나폴레옹도 로마 제국의 후계자 황제임을 자처했다. 러시아의 황제들도 자신을 '차르Tsar'라 불렀으니, 이 말은, '카이사르Caesar'라는 명칭의 번역이다. 자신이 '제2의 로마'인 러시아를 통치하는 황제 '카이사르'란 뜻이다. 미국의 국조國鳥인 독수리는 로마 제국의 군기를 장식하던 새인데, 언제 로마의 독수리가 저 멀리 아메리카 대륙까지 날아갔단 말인가? 미국 의회의 전체 회의장 단상에는 로마의 통치권을 상징하는 '파스케스Fasces'가 걸려 있다. 언제부터 로마의 집정관들이 '양키'들을 통치했단 말인가?

이는 모두가 하나의 소망을 품고 있기 때문이었다. 우리는 로마의 후예이다! 독일도, 프랑스도, 러시아도, 미국노 로마의 후예임을 자저했으니 로마는 서구 열강의 '로망'인 셈이다. 그런데 이 위대한 로망의 나라 로마가 끼니 걱정을 하던 빈자들, 범죄를 저지르고 도망 다니던 깡패들, 주인의 밥상에서 떨어지던 음식을 주워 먹던 노예들이 만든 나라라고?

리비우스가 《로마사》를 집필하던 시기에 이미 로마는 지금의 스페인과 프랑스, 그리고 터키와 그리스, 심지어 이집트까지 그 세력의 판도를 확장시키고 있었다. 빈자와 범법자들의 나라가 이미 지중해의 패권을 장악한 시점이었던 것이다. 리비우스의 질문은 여기서 시작된다. 어떻게 이런 일이 일어날 수 있단 말인가?

리비우스는 이 질문에 답하기 위해 엄청난 노력을 기울였다. 불가사의한 일이 일어났으니 그것을 명확하게 설명하려면 정교한 논의가 필요했을 것이다. 그래서인지 리비우스의 《로마사》는 무려 142권의 방대한 저술로 구성되어 있다! 그것도 로마의 창건(기원전 753년)부터 자신의 시대(리비우스는 기원후 12년 혹은 17년에 사망했다)까지의 역사를 담고 있으니, 대략 770년의 역사 기록을 142권의 책으로 풀어낸 것이다.

물론 리비우스가 파피루스나 양피지에 《로마사》를 기록했기 때문에 지금 책의 분량과는 사뭇 달랐을 것이다. 현존하는 《로마사》 번역본 중에서 가장 편집을 잘했다는 영국의 펭귄 출판사 판본은 리비우스의 책 다섯 권을 영어책 한 권으로 묶어 냈다. 그렇다 하더라도 리비우스의 《로마사》 142권 전체는 요즘의 책 분량으로 따져도 28권이 넘는 방대한 양이다. 빈자와 범법자들이 만든 도시가 세계를 제패해 가는 그 경이로운 과정을 설명하기 위해 엄청난 분량의 책을 써내려간 것이다. 사실 리비우스가 붙인 책 이름은 《로마사》가 아니라 《도시가 창건된 이후부터의 책Ab Urbe Condita Libri》이다. 그렇다면 이 로마라는 막돼먹은 사람들의 도시가 기원전 753년에 창건된 이래, 과연 어떤 일이 벌어졌을까?

늑대의 아들 로물루스

리비우스가 굳이 밝히지 않았더라도, '늑대의 아들들'이란 별명을 가졌던 로물루스Romulus와 레무스Remus가 로마를 창건했다는 전설은 이미 역사가 된 지 오래였다. 로마 인근의 작은 도시 국가에서 왕족 내부의 갈

등이 불거졌고, 쌍둥이 형제 로물루스와 레무스는 티베르강에 던져져서
죽임을 당하게 될 운명에 처한다. 그런데 기적이 일어났으니, 암 늑대가
그 어린 것들을 강에서 거두었고 자신의 젖을 먹여 쌍둥이를 키웠다는
것이다. 그렇게 장성한 로물루스와 레무스는 자신을 죽이려고 했던 왕을

루벤스, 〈로물루스와 레무스〉(1615~16년), 캄피돌리오 박물관 소장

죽이고 로마를 창건했는데, 그 시점이 기원전 753년이라고 한다.

우리는 이런 헛소리를 로마라는 제국의 출발이라고 믿을 만큼 어리석지 않다. 아무리 전설이라고 해도, 이건 너무하지 않은가? 아기가 강물에 떠내려가는 이야기는 나일강에 떠내려갔다는 모세의 이야기를 떠올리게 만든다. 단군신화에 등장하는 곰이나, 로물루스와 레무스의 건국 이야기에 등장하는 늑대는 다 원초적 집단성을 상징하는 토템일 뿐이다. 냉철한 역사가인 리비우스가 이를 몰랐을 리 없다. 그래서 리비우스는 늑대의 아들들이라는 로물루스와 레무스의 이야기를 신빙성 있는 역사적 가설과 연결시킨다.

왕의 목축업자 파우스툴루스Faustulus는 혓바닥으로 두 아이를 핥아주는 암 늑대를 발견했다. 파우스툴루스는 아이들을 그의 오두막으로 데려가 아내 라우렌티아Laurentia에게 건네주어 양육하게 했다. 어떤 사람들은 이 이야기의 근원을 다음의 사실에서 찾는다. 즉, 라우렌티아는 평범한 창녀였는데 당시 목동들에 의해 암 늑대라고 불렸다는 것이다.[5]

우리는 로마란 도시를 만든 사람들이 끼니를 걱정하던 사람들과 외국에서 몰려든 불한당들이었다는 리비우스의 기록을 보고 이미 약간의 충격을 받았다. 이제 더 큰 충격을 받아보시라. 리비우스는 솔직히 독자들에게 이렇게 말하고 싶었는지 모른다. 로마를 창건한 사람들은 어쩌다가 임신한 창녀의 아들들이었다고! 아, 위대한 로마여! 모든 나라의 표상이여! 오호 통재라, 너의 첫출발은 참으로 끔찍했구나! '암 늑대'라 불리던 창녀의 자손이라니!

리비우스는 집요했다. 막돼먹은 사람들이 만든 나라가 세계를 호령하게 된 것은 단순한 우연이었을까? 아니면 무법자들이 만든 나라이니 무력으로 다른 나라들을 집어삼킨 것일까? 로마인들은 오직 힘으로 세계를 제패한 것일까?

그는 스스로 제기한 이 질문에 답하기 위해서 로마를 통치했던 일곱 왕의 역사를 파고들었다. 세상에 우연이라는 것은 없다. 역사적 현상에는 인과관계가 존재하기 마련이다. 브라질에서 나비가 날갯짓을 한 것이 텍사스에서 발생한 토네이도에도 미세한 영향을 미치게 된다. 서울에서 재채기를 하는 것은 광저우에 있는 석탄발전소의 전기 생산량 증가와 연관이 있다. 로마의 역사에도 우연이란 없다. 거지와 불한당의 나라가 제국으로 성장하기 위해서는 많은 변수들이 구동하기 마련이다. 그 첫 번째 변수는 로마 왕들의 역사를 통해 구체화된다. 그래서 리비우스는 전설로 남아 있던 로마 왕들의 이야기로 주제를 옮겨간다.

리비우스가 파헤친 로마 일곱 왕들의 역사

이 책의 목적은 리비우스의 고전을 요약하는 것이 아니다. 테르미니 역 지하에 있는 맥도널드에서 《로마사》를 제대로 읽기에는 분량이 너무 많다. 로마의 왕성은 기원전 753년부터 509년까지 일곱 명의 왕에 의해 유지되었다. 각 왕들의 일생과 중요한 업적을 간략히 살펴보겠다. 물론 이 내용은 역사가 리비우스가 《로마사》에서 상세히 밝힌 내용을 정리한 것이다.

• 1대 왕 로물루스: 기원전 753~716년 통치

로물루스는 로마 왕정의 첫 번째 통치자로, 늑대의 젖을 함께 먹고 자랐던 레무스를 제거하고 자신의 이름을 따 '로마'라는 나라를 창건했다. 로마 최초의 법령을 선포했고, 12명의 릭토르Lictors를 임명하여 권력의 존엄함을 만천하에 알렸으며, 100명의 원로원을 선임하여 귀족들을 권력의 품 안으로 끌어들였다. 인근 사비네Sabine 족 여인을 납치하여 인구 증가를 시도하는 무리수를 두어 사비네 족과 전쟁을 치렀다.

그는 새로운 도시의 다수파인 평민들에게 과도한 선심 정책을 써서 원로원과 귀족들의 반감을 샀는데, 떠도는 소문에 의하면 로물루스는 원로원들에 의해 암살당했다고 한다. 외국의 범법자들로 출발한 로마의 시작을 떠올린다면 별로 놀랄 만한 일도 아니지만 그래도 원로원 의원들은 로물루스를 신격화하면서 향후의 분란을 애써 무마시켰다. 그들은 로물

자크 루이 다비드, 〈사비네 여인의 중재〉(1799년), 루브르 박물관 소장

루스가 '퀴리누스Quirinus'라는 신이 되어 하늘로 승천했다는 그럴듯한 이야기를 만들어내게 된다. 그리하여 로마의 초대 왕 로물루스를 추모하기 위한 퀴리누스 신전이 건축되었는데, 그 위치는 지금 이탈리아의 대통령궁이 있는 퀴리날레Quirinale 언덕이다.

• 2대 왕 누마Numa Pompilius: 기원전 716~673년 통치

로마 왕정의 두 번째 왕 누마 폼필리우스는 '로마의 입법자'라는 명예가 어울리는 왕이었다. 그는 인근 사비네 족 출신으로, 로마의 두 번째 왕이 이웃 부족에서 나왔다는 것이 흥미롭다. 그는 로물루스가 정체불명의 죽음을 맞이한 후 왕으로 추대되었을 만큼 고상한 성품을 타고난 사람이었다.

그는 로마인들의 폭력성을 잠재우기 위해 노력했는데, 야누스Janus 신전을 만들어 전쟁을 할 때가 되면 신전의 정문을 열어놓고, 평화기에는 닫도록 했다. 싸울 때와 평화를 지향할 때를 분별하라는 뜻이었지만, 아쉽게도 누마 왕 이후로 그 문이 닫힌 적은 단 두 번밖에 없었다고 한다. 그만큼 로마가 폭력적인 역사로 얼룩졌단 말이다. 누마는 베스타Vesta 여사제와 대사제Pontifex Maximus 제도를 만들어, 로마 사회의 금기 영역을 확고하게 마련했다. 언제나 싸움판이었던 로마의 거리에 베스타 여사제나 대사제가 지나가면 로마인들은 주먹을 휘두르다가도 잠시 멈추곤 했다. 신적인 권위를 가진 존재만이 로마인의 폭력성을 잠시나마 잠재울 수 있다고 본 것이다. 리비우스는 누마의 업적을 이렇게 평가한다.

누마 통치의 가장 큰 업적은 재위 기간 내내 그가 권력의 수호자보다 평화의 수호자로 남기 위해 엄청난 노력을 했다는 것이다. (…) 누마가 죽었을 때 로마는 평화와 전쟁이라는 쌍둥이 원칙을 통하여 군사력 못지않게 자기 절제력이 뛰어난 도시로 명성을 떨치게 되었다.**6**

• 3대 왕 툴루스 호스틸리우스Tullus Hostilius: 기원전 673〜641년 통치

호스틸리우스는 이름 그대로 '호전적인hostile' 왕이었다. 그는 야누스 신전의 정문을 활짝 열어젖히고 지금은 전쟁의 때라고 선포했으며, 같은 피를 나눈 인근 부족 알바 롱가Alba Longa를 공격해서 로마의 영토를 확장했다. 대신 그는 알바 롱가 시민들에게 로마의 시민권을 주었고, 귀족들을 로마 원로원에 포함시켰는데, 갑자기 늘어난 의원 수 때문에 원로원 건물을 신축해야 할 정도였다. 그래서 신축한 포로 로마노의 원로원 건물을 큐리아 호스틸리아Curia Hostilia라 불렀다.

통치 말년에 전염병이 돌자 평소에 종교를 미신이라고 폄하하던 왕은 과도하게 종교에 귀의했다. 그가 통치를 시작한 지 32년이 지났을 때 하늘에서 벼락이 내려 왕궁이 불탔고, 왕은 그 안에서 비운의 죽음을 맞이하게 된다. 이름답게 거친 인생을 살았던 그의 마지막도 거칠게 끝났다. 그는 벼락을 맞고 죽은 최초이자 최후의 로마 왕이 되었다.

• 4대 왕 안쿠스 마르키우스Ancus Marcius: 기원전 641〜617년 통치

호스틸리우스가 벼락에 맞아 죽자 로마의 원로원은 서둘러 명문가의 자녀를 찾아 왕으로 간택했다. 이렇게 즉위한 4대 왕 안쿠스는 2대 왕 누마의 외손자였다. 그를 선택한 이유는 평화를 지향했던 누마 왕의 후손이거니와, 호전적이었던 호스틸리우스 때문에 전쟁과 분란의 피로감이 축적되었기 때문이었다. 하지만 그들의 기대는 단번에 어긋났다. 4대 왕 안쿠스는 인근 부족들과의 전쟁을 선포했고, 로마는 닫으려던 야누스 신

나의 로망, 로마

전의 정문을 다시 열어놓아야만 했다. 리비우스에 따르면 그는 "다면적인 성품의 소유자였으며, 누마의 측면이 있는가 하면 로물루스의 측면도 있었다"고 한다.

안쿠스는 테베레강이 바다로 흘러 들어가는 항구도시 오스티아Ostia를 개척하기도 했다. 이곳에서 소금이 생산되었고, 로마를 거쳐 이탈리아 내륙으로 소금을 나르던 길인 비아 살라리아Via Salaria(소금길)가 이때 만들어졌다. 항구도시 오스티아는 지금 로마로 들어가는 관문인 레오나르도 다빈치 공항이 있는 곳이다.

• 5대 왕 타르퀴니우스 프리스쿠스Lucius Tarquinius Priscus: 기원전 617~578년 통치

로마의 5대 왕 타르퀴니우스는 여러모로 흥미진진한 인물이다. 그 자신은 로마 북서쪽의 작은 도시 타르퀴니아 출신이지만 아버지는 그리스 코린트에서 온 이민자였고 어머니는 이탈리아 중부 지방 원주민인 에트루리아계였다. 그리스와 이탈리아의 혼혈이었던 것이다. 타르퀴니우스는 큰 도시에 가서 출세하기 위해서 아버지로부터 상속받은 모든 재산을 처분하고 로마로 떠났다. 마차를 타고 로마에 가까이 왔을 때, 독수리 한 마리가 그의 모자를 낚아채 갔다가 한참 후에 다시 그의 머리 위에 올려놓았다. 셰익스피어의 맥베스 부인Lady Macbeth처럼 야심만만했던 그의 아내 타나퀼라Tanaquil는 장차 그가 로마의 왕이 될 것이라고 호들갑을 떨었다.

아버지로부터 물려받은 지성과 어머니로부터 물려받은 재력을 바탕으로 타르퀴니우스는 로마 정치에 입문하게 된다. 탁월한 연설 실력이 큰 도움이 되었지만 무엇보다 부유한 에트루리아계 상공인들의 적극적인 후원을 받으면서 그는 가뿐히 로마의 다섯 번째 왕으로 선출된다. 로마 경제를 획기적으로 발전시키겠다는 그의 공약이 먹혀든 것이다. 덕분에 로마는 최초로 그리스 피가 섞여 있는 에트루리아계 왕이 통치하는 나라가 되었다.

타르퀴니우스는 영화 〈벤허Ben Hur〉에서 전차 경기가 펼쳐졌던 대경기장Circus Maximus을 건설한 왕이기도 하다. 또한 로마의 대규모 하수도Cloaca Maxima를 건설해서 도시의 위생 상태를 개선한 공도 있다. 그가 일으킨 토목 사업 덕분에 로마의 도심은 장차 포로 로마노Foro Romano라는 거대한 공회장으로 발전하게 된다.

그러나 그는 불행한 최후를 맞게 되었는데, 4대 왕 안쿠스의 두 아들이 왕가의 혈통인 자신들을 제치고 이민자가 왕이 된 것을 참을 수 없었기 때문이다. 결국 그들은 암살을 사주했고 목동들이 5대 왕 타르퀴니우스를 처참하게 살해했다.

• 6대 왕 세르비우스 툴리우스Servius Tullius: 기원전 578~535년 통치

타르퀴니우스 재임 당시, 한 여성이 아들을 데리고 왕궁에 들어와 시녀로 일하게 되었다. 그런데 어느 날 그 아들의 머리에서 불이 나는 놀라운 일이 벌어졌다. 왕비는 머리에 불이 난 이 소년이 범상치 않은 인물임을 알아보고 사윗감으로 점찍는다. 그리고 타르퀴니우스가 졸지에 암살을 당하자, 권력욕에 사로잡혀 있던 왕비 타나퀼라는 사위 세르비우스 툴리우스에게 권력을 넘겨주었다. 장모의 강력한 지원을 받았던 세르비우스는 로마 왕정이 펼쳐지는 동안 가장 뛰어난 업적을 남기게 된다. 노예 출신이었기 때문에 '세르비우스'란 이름이 붙었다.

그는 처음으로 로마의 인구조사를 실시했고 로마 사회를 다섯 개의 계급으로 나누었으며, 로마 성벽을 쌓아 외국의 침공을 막으려 했다. 우리가 테르미니 역 지하에서 보았던 옛 성벽을 만든 사람이 바로 세르비우스 툴리우스이고, 그래서 그 성벽의 이름이 '세르비우스 성벽'인 것이다. 세르비우스도 자신이 만든 성벽 위에 테르미니 역이 생길 줄, 그리고 성벽 옆에 맥도널드가 들어설 줄은 꿈에도 몰랐을 것이다.

세르비우스는 주도면밀한 사람이었다. 그는 4대 왕 안쿠스의 두 아들들이 왕위 계승의 정통성을 주장하면서 5대 왕 타르퀴니우스를 암살했던 것을 잘 기억하고 있었다. 그래서 적대 세력을 자기편으로 끌어들이기 위해 툴리아Tulia라는 같은 이름을 가진 자신의 두 딸과 안쿠스의 두 아들을 결혼시켜 모두 사위로 삼았다. 그들을 가족의 일원으로 받아들임으로써 미래의 우환을 방지하려고 했던 것이다. 그러나 정작 문제는 가족 내부에 있었다. 둘째 딸 툴리아는 로마 역사상 가장 악랄했던 권력욕의 상징이었다. 그녀는 자기 남편이 권력욕이 없는 한심한 작자라 여겼다. 그런데 형부 루키우스 타르퀴니우스 수페르부스Lucius Tarquinius Superbus는 정반대였다. 툴리아는 형부의 권력욕을 단박에 알아보고 사랑에 빠진다.

결국 툴리아는 남편과 언니를 모두 죽이고 형부를 차지했으며, 자기 아버지를 살해하고 권력을 잡으라고 새 남편을 부추긴다. 권력욕에 물든 딸의 사주로 아버지는 암살당하고 만다. 툴리아는 집으로 돌아가던 길에 거리를 나뒹굴던 아버지의 시신과 마주쳤는데, 그 길을 지나가려면 시신을 타고 넘을 수밖에 없었다. 그녀는 주춤거리며 우회로를 찾던 마부에게 "그냥 달리라"고 명령했다. 이것이 로마의 6대 왕 세르비우스의 최후였다. 외적을 막겠노라고 굳건한 성벽을 쌓아올렸건만, 정작 진정한 적은 성벽 안의 딸과 사위였던 것이다.

• 7대 왕 타르퀴니우스 수페르부스: 기원전 535~509년 통치

장인을 죽이고 로마의 마지막 왕이 된 루키우스 타르퀴니우스의 생애는 '수페르부스(오만한 자)'라는 별칭으로 요약된다. 그는 폭정을 일삼는 로마의 첫 번째 왕이자 마지막 왕이 되었다. 로마 평민들을 대규모 토목 공사에 강제로 동원하여 민심을 잃었고, 닥치는 대로 주변 국가를 공략하여 기원전 6세기의 로마를 전쟁의 소용돌이로 몰아넣었다.

그의 오만한 성격은 그대로 아들에게 유전으로 물려진 모양이다. 왕자 섹스투스 타르퀴니우스Sextus Tarquinius는 사촌 콜라티누스Collatinus와 술을 마시다가 각자 아내 자랑을 해대기 시작했다. 두 사람은 술기운에 내기를 걸었고, 야밤에 집으로 함께 돌아가 아내들의 행동을 보고 누가 더 조신한 아내인지를 알아보기로 했다. 섹스투스는 사촌의 아내 루크레티아Lucretia의 미모와 정숙함에 매료되었고, 다음 날 다시 그 아내를 찾아가 자신의 욕망을 채웠다. 정숙한 루크레티아는 자신의 정조를 짓밟은 섹스투스에 대한 복수를 간청하며 자결로 생을 마감했다. 이에 격분한 루크레티아의 남편과 친정아버지, 그리고 그 유명한 루키우스 유니우스 브루투스Lucius Junius Brutus는 로마의 왕정을 전복시킬 것을 맹세하게 된다.

티치아노, 〈타르퀴니우스와 루크레티아〉(1571년), 피츠윌리엄 박물관 소장

왕의 오만한 성격과 계속되는 노역 동원에 질린 로마 평민들은 타르퀴니우

스 수페르부스를 타도하겠다는 귀족들의 반란을 지지했다. 기원전 509년, 일곱 명의 왕이 통치했던 로마의 왕정은 그렇게 역사의 무대 뒤로 퇴장했다. 로마의 왕정이 무너진 것은 외국의 공격이 아니라 내부의 분열 때문이었으며, 오만한 왕의 폭정이 그 몰락의 시발점이었다.

로마는 성벽을 쌓아 올렸을 때 망했다

성벽을 쌓고 외국의 침공을 막겠다는 시도는 모두 수포로 돌아갔다. 세르비우스 성벽을 쌓아 올린 세르비우스 왕은 딸이 탄 마차에 깔렸고, 곧 로마 왕정도 내부의 분열 때문에 무너지고 말았다.

세르비우스 성벽이 지금의 형태로 확장된 것은 기원전 390년에 로마를 덮친 골Gaul 족의 공격 때문이었다. 로마인들이 할 수 있는 것은 기존의 세르비우스 성벽을 더 높이, 더 튼튼하게 쌓는 것뿐이었다. 그러나 모든 노력은 부질없었다. 로마는 막대한 양의 황금을 골 족에게 바치고 전쟁을 협상으로 마무리해야만 했다.

그리고 로마는 세르비우스 왕이 성벽을 쌓은 이래, 또 한 번의 어리석은 잘못을 저지른다. 외국의 침공을 막으려 더 큰 성벽을 쌓아 올린 것이다. 세르비우스 성벽이 세워지고 약 800년이 지난 다음, 이번에는 반달Vandal 족을 포함한 게르만 족의 침공을 막기 위해 아우렐리아 성벽Aurelian Walls이 세워졌다. 지금도 로마의 일곱 언덕과 도심을 아우르는 아우렐리아 성벽을 보면 로마를 찾는 사람들 모두 어리둥절해진다. 제국의 수도였던 로마에 왜 성벽이 필요했던 것일까? 아테네와 같은 작은 도시국가였다면 모를까, 전 유럽과 북아프리카를 호령했던 제국의 수도에 성벽을 쌓은 이유는 무엇이었을까?

테르미니 역 부근에 서 있는 세르비우스 성벽

역사가 리비우스가 밝힌 대로 로마는 원래 외국인들이 만든 나라다.
가난에 찌들다가, 심지어 죄를 짓고 도망 다니다가 마지막 희망을 품고
도피해 온 사람들이 모여 세운 나라다. '새로운 나'로 다시 태어나겠다는
사람들의 희망이 모여 로마가 탄생한 것이다.

그런데 그런 로마가 외국인의 유입을 막겠다고 성벽을 쌓았을 때, 그
성벽은 로마의 원초적인 존재 이유와 상반되는 것이었다. 로마는 외부와
의 소통과 왕래를 거부하는 성벽으로 세워진 나라가 아니라 30만 킬로
미터에 달하는 로마 가도를 통해서 존재의 이유가 드러났던 개방적인 국
가 공동체였다. 그들의 수도에 성벽이 쌓이기 시작했을 때, 다른 것과 다

른 사람들을 향한 경계의 빗장이 그들의 마음을 닫게 만들었을 때, 로마는 존재의 이유를 잃고 무너져 내렸다.

우리가 이제 막 시작한 로마 여행에서 배울 점이 이것이다. 마음의 빗장을 풀고 새로운 것, 다른 것에 대한 경계를 풀어야 한다는 것이다. 성벽을 쌓는 행위는 로마를 보호하기는커녕 오히려 로마를 무너트리는 결과를 초래했다. 테르미니 역 지하 맥도널드 옆에 침묵을 지키고 서 있는 세르비우스 성벽을 바라보며, 우리 마음의 성벽을 어떻게 무너트릴지 생각해보는 것도 로마 여행의 산뜻한 출발이 될 것이다.

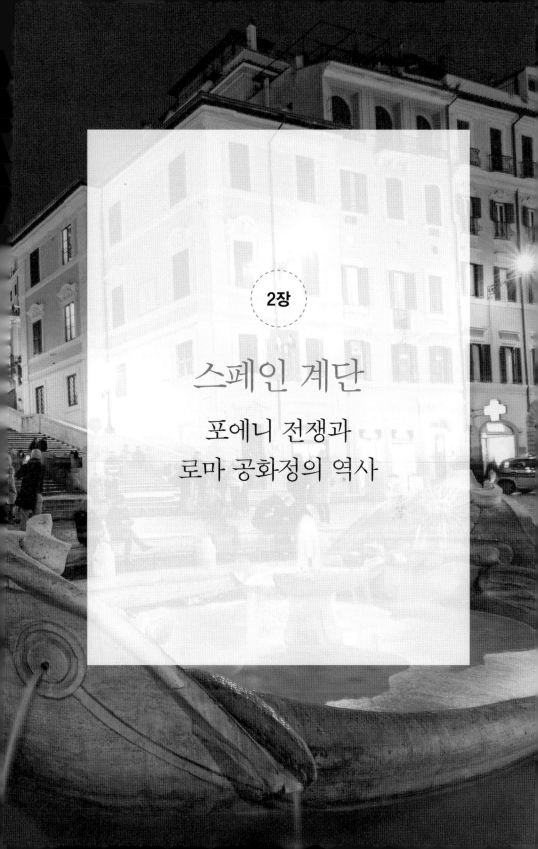

2장

스페인 계단

포에니 전쟁과
로마 공화정의 역사

여행은 공간의 이동과 더불어 시간의 이동을 초래한다. 로마를 찾아온 여행자들은 이탈리아라는 지리적 공간의 생소함을 느낄 뿐만 아니라 왕정의 시대, 공화정의 시대, 제정의 시대, 그리고 르네상스 시대의 각기 다른 로마를 시간적으로 느끼게 된다. 테르미니 역 지하에 있는 세르비우스 성벽에서 우리는 로마의 왕정 시대를 느껴보았다. 이제 로마 공화정의 시대가 우리 눈앞에 펼쳐질 것이다.

기원전 509년 왕정의 타도는 로마의 공화정이라는 새로운 시대를 열게 된다. 로마는 지금도 공화정 시대의 정신을 자신들의 집단적 정체성으로 받아들이고 있는데, 그 정신은 바로 'SPQR'이라는 한 단어로 요약된다. 지금도 로마 곳곳에는 SPQR이라는 단어가 새겨져 있다. 무심코 지나치며 보게 되는 로마 거리의 맨홀 뚜껑에도, 모든 공공건물의 입구에도 SPQR이라고 새겨져 있다.

SPQR은 무슨 뜻일까? '로마의 원로원과 민중Senatus Populusque Romanus'이란 뜻이다. 이것은 로마 공화정의 모토이기도 했는데, 한마디로 설명하자면 '함께 살자Live Together'라는 의미다. 정치권력을 거머쥔 귀족들, 많은 재산을 축적한 부자들, 학식이 뛰어난 지식인들만의 로마가 아니라,

별 볼 일 없이 살아가는 사람들, 로마의 철수와 영희도 기죽지 않고 살아갈 수 있는 세상을 만들자는 것이다. 아펜니노 언덕에서 땔나무하는 아이와 테베레 강가에서 빨래하는 아낙네도 살맛나는 세상을 만들자는 것이 바로 SPQR의 정신이었다. 실제로 로마 왕정의 7대 왕이자 오만과 독재의 살풍경을 연출했던 타르퀴니우스 수페르부스와 같은 자가 원로원과 민중의 동의 없이 권력을 잡으려고 하면, 누구든지 그를 죽여도 살인죄에 해당하지 않는다는 규정이 명문화될 정도였다.

이런 로마 공화정의 시대정신을 만나기 위해 우리는 어디를 방문해야 할까? 로마 공화정 시대의 모습을 가장 정확하게 보여주는 로마의 명소는 어디일까? 포로 로마노의 원로원 건물로 가야 할까? 아니면 귀족과 평민의 공존과 화해를 기념하여 만든 콘코르디아 신전Tempio della Concordia으로 가야 할까?

나는 조금도 주저하지 않고 스페인 광장Piazza di Spagna을 지목하겠다. 로

스페인 계단의 밤 풍경

마에서 가장 유명한 관광지이자 영화 〈로마의 휴일〉 이래 로마 방문의 인증 사진 명소가 된 '스페인 계단Spanish Steps'에서 우리는 로마 공화정 시대로 가는 시간 여행을 시작할 수 있다.

스페인 광장은 그야말로 광장이다. 도심에 사람들이 모이는 곳을 광장이라고 부른 최초의 사람들은 그리스인들이었는데, 그들은 이런 공간을 아고라agora라 불렀다. 지금도 아테네 도심에는 아고라 유적지가 사방으로 뻗은 대로로 남아 있다. 아테네를 방문했던 로마 사람들은 그리스의 아고라를 받아들여 피아차piazza를 만들었다. 우리가 '스페인 광장'이라고 부르는 공간을 로마 사람들은 피아차 디 스파냐Piazza di Spagna라고 부른다. 피아차는 영어의 플라자plaza로 발전했고, 그래서 서울시청 앞 '광장'을 마주보고 있는 호텔이 플라자 호텔이 된다.

로마 도심의 정중앙에 위치한 스페인 광장도 그야말로 '광장'이다. 주말 저녁이면 사람들의 물결이 광장을 가득 채우는데, 잘 차려입은 로마의 상류층 인사들이 명품 거리에서 쇼핑을 즐기는 동안 반바지 차림의 관광객들은 한 손에 젤라토를 들고, 또 한 손에 휴대전화와 카메라를 들고 서성거린다.

이곳은 사람이 많이 모여들기 때문에 광장이라 불리지만, 이탈리아 주변에 있는 여러 유럽 국가들의 존재감을 느낄 수 있기 때문에 광장이라고 불릴 만한 자격이 있는 곳이다. 우선 이름부터 '스페인'이란 단어가 들어가 있지 않은가? 왜 로마 한복판에 스페인이 들어간 지명이 있는 것일까? 서울 명동 한복판에 '일본 광장'이 있었다면? 부산 남포동 한복판에 '중국 광장'이 있었다면 우리는 어떻게 생각했을까? 한때 이곳은 스페인 영토의 일부로 간주되어 로마 사람들이 출입을 꺼릴 정도였다고 한다. 왜 로마 도심 한복판에 외국 이름을 딴 장소가 존재하는 것일까?

이유는 간단하다. 바티칸 주재의 스페인 대사관이 그 광장의 한쪽 면을 차지하고 있기 때문이다. 하지만 이곳은 스페인뿐만 아니라 다른 유럽 열강들의 문화적 구심점이기도 했다. 스페인 계단을 따라 언덕을 올라가다 보면 '언덕 위의 삼위일체 성당'Trinita dei Monti'이라는 작은 고딕 양식의 성당이 서 있다. 이 성당 옆에 유적지로 보이는 큰 건물이 서 있는데, 바로 메디치 빌라Villa Medici다. 그 유명한 피렌체의 메디치 가문이 소유하고 있던 건물이지만, 지금은 프랑스 아카데미French Academy가 사용하고 있다. 그러니까 언덕 아래는 스페인이, 언덕 위는 프랑스가 차지하고 있는 셈이다.

스페인 계단은 스페인과 프랑스가 양분하고 있던 광장을 서로 연결해주고 있다. 언덕 윗동네를 차지하고 있던 프랑스가 스페인이 차지하고 있는 아랫동네로 세력을 확장하기 위해 계단을 만들고 그 중간에 태양왕 루이 14세의 기마상을 설치하려고 했다. 하지만 그렇지 않아도 도심을 외국인들에게 넘겨준 것이 못마땅했던 로마인들이 이 말도 안 되는 제안을 승인할 리 없었고, 결국 계단으로 두 지역을 연결하는 데서 타협을 본 것이다.

스페인과 프랑스의 양대 구도에 영국도 슬쩍 끼어들었다. 젊은 셰익스피어 시절의 영국을 호령했던 엘리사베스 여왕은 가톨릭 신도들을 박해한 것으로 유명했다. 일부 가톨릭파 귀족들이 엘리자베스 여왕을 암살하려고 시도했는데, 그중의 핵심 인물이 영국 배빙턴Babington 가문의 귀족들이었다. 결국 암살은 실패로 돌아갔고 배빙턴 가문은 영국에서 몰락하게 된다. 이후 이 가문의 여성들이 가톨릭 교회의 보호를 요청하기 위해 로마로 집단 이주했다. 스페인 계단 왼쪽 하단에 있는 배빙턴 티룸Babington's Tea Room은 그 영국 이주민 여성들의 딸들이 연 것이다. 영국에서 온 관광객들은 배빙턴 티룸에서 쌉싸름한 홍차를 마시면서 향수병을 달래곤 한다.

　스페인과 프랑스, 그리고 영국까지 이 광장에 끼어들었으니 독일이라고 가만히 있을 수 없다. 명품 거리 한복판에 있는 그레코 카페Caffe Greco에서 독일과의 희미한 연결고리를 찾을 수 있다. 1760년에 문을 연 이 역사적인 카페는 독일의 대문호 요한 볼프강 폰 괴테Johann Wolfgang von Goethe뿐만 아니라, 로마를 찾아온 수많은 그랜드 투어리스트들의 아지트였다. 영국 시인 바이런, 프랑스 작가 스탕달Stendhal, 음악가 리스트Liszt와 바그너Wagner, 베네치아 엽색가 카사노바Casanova까지도 단골손님이었다. 1786년에서 1788년까지 괴테가 로마를 방문했을 때 숙식했던 괴테의 집 Casa di Goethe도 바로 지척에 있다. 이 박물관은 유일하게 독일 영토 밖에 있지만 독일 정부가 관리하는 것으로도 유명하다.

카페 그레코 앞을 오가는 사람들

따지고 보니, 그리스도 스페인 광장에 슬쩍 다리를 걸치고 있다. 스페인 광장의 광장, 그러니까 스페인 광장에서 제일 유명했던 모임 장소가 바로 그레코 카페였고 1760년에 이 카페의 문을 연 사람도 그리스 사람이었으니 말이다. 나는 250여 년간 같은 장소에서 커피를 팔고 있는 그 카페에 들어가, 처음 이 카페의 문을 연 그리스 사람의 이름을 아는지 물어보았다. 에스프레소를 나르기에 바쁜 바텐더는 퉁명스럽게 모른다고 대답했다. 하기야 당시 로마 사람들은 모든 그리스 사람에게 '그레코'란 이름을 붙이곤 했다. 아마 이렇게 말하지 않았을까? "이름이 왜 그렇게 길고 복잡해? 자네, 어디서 왔어? 그리스? 그럼 엘 그레코, 그렇게 부르도록 해."

로마 공화정을 둘러싼 적들

로마 공화정 시대의 정치가들은 이탈리아반도 바깥에서 벌어지는 국제 문제에 대응하기 위해 고민에 고민을 거듭하지 않을 수 없었다. 왕정이 펼쳐지는 동안 로마는 인근 부족들을 차례로 복속시키고 영토를 확장했다. 로마 부근의 일곱 언덕이 그 부족들의 새로운 삶의 터전이 되었다. 그러나 이제 로마 공화정은 신정한 외국의 석늘과 싸워야만 했다. 위대한 문명을 탄생시켰던 동쪽의 그리스, 막강한 군사력을 자랑하던 카르타고(북아프리카), 탁월한 신체적 우월성을 가졌던 북쪽의 게르만 족, 그리고 이 세 가지 장점을 골고루 갖춘 서쪽의 스페인이 이탈리아반도에서 발흥하던 로마를 경계의 눈초리로 바라보고 있었기 때문이다.

이 네 나라는 이탈리아반도를 동서남북으로 에워싸고 있었다. 예로부터 아펜니노산맥이 남북으로 가로지르는 이탈리아반도는 지중해의 곡창

지대로 유명했다. 기름진 땅에서 세계 최고의 올리브와 각종 과일들이 탐스럽게 자라던 축복의 땅이었다. 무엇보다 전 국토가 향기로운 포도주의 산지였으니, 이런 이탈리아반도를 로마라는 신흥국가가 전부 차지하도록 내버려두려는 나라는 없었다. 그리스는 이미 시칠리아섬 동쪽과 이탈리아의 남쪽 지역을 차지하고 신도시, 즉 네아폴리스Neapolis를 건설했다. 그리스의 이탈리아 식민지로 출발한 이 도시가 바로 나폴리다. 북쪽의 게르만 족도 포도주 향기를 맡으며 알프스산맥 너머로 남하하기 시작했다. 카르타고는 '지중해의 밀 바구니'로 불리던 시칠리아섬을 호시탐탐 노렸다. 그러나 가장 강력한 로마의 적은 스페인에서 태동하고 있었다. 고향은 카르타고였으나 로마를 정벌하기 위해 맹세까지 하고 스페인에서 이탈리아반도로 행군을 시작한 인물이 있었으니, 그가 바로 카르타고의 명장 한니발Hannibal Barca이었다.

한니발이 로마 공화정을 궁지에 몰아넣고 이탈리아반도를 초토화시켰던 전쟁을 '카르타고 전쟁' 혹은 '한니발 전쟁'이라고 부른다. 영어 표현인 '포에니 전쟁'도 같은 전쟁의 다른 이름이다. 그런데 로마와 카르타고가 지중해의 패권을 놓고 격돌한 이 전쟁의 역사를 기록한 사람이 있다. 그는 폴리비우스Polybius(기원전 208~125년 추정)라는 이름의 그리스 사람, 즉 그레코였다. 폴리비우스는 왜 로마로 오게 된 것일까? 외국인인 그가 로마의 역사를 기록한 이유는 무엇일까? 왜 하필이면 카르타고 전쟁의 역사를 기록하고자 했을까?

한니발의 공포, 스페인에서 시작되다

기원전 264~241년, 시칠리아섬에서 격돌했던 제1차 카르타고 전쟁은 국지전이었다. 군사력 면에서는 카르타고가 우수했지만 로마의 경제 규모가 더 컸기 때문에 두 나라 모두 장기전은 서로 피하고 싶어 했다. 막상막하의 전쟁이 계속되면 두 나라 모두 공멸을 면치 못하기 때문이다. 결국 카르타고 본토 공격까지 감행했던 로마가 승리를 거둔 것처럼 보였는데 사실은 정치적 타협으로 맺어진 휴전이었다. 이에 반발했던 인물이 바로 하밀카르 바르카Hamilcar Barca와 그의 아들 한니발이었다.

특히 한니발은 이미 아홉 살 때 로마 정복을 필생의 과업으로 선언할 만큼 로마에 대해 적대적인 감정을 품고 있던 인물이었다. 이 강경한 카르타고 부자父子는 스페인으로 이주하여 광산을 개발하고, 그 자금으로 로마 공격을 위한 준비 작업에 들어갔다. 로마에 굴복한 카르타고를 떠나 스페인에서 일종의 망명 정부를 세운 한니발은 기원전 218년 여름, 10만 군대를 이끌고 프랑스 남부 지방을 거쳐 알프스산맥 쪽으로 행군을 시작했다. 그의 나이는 불과 28살이었다.

한니발의 군대가 출병했다는 소식이 전해지자 로마의 거리는 벌집을 쑤신 듯했다. 한 번도 외국 군대의 대규모 침공을 받아본 적이 없는 로마인들은 스페인에서 날아온 전쟁 소식만으로도 안절부절못했고, 의사당에서 근엄한 자세를 취해야 할 원로원들조차 좌불안석이었다. 급히 소집된 로마 군대는 배를 타고 프랑스 남부의 항구도시인 마르세유Marseille로 향했다. 그러나 노련한 지휘관 한니발은 10만 대군과 코끼리 부대를 이끌고 마르세유를 우회했고 한겨울의 알프스산맥을 횡단하는 놀라운 작전을 구사한다. 아무도 생각해내지 못한 기습적인 행군이었다. 한니발이 선박을 이용해서 이탈리아반도에 바로 상륙하거나 마르세유를 경유하지 않았던 이유는 지금의 남프랑스와 남독일 주민들을 설득해서 반反 로마 동맹을 맺기 위해서였다. 급격하게 커지던 로마의 군사력과 지배력을 저

니콜라 푸생, 〈알프스산맥을 넘는 한니발〉(1620년대 후반), 개인 소장품

지하기 위해 북아프리카와 서유럽이 힘을 합친 것이다.

결국 한니발은 이탈리아반도를 유린했다. 기원전 218년부터 시작된 한니발의 이탈리아 정벌은 기원전 203년까지 무려 15년간 계속되었다. 그는 뛰어난 전략가인 동시에 무한한 인내심을 가진 장군이었다. 그는 15년간 한 번도 로마에 대한 직접적인 공격을 시도하지 않았다. 오히려 로마를 의도적으로 우회하면서 이탈리아 남부 지역을 휩쓸고 다녔고, 이탈리아 원주민들이 자신이 만든 반 로마 동맹에 가입하기를 기다렸다. 역사가 아널드 토인비Arnold Toynbee는 지금 이탈리아 남부가 북부보다 경제적으로나 문화적으로 열등한 이유가 한니발의 15년 원정 때문이라고 분석할 정도다. 한니발의 장기전에 로마는 속수무책으로 당할 수밖에 없었다. 아프리카의 정복자 스키피오Publius Cornelius Scipio Africanus(기원전 236~183년)가 등장하기 전까지는 말이다. 로마를 한니발의 위기에서 구한 인물, 스키피오는 그야말로 아프리카의 정복자인 동시에 로마의 구원자였던 것이다.

스키피오는 로마의 6대 명문가 집안의 자제로 그의 아버지, 할아버지, 증조할아버지 모두 집정관으로 나라를 다스렸던 뼈대 있는 가문 출신이었다. 하지만 스키피오가 25살이 되었을 때 집안에 큰 우환이 발생했으니, 한니발의 동생이 이끄는 군대와 전투를 벌이던 아버지와 삼촌이 스페인에서 동시에 전사한 것이다. 약관의 스키피오는 스페인으로 출정하는 군대의 사령관을 맡겠다고 자원한다. 아버지와 삼촌이 흘린 피에 대한 복수를 다짐하던 그는 마침내 스페인에서 한니발의 보급로를 차단하는 데 성공한다. 승전 소식을 안고 귀환한 젊은 장군 스키피오는 불안에 떨던 로마 시민들 앞에서 개선식을 올렸고, 만장일치로 31살의 나이에 집정관으로 선출되었다(기원전 205년). 한니발에 대적할 수 있는 사람, 위기에 빠진 로마를 구해줄 수 있는 사람은 스키피오뿐이었으니까.

집정관으로 선출된 스키피오는 또다시 과감한 군사 작전을 계획했다. 게릴라전에 가까운 장기전을 펼치고 있는 한니발을 상대할 것이 아니라, 아예 카르타고 본토를 공략하는 것이었다. 스키피오는 그리스의 사례를 소중하게 여기던 사람이었으므로 한니발의 군대가 카르타고로 귀환할 수밖에 없는 작전을 제시한 것도 그리스로부터 배운 전쟁의 기술 때문이었을 것이다. 기원전 5세기, 해군이 강했던 아테네는 육군이 강한 스파르타가 공격해 오면, 배를 타고 직접 스파르타 본토를 공격하는 전략을 구사했다. 아테네의 전쟁 기술을 면밀하게 연구한 스키피오는 이탈리아 반도를 15년간 유린하고 있던 한니발의 군대를 물리치기 위해 카르타고 본토로 로마 군대를 상륙시켰다.

그러나 이런 기발한 전략의 방해자는 내부에 있었다. 로마의 일부 원로원들이 스키피오의 카르타고 본토 상륙 작전에 반대한 것이다. 첫 번째 이유는 스키피오 가문을 견제하기 위해서였다. 명문가 집안의 자제가 만장일치로 집정관으로 선출된 것도 못마땅한데, 한니발까지 몰아내면 그는 로마의 영웅이 될 것이다. 한 사람이 영웅의 길을 걸어갈 때면 언제나 질투심이라는 돌부리에 채이게 되는 법이다. 두 번째 이유는 보다 정교한 정치과학적인 분석에 기초한 것이다. 외부의 적을 남겨두어야 내부 구성원들의 관심이 외부로 쏠려 내부의 분열을 막을 수 있다고 본 것이다. 즉 만만한 외국과 전쟁을 계속해야 사람들은 당파를 지어 싸움을 할 여유가 없을 것이고, 기존에 권력을 가진 사람들은 그 상태에서 계속 그 권력을 누릴 수 있게 된다.

스키피오는 그런 정치적 방해와 계산에 굴복되지 않았다. 그는 자원병이나 다름없는 소수의 병사들을 모아 시칠리아섬에서 군사 훈련을 시켰다. 시칠리아 원주민들은 아주 장기적으로 억울한 사람들이었다. 시칠리아섬은 정확하게 삼각형으로 생겼는데, 그들의 운명을 상징하는 도형이다. 그리스 사람들이 동쪽에서, 카르타고 사람들이 남쪽에서, 그리고 로마 사람들이 북쪽에서 침공해 들어와 애써 키워놓은 밀과 올리브를 약탈해 갔다. 시칠리아는 그야말로 수탈의 역사가 돌고 도는 긴 삼각형 모양의 수레바퀴였다.

그러나 시칠리아의 불행은 여기서 끝나지 않는다. 로마인들이 물러난 다음에도 무슬림이, 바이킹이, 게르만 족이, 스페인 사람들이 계속해서 시칠리아를 약탈했다. 한 세대가 변하기 전에 새로운 수탈자들이 생경한 깃발을 흔들며 삶의 터전을 짓밟았다. 그래서 그들은 동네 왕초에게 의

존할 수밖에 없었는데, 이름 하여 마피아^{Mafia}들이다. 시칠리아의 마피아는 악명 높은 깡패 조직이 아니라 일종의 자경단 두목의 개념으로 출발했다. 스키피오는 이런 시칠리아섬의 마피아들과 협상을 벌였다. 지중해를 건너와 자신들을 수탈했던 카르타고에 대한 반감을 잘 활용해, 싸움질에는 일가견이 있는 시칠리아인들을 자신의 카르타고 원정군에 포함시킨 것이다. 이렇게 세를 불린 스키피오는 원정군을 30척의 전함에 태우고 넘실대는 지중해의 파도를 헤치며 카르타고로 진격했다.

스키피오의 전략은 적중했다. 그가 기원전 204년에 카르타고 해안을 통해 상륙을 감행하자, 이탈리아 본토에서 장기 게릴라전을 벌이던 한니발은 군대를 이끌고 고국으로 급히 회군하게 된다. 이렇게 해서 지긋지긋한 한니발의 지연전은 15년 만에 막을 내렸다. 로마인들은 카르타고 군인들이 떠난 자리에 서서 영웅 스키피오의 이름을 연신 외쳤지만, 그 옆에 서 있던 원로원들은 카르타고에서 펼쳐질 전쟁의 결과에 더 관심을 가졌다. 어쩌면 스키피오의 패배를 바랐을지도 모른다. 스키피오가 카르타고에서 한니발을 무찌르고 명성과 권력, 막강한 군대를 이끌고 로마로 귀환한다면 이후 결과는 뻔했다. 영웅의 등장은 언제나 역사의 변화를 초래하기 마련이다. 스키피오는 그럴 잠재력을 충분히 갖춘 인물이었다.

기원전 202년에 스키피오와 한니발이 맞붙은 사마^{Zama} 전투는 지중해 역사의 분수령을 이루게 된다. 막강한 군사력을 가졌던 카르타고가 신생국인 로마에 지중해의 패권을 넘겨주는 순간이기 때문이다. 절대적인 군사력 측면에서만 본다면 한니발이 훨씬 유리한 고지를 점령하고 있었다. 우선 그는 15년간의 전쟁 경험이 축적된 4만 명의 군대를 이끌고 있었다. 상대방 보병을 공포에 떨게 하던 무시무시한 코끼리 부대 또한 한니발의 막강한 전략 무기였다. 한편 스키피오의 군대는 한니발의 군대 규

코넬리스 코트의 〈자마 전투〉 모사(1567년 이후), 시카고 미술관 소장

모에 살짝 못 미치는 3만 5,000명 규모였다.

스키피오는 자마 평원에 도착해, 로마 군사들에게 적의 대형과 수직이 되도록 길게 서서 대기하라고 명령했다. 한니발 군대의 선봉에 선 코끼리 부대가 수평으로 서서 전투를 개시할 때 스키피오의 로마 군인들은 수직으로 서 있었던 것이다. 달려드는 코끼리 부대를 괴멸시키기 위해서였다. 로마 군대는 코끼리 부대가 공격을 시작하자 나팔을 불어 코끼리를 흥분시켰고, 창기병들은 코끼리를 향해 창을 던졌다. 코끼리는 당황했고 한니발은 황당했다. 천하를 호령하던 한니발의 코끼리 부대가 로마 군인들이 불어젖히는 나팔 소리에 기겁을 하다니! 결과적으로 자마 전투는 스키피오의 대승으로 끝났고, 군사들은 스키피오의 이름 뒤에 '아

나의 로망, 로마

프리카누스'라는 별명을 붙이며 환호성을 올렸다. '아프리카의 정복자'란 뜻이었다. 지금까지도 우리는 스키피오를 그렇게 부르고 있다.

한편 승리의 환호성이 자마 평원을 울리고 있을 때, 로마 원로원에서 보낸 문서가 스키피오의 막사로 전달되었다. 카르타고를 완전히 파괴하고, 다시는 로마를 공격할 엄두도 내지 못하도록 모든 생명체의 목숨을 끊어버리고 모든 건물을 불사르라는 지침이 내려졌다. 그러나 스키피오는 이를 거절한다. 그에게 정복자의 도리는 상대방을 완전히 궤멸시키는 것이 아니라 함께 평화와 공존을 도모하는 것이었다. 심지어 그는 로마의 원수였던 한니발에게 그 지역의 통치를 맡기고 로마로 귀환한다.

스키피오는 로마로 금의환향했지만, 한니발을 무찌르고 아프리카를 굴복시켰던 영웅의 앞을 가로막고 있던 현실은 참담하기만 했다. 원로원들은 그를 고소해 세 번이나 로마 법정에 세웠다. 그것도 공금을 횡령했다는 치졸한 죄목을 뒤집어씌웠다. 전형적인 창피 주기였으니 명예를 소중하게 여기는 장군을 흔들어놓는 아주 효과적인 방법이었다. 자존심이 강한 스키피오는 무너졌다. 아버지와 삼촌의 피가 스페인 땅을 적셨고, 온갖 방해와 전력의 열세를 무릅쓰고 한니발의 군대를 물리쳤건만, 그에게 남은 것은 좀도둑이라는 오명뿐이었다. 결국 그는 자발적으로 로마를 떠나며 정계 은퇴를 선언했다. 스키피오는 이딜리아 중부의 어느 해안가 이름 없는 마을에서 여생을 보내다가 조용히 세상을 떠났다. 일설에는 자결로 생애를 마쳤다고 하지만 확인할 길은 없다. 다만 그가 남긴 유언은 위대한 영웅이 어떻게 쓸쓸하게 죽음을 맞이했는지를 잘 보여준다.

비정한 조국이여, 그대는 내 뼈를 가지지 못할 것이다.

노예 폴리비우스가 역사에 관심을 가진 이유

우리가 이런 장엄한 영웅의 최후에 대해서 알 수 있게 된 것은 폴리비우스라는 그리스 출신의 역사가 덕분이다. 폴리비우스는 그리스 펠로폰네소스반도 서쪽 평야 지대에 있는 한 작은 국가의 귀족으로 태어났다. 당시 카르타고를 물리친 로마는 그리스와 마케도니아 지역으로 세력 확장을 꾀하고 있었고, 장기전으로 확장되던 로마-마케도니아 전쟁(기원전 214~148년)을 통해 그리스를 완전히 점령하는 데 성공하게 된다. 로마의 원정군은 약 1,000명의 그리스와 마케도니아 귀족 청년들을 인질로 잡아, 로마로 끌고 온다. 반역을 막기 위한 조치였다. 이 1,000명의 인질 중에 폴리비우스가 포함되어 있었다. 그는 망국의 설움을 안고 로마에 끌려와, 17년간 노예 생활을 했다.

그리스 출신 노예들은 로마의 귀족 가문에 비싼 값으로 팔렸는데, 주로 귀족 가문 자제들에게 그리스어와 철학을 가르치는 가정교사 일을 했다. 당시 로마는 문화와 철학, 예술과 종교를 그리스로부터 수입하고 있었으므로 그리스에 능통한 노예들이 비싼 값에 팔릴 수밖에 없었다. 폴리비우스는 플라톤의 철학에 능통했고, 그 어려운 그리스 서적을 줄줄 읽어낼 수 있었다. 그래서 로마의 6대 명문가 가문 중 하나에 가정교사로 팔렸으니, 바로 스키피오 가문이었다.

인간적이었으며 온화한 성품을 가졌던 스키피오 가문의 사람들은 성실한 가정교사 폴리비우스를 노예 신분에서 해방시켜 주었고 조국 그리스로 돌아갈 수 있도록 배려해주었다. 그러나 폴리비우스는 스키피오 가문의 군사 자문으로 남게 해달라고 간청했다. 스키피오에 대한 충정도 있었지만, 풀리지 않는 역사의 수수께끼 때문이기도 했다.

OLYBIVS

폴리비우스는 이런 의문을 가졌다. 작은 변방 국가에 불과했던 로마가 어떻게 카르타고를 물리치고 지중해의 패권을 차지하게 되었을까? 왜 막강한 군사력과 한니발이라는 천하의 명장을 소유했던 카르타고는 망하게 된 것일까? 유럽 최초의 문명을 잉태하고 문화, 철학, 예술, 과학, 의학, 문학 등의 모든 영역에서 두각을 나타냈던 나의 조국 그리스는 왜 망한 것일까? 신체적으로 본다면 비교할 수 없을 정도로 우수한 체격과 기상을 가진 게르만 족이 왜소한 체격의 로마인들에게 굴복하게 되는 이유는 무엇일까? 왜 역사의 판도는 바뀌는 것일까? 패권을 거머쥐었던 위대한 영웅들은 왜 결국 다음 세대나 다른 지역의 영웅들에게 패배를 당하고, 쓸쓸히 역사의 무대에서 퇴장해야만 하는가? 역사는 왜 변하는가? 그 변화의 주체는 무엇일까?

스키피오 아프리카누스의 쓸쓸한 육신이 객지에 묻히고 난 후, 로마와 카르타고는 약 50년의 평화기를 보냈다. 그러나 제국으로서의 면모를 보이며 영토 확장을 계속하던 로마가 기름진 카르타고의 평원을 포기할리 없었다. 카르타고가 이웃 부족 국가들과의 전쟁을 핑계로 군사력을 확장하고 있다는 소문이 퍼지자, 로마는 8만의 정예 군대를 보내 카르타고를 함락시킨다.

폴리비우스가 사령관으로 모신 스키피오 가문의 장군은 스키피오 아이밀리아누스Scipio Aemilianus(기원전 185~129년)인데, 흔히 '소少 스키피오 아프리카누스'라 불린다. 이제 노예의 신분에서 해방된 폴리비우스는 제3차 카르타고 전쟁(기원전 149~146년)에 직접 군사 참모로 참여하게 된다. 그리고 카르타고가 완전히 몰락하는 장면을 현장에서 두 눈으로 목격한다. 그가 남긴 로마 공화정 시대의 권력 투쟁과 3차까지 거듭된 카르타고 전쟁의 기록 중에, 가장 감동적인 장면이 여기서 펼쳐진다. 17일간 불탔다는 카르타고 시내를 내려다보며, 스키피오 가문의 위대한 지도자와 그리스 출신의 역사가가 함께 대화를 나누는 장면이다. 왜 역사의 주체가 변하는지 그 의문을 안고 카르타고까지 종군했던 폴리비우스는 주군 스키피오 아이밀리아누스와 영원히 잊지 못할 대화를 나눈다.

예측할 수 없는 미래와 포르투나의 힘

폴리비우스는 먼저 로마가 승리를 거두게 된 이유를 밝혀낸다. 문화적으로는 그리스와 견줄 수도 없었고, 군사적으로도 카르타고에 비해 항상 열세였으며, 신체적 강인함에서는 게르만 족에 당할 수 없었던 로마가 지중해의 패권을 장악한 이유는 로마 사회의 근간을 이루는 세 가지 세력 간에 힘의 균형이 맞추어져 있었기 때문이었다는 것이다. 군주정, 참주정, 민주정은 각각 왕(집정관), 원로원(귀족), 평민들의 힘이 우월한 정치 제도다. 그가 보기에 로마는 이 세 개의 세력이 상호 견제하면서 한 세력이 권력을 독점하는 일을 막았고, 바로 그 힘의 균형 덕분에 로마가 지중해의 패권을 장악할 수 있었다는 것이다. 반면 카르타고는 군주에게 권력이 과도하게 집중되어 있었으며, 그리스는 참주들이 권력을 독점하면서 평민 세력과 갈등을 일으켰고, 게르만 쪽은 평민들이 권력을 쪼개 가져 국가의 힘이 결집될 수 없었다고 분석했다.

그렇지만 폴리비우스가 역사 결정론자의 입장을 견지한 것은 아니다. 그는 한 시대의 특징이 다음 시대를 낳는 출발점이 된다는 인과의 법칙을 역사 해석에 도입하지 않았다. 로마가 카르타고를 물리치고 승리의 월계수를 머리에 올리게 된 데에 인과의 법칙은 적용되지 않았다. 폴리비우스는 한 나라가 한 시대의 주인공으로 등장하고, 한 인물이 영웅의 면모를 보이며 특정 시대를 바꾸고, 어떤 조직이 세계인의 시선을 주목하게 만드는 혁신을 이루게 되는 것은 필연이 아니라 오직 우연의 산물, 즉 행운의 여신 티케Tyche의 역할일 뿐이라고 주장했다.

언덕 위에서 선 폴리비우스는 불타는 카르타고를 내려다보면서 회심에 잠겼을 것이다. 한때 페르시아를 무너뜨리고 유럽과 아시아를 호령했던 알렉산드로스 대왕의 마케도니아 왕국도 결국 로마에 무릎을 꿇었고, 그로 인해 자신은 로마에서 노예 생활을 해야만 했다. 지중해 패권을 장

〈티케의 동상〉, 로마 바티칸 박물관 소장

악했던 카르타고도 지금은 한 줌의 재로 변하고 있지 않은가? 당시 폴리비우스의 나이는 55살, 주군 스키피오 아이밀리아누스는 막 40살이 된 참이었다. 장군은 한때 자신의 노예였고, 그리스어 선생이었으며, 지금은 군사 참모가 된 폴리비우스와 대화를 나눈다.

이 장면을 지켜보던 스키피오는 내게로 얼굴을 돌리면서 내 두 손을 잡고 이렇게 말했다. "폴리비우스, 지금은 정말 영광스러운 승리의 순간입니다. 그러나 나는 언젠가 우리 로마에 이러한 불행이 닥칠 것을 생각하니, 가

습이 먹먹해집니다!" 그의 이 말은 나라의 미래를 걱정하는 심오한 통찰을 담고 있었다. 지금 우리가 누리는 승리의 기쁨과 적이 느끼는 패배의 아픔은 언젠가는 서로 반대가 될 수 있다는 것을 기억해야 한다.**7**

불타는 카르타고를 내려다보면서 장군과 부하는 역사가 어떻게 개벽하는지, 한 시대의 권력이 어떻게 저물어 가는지 그 소회를 함께 나눈다. 폴리비우스는 현장에서 그 대화의 당사자로 참여했기에, 역사가의 기록 중에는 좀처럼 보기 힘든 감동적인 대화를 우리에게 전해줄 수 있었다. 한 시대의 종말과 새로운 시대의 시작을 알리는 그 순간, 스키피오 아이밀리아누스와 폴리비우스의 진지한 대화는 정해진 역사와 시대의 한계 속에서 살아가는 우리들에게 큰 감동의 메시지를 전하고 있다. 아래는 폴리비우스의 《역사》에서 후대의 역사가들이 일명 '카르타고의 함락'이라고 이름 붙여준 끝부분에 나오는 내용이다.

스키피오는 온 도시가 초토화되는 것을 지켜보면서 눈물을 흘렸고, 적이 당면한 비극을 함께 슬퍼했다. 그렇게 오랫동안 눈물을 흘리며 스키피오는 깊은 생각에 잠겨 모든 도시와 나라, 모든 권력과 인물이 종말을 고하게 되는 운명을 깊이 생각했다. 트로이, 아시리아, 메데, 그리고 페르시아가 그런 운명을 겪었으며, 최근에 가장 번성했던 마케도니아도 그런 운명을 피하지 못했다. 그래서 그는 그 자리에서 《일리아스》의 한 구절(6권 447~9)을 읊었다.

"나는 물론 마음속으로 잘 알고 있소. 언젠가는 신성한 일리오스와 훌륭한 물푸레나무 창의 프리아모스와 그의 백성들이 멸망할 날이 오리라는 것을."

   스키피오의 스승이었던 폴리비우스가 나중에 그 문장의 의미에 대해서
물었다. 스키피오는 주저 없이, 로마도 장차 그런 운명을 겪게 될 것이며
모든 인간은 그 운명에서 벗어날 수 없다고 말했다. 그래서 이 말을 분명
히 들었던 폴리비우스는 그의 책에 이 부분을 적어 넣었다.**8**

   스페인 광장에서 출발한 로마 공화정의 역사기행은 한니발이 군대를
처음 일으켰던 스페인에서 출발하여 눈 덮인 알프스산맥을 넘었고, 코끼
리 부대의 우왕좌왕하는 모습이 한 시대의 종말을 알렸던 자마 평원으로
이어졌다. 그리고 다시 한 번 카르타고를 향해 떠났고, 불타는 도시를 내
려다보면서 스키피오 아이밀리아누스와 폴리비우스가 나누었던 대화를
통해서 티케의 강력한 힘을 생각하게 되었다.
   카르타고를 초토화했던 로마도 결국 북방의 게르만 족에 의해 패망하
게 된다. 역사의 수레바퀴는 멈추지 않고 굴러간다. 한 나라가 패권을 잡
아도 다시 다른 나라에 의해 패망하고, 또 그 나라는 다음 나라의 무자
비한 폭력에 노출되기 마련이다. 이것이 역사와 인간을 지배하는 티케
의 힘이다. 티케의 오른손에는 승리의 월계관이 들려 있다. 미소를 지으
며 당신의 머리에 그 월계관을 올려놓을지도 모른다. 그런데 그 순간도
방심해서는 안 된다. 그녀의 다른 손에는 물길을 헤치는 노가 들려 있다.
당신의 운명을 어떻게 틀지 모른다는 것을 상징한다. 노는 날카로워서
언제든지 목을 자르는 칼로도 사용될 수 있다. 한 손으로 승리의 월계관
을 씌웠다가 다른 한 손으로 단칼에 당신의 목을 자를 수 있는 것이 바로
티케의 힘이다.

여전히 스페인 광장 한복판에는 사람들이 모여 사진 찍기에 여념이 없다. 광장 한가운데 있는 분수는 바로크 시대의 천재 조각가였던 베르니니(1598~1680년)와 그의 아버지가 만든 조각배를 형상화했다. 스페인 광장에서 셀카 찍기에 바쁜 사람들은 그 배가 '물이 새는 배'라는 사실을 잘 모른다. 그 작품의 이름은 '쓸모없는 배' 혹은 '오래된 배'라는 뜻의 〈바르카치아Barcaccia〉이다. 언제 좌초할지 모르는 우리의 운명, 한 치 앞조차 내다볼 수 없이 티케의 강력한 힘 앞에 놓인 우리의 모습을 상징하는 것 같다.

3장

포로 로마노와
캄피돌리오 광장

참된 인간의 의무는 무엇인가

SPQR. 이 간단한 약자가 로마의 주인이 누구인지 명쾌하게 밝혀준다. 권력은 독점되는 것이 아니라, 견제되어야 하는 것이다. 권력을 향한 질주는 항상 독점이라는 결승점을 향해 달려가기 마련이다. 특정 개인이나 소수가 권력을 독점하면 그들은 반드시 오만의 길에 들어서게 되고, 결국 몰락과 파국의 구렁텅이로 떨어지게 된다. 가진 자는 더 많이 가지기를 원하고, 가지지 못한 자는 가진 자를 미워하고 욕한다. 그것이 우리 삶의 일상적인 모습이다.

이를 누구보다 정확하게 이해한 사람들이 바로 공화정 시대의 로마인들이었다. 그들은 권력의 매력이 치명적이라는 사실도 잘 알고 있었다. 일단 권력의 맛을 보기 시작하면 인간은 야수가 되고, 아무리 선량한 인간도 폭군으로 변하게 된다는 사실도. 그래서 로마의 공화정은 권력을 견제하고 권력을 가진 자들의 전횡을 막기 위해 여러 가지 정치제도를 마련했는데, 그것이 바로 지금 우리가 높이 떠받들고 있는 민주적 대의 정치의 근간이 된다.

흔히 아테네가 민주주의의 본산이라고 말하지만, 아테네의 민주주의는 작은 도시국가에 적용되었던 직접민주주의의 초기 형태였다. 삼권분

포로 로마노의 성스러운 길

립을 근간으로 하는 지금의 민주 대의정치는 단연코 로마 공화정에서 출발했다. 국민이 직접 권력을 행사하는 것이 아니라, 자신들의 대표자를 선택하고 그들이 권력을 집행하도록 하는 제도이다. 그렇다면 문제는 이 것이다. 권력을 집행하는 자들의 권력은 어떻게 견제될 것인가?

오늘 우리가 방문할 포로 로마노, 즉 로마 광장은 바로 이 로마 공화정의 난제가 실타래처럼 엉켜 있는 곳이다. 권력의 질주를 막기 위해 어떤 사람들은 이곳에서 정교한 법률적 장치를 고민했고, 어떤 사람은 종교적 믿음을 이용하려고 했고, 또 어떤 사람은 제어할 수 없는 권력의 찬탈자에게 암살의 단검을 휘두르는 마지막 선택을 하기도 했다. 그곳에는 권력을 향한 맹목적인 욕망이 난무했다. 승리자는 자주색 토가를 입고 천하를 호령했으나, 패배자는 눈물을 떨구며 제발 가족들만은 살려달라고 읍소해야만 했다.

포로 로마노는 대리석과 무너진 건물 더미의 무덤처럼 보이기도 한다. 여기저기 나뒹구는 고대 로마의 건축 잔해가 파편처럼 굴러다닌다. 그러나 그 무너져 쌓여 있는 대리석 더미 사이에는 사람들의 눈물이 고여 있고, 무심한 로마의 바람이 내리 쉬는 한숨처럼 그 곁을 스쳐 지나간다.

> 오백 년 도읍지를 필마匹馬로 돌아드니
> 산천은 의구依舊하되 인걸은 간데없네.
> 어즈버 태평연월이 꿈이런가 하노라.

고려 말 조선 초의 학자 길재吉再 선생이 말을 타고 고려의 옛 수도 개성을 지나가며 지난날을 추억한 시다. 그러나 로마인들은 포로 로마노에서 세월의 무상함을 노래한 것이 아니라, 권력의 냉혹한 속성을 파헤친다. 권력 쟁탈을 위해 인간됨을 포기했던 악당들을 향해 키케로는 이런 준엄한 경고의 사자후를 토한다.

> 네 앞에 로마 인민의 왕이자 모든 종족의 주인이 되기를 원하고, 또 그것을 이룩한 자가 있구나! 만약 어떤 자가 이러한 탐욕을 도덕적으로 선한 것이라고 말한다면, 그는 정신 나간 사람일 것이다. 왜냐하면 그는 그것이 법과 자유를 파괴하는 것이라는 사실을 인정하면서도, 이에 대한 해롭고 혐오스런 억압을 영예로운 것으로 간주하기 때문이다.**9**

　포로 로마노에서는 로마 공화정 말기의 사상가이자 정치가였던 키케로의 고전을 펼쳐야 한다. 그는 로마 공화정이 무너지고 로마 제국이 새로 등장하던 시대를 관통했던 인물이었다. 옛 시대가 가고 새 시대가 올 때, 중간에 끼어 있는 사람은 늘 조심해야 한다. 옛 시대는 그를 변절자로 볼 것이고, 새 시대는 그를 반역자로 간주하기 때문이다.
　키케로가 그랬다. 그는 기사 계급에 불과했음에도 두 번이나 로마의 집정관직에 올랐고, 국가를 전복시키려는 음모를 성공적으로 진압했으며, 심오한 철학사상을 펼친 다수의 저술로 명성을 떨친 인물이었다. 그러나 그도 시대의 변화에 발맞추지 못해 잠수로 목숨을 잃게 된다. 포로 로마노의 한 건물 외벽에 키케로의 잘린 혀와 팔이 효수되었을 때, 역사가들은 그 참혹했던 장면을 위대한 로마 공화정의 마지막 사건으로 간주한다. 로마 공화정은 키케로의 시체와 함께 역사의 뒤안길로 사라졌다. 오늘 우리는 키케로의 최후, 아니 로마 공화정의 최후를 목격하기 위해 포로 로마노로 떠난다. 진짜 로마 공부는 지금부터다.

포로 로마노에서 길을 잃지 않는 법

분명하게 말하지만, 공부하지 않고 포로 로마노에 간다는 것은 매우, 정말로, 어리석은 일이다. 차라리 가지 않는 것이 낫다. 그래도 눈도장이나 찍을 요량이라면 안으로 들어가지 말고 밖에서만 보는 게 경제적이다. 입장료도 제법 비싼 편이고, 그늘 하나 없는 유적지에서 당신의 피부는 로마의 강력한 햇빛에 적나라하게 노출될 것이다. 굴러다니는 대리석 잔해들은 침묵을 지키고 있고, 무너진 건물들은 천년의 고독 속에 우두커니 서 있다.

그렇다. 역사의 앞뒤를 잘라내고 실제로 포로 로마노가 로마 왕정, 로마 공화정, 로마 제정의 수도로 사용되었던 시기만 잡아도 얼추 1,000년이다. 한 사람의 인생만으로도 한 편의 소설을 쓸 수 있고 그중 일 년만으로도 총천연색 그림을 그려낼 수 있는데, 하물며 수천만의 사람들이 1,000년 동안 각자의 생애를 살아갔다면 그 역사는 얼마나 다채로웠으랴! 포로 로마노라는 이 좁은 공간은 실로 역사의 박물관이며, 수많은 영웅호걸들의 광활했던 연극 무대라고 해도 과언이 아닐 것이다.

포로 로마노에서 길을 잃지 않는 법은 없다. 오히려 의도적으로 길을 잃고, 무너진 대리석 건물의 잔해 앞에서 서성거리는 것이 포로 로마노의 감상법이다. 로마는 하루아침에 만들어지지 않았다. 따라서 하루 만에 로마를 본다는 것은 아예 불가능한 일이다. 일정에 쫓기는 로마의 여행객들이여, 포로 로마노를 허투루 보지 말라. 주마간산走馬看山으로 끝낼 일이 아니다. 자칫하면 로마는 전설의 도시, 신기루의 도시로 남을 것이다. 포로 로마노는 천천히, 생각하면서, 여유를 두고 걸어가야 하는 곳이다. 그러니까 그 길은 생각의 길인 셈이다.

우선 입장권을 구매한 후, 팔라티노 언덕 위에서 포로 로마노의 전체 모습을 한눈에 조망해봄으로써 여행을 시작하라고 권하고 싶다. 숲으로 들어가면 나무만 보이기 때문에, 우선 포로 로마노라는 역사의 숲 전체를 살펴보고 방향을 가늠해보는 것이 좋다. 1,000년의 유구한 역사를 자랑하는 곳이니 포로 로마노에 잔해로 남아 있는 대리석 기둥조차 우리들의 시선을 잡아끌 것이다.

　　포로 로마노는 원래 늪지대였다. 팔라티노 언덕에 모였던 풍부한 물이 아래로 흘러들었기 때문에 로마의 악명 높은 황제 네로는 이곳에 인공 호수를 조성하기도 했다. 고대 로마의 개척자들은 포로 로마노의 지하에 관개시설을 파고 들어가, 그 지역에 고여 있던 물을 인근 테베레강으로 흘려보냈다. 늘 습기로 축축했던 곳에 단단한 땅이 들어서긴 했으나, 이제는 불이 문제였다. 포로 로마노는 여러 차례 대규모 화재가 휩쓸고 지

팔라티노 언덕에서 내려다본 포로 로마노 전경

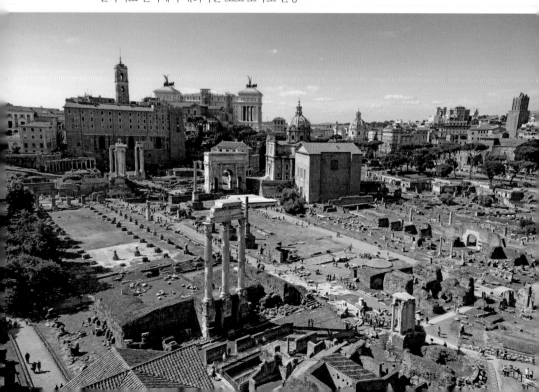

나간 곳이다. 네로 황제 시대의 로마 대화재(64년)가 가장 유명한 사건이 지만, 사실 로마에서는 고의나 실수로 잦은 화재가 발생했다. 현재 포로 로마노의 건물들도 화마火魔의 파괴력 때문에 불타 무너지고 재건축되는 과정을 반복하면서 형성되었다. 한 장소에서 여러 시대의 건물 유적이 발굴되는 것도 바로 이런 이유 때문이다.

지표면의 높이도 시대별로 달랐다. 오랜 역사가 흐르며 흙도 퇴적되 었으니, 지금의 지표면이 고대 로마 시기의 건물의 2층에 해당하는 곳도 있다. 그러니 어떤 곳은 신전으로 오르는 계단이 땅 속에 묻히고, 바로 신전으로의 입장이 가능한 구조처럼 보이기도 한다. 한 장소를 바라보는 사람들의 눈높이가 서로 달랐다는 뜻이다. 우리는 21세기의 눈높이에서 포로 로마노를 보지만 고대 로마인들은 지금보다 훨씬 낮은 곳에서 우리 가 보는 건물을 보았을 것이다.

포로 로마노 입장권을 구매하면 인근 콜로세움과 팔라티노 언덕 유적 지 입장도 가능하다. 팔라티노 언덕은 말 그대로 '왕궁의 언덕'이다. 일 부 귀족들이 사저를 짓기도 했지만 이곳에는 로마의 황제들이 왕궁을 지 었고, 그래서 팰리스Palace(왕궁)란 단어의 기원이 되는 지역이다. 그러나 로마 왕, 집정관, 황제 들은 왕궁을 크게 짓지 않았다. 거대한 왕궁을 지 어 자신의 권력을 뽐내는 것은 프랑스나 신성로마 제국 시대에야 나타난 현상이다. 무엇보다 로마의 민중들은 황제의 그런 모습을 좋아하지도 않 았고, 로마 황제들도 그런 화려한 치장을 바라지 않았다. 로마 제국의 위 대한 황제 마르쿠스 아우렐리우스(161~180년 통치)는 그런 태도를 잘 보 여준다.

되돌아보아라. 모든 것이 얼마나 빨리 잊혀졌는가. 현재의 앞과 뒤에는 무한히 깊은 시간의 심연이 놓여있다. 갈채라는 것은 얼마나 공허하며 사람들의 생각과 판단은 얼마나 쉽게 변한단 말인가. 이 모든 것은 심연 사이에 놓인 짧은 시간에 한정된 것일 뿐이다. 온 땅을 통틀어 보아야 하나의 점에 불과할 텐데, 네가 살고 있는 이 땅은 얼마나 작은 한 구석에 불과한 것이겠느냐. **10**

우리는 로마 왕궁의 유적이 스산하게 남아 있는 팔라티노 언덕에서 다시 포로 로마노 쪽으로 내려와야 한다. 팔라티노 언덕에서 내려오는 길에, 그러니까 포로 로마노의 중간 지점에 작은 개선문이 보인다. 여기서부터 본격적으로 포로 로마노의 답사가 시작된다. 곳곳에 퇴적층을 이루며 형성되어 있는 수십 개의 유적지 중에, 아래 10개의 유적지에서만큼은 반드시 그 앞에 서서 사색을 해볼 가치가 있다.

1. 베누스-로마 신전

로마를 처음 방문하는 관광객이 제일 먼저 찾아가는 곳은 콜로세움일 확률이 높다. 명성도 명성이거니와 지하철을 타고 콜로세움 역에 내리기만 하면 2,000년의 역사가 바로 눈앞에 펼쳐지기 때문이다. 처음 콜로세움을 보는 그 서늘한 충격은 로마의 첫 경험을 압도적으로 만든다. 그러나 만약 두 번째로 로마를 방문하게 된다면, 같은 지하철 루트를 따라 나서되 이번에는 역에서 나오자마자 왼쪽에 있는 웅장한 콜로세움에 눈길을 주는 대신 오른쪽을 바라보자. 허물어진 신전의 터가 보일 것이다. 그곳이 바로 베누스-로마 신전이다. 길이 145미터, 폭 100미터, 높이 31미터의 거대한 신전, 로마 제국 전체를 통틀어 가장 거대한 규모를 자랑했던 신전이 있던 장소다.

하드리아누스 황제가 건축한 베누스-로마 신전

    이 거대한 신전을 건축한 사람은, 어쩌면 당연한 일인지 모르지만, 로마 제국에서 '건축의 황제'로도 불렸던 하드리아누스Publius Aelius Hadrianus였다. 그는 이른바 '5현제 시대'를 대표하는 황제이며 로마 제국 전역에 수많은 기념비적인 건축물을 남긴 것으로 유명한 인물이다. 그가 남긴 로마의 건축물은 보통 사람의 예상을 뛰어넘는다. 서쪽 스코틀랜드 국경 너머에 야만족 침공을 막기 위해 세운 하드리아누스 성벽Hadrian's Walls

이 있다면 동쪽에는 그리스 아테네에 세운 거대한 규모의 제우스-올림피아 신전이 있다. 로마 도심을 아직도 지배하는 판테온 신전도 그가 재건축한 건물이며, 교황청 인근의 산탄젤로 성도 하드리아누스 황제가 만든 로마 황실의 영묘였다. 로마 인근 도시인 티볼리에 있는 하드리아누스 별장Villa Adriana도 그의 위대한 건축물 목록에서 빠질 수 없다.

황제 하드리아누스는 학문과 건축에 뛰어난 재능을 보였고, 당대의 건축가들과 함께 건축미의 본질에 대해서 학문적인 토론이 가능했던 인물이었다. 이런 그가 자신이 통치하는 공간의 입구인 포로 로마노에 건물을 지어 올렸으니, 베누스-로마 신전의 규모와 아름다움을 가히 짐작할 수 있으리라. 그러나 이 신전은 로마가 그리스도교 제국으로 변모하는 과정에서 수모를 당하게 된다. 7세기의 교황들은 베누스-로마 신전의 장식물과 건축 자재를 뜯어내 테베레강 건너편에 세워진 성 베드로 대성당을 장식하는 데 사용했고, 9세기에는 아예 주춧돌만 남아 있던 신전을 산타 마리아 노바 성당Santa Maria Nova(지금의 산타 프란체스카 로마나Santa Francesca Romana 성당)으로 개조해버렸다. 황제의 신전이 성모의 성전으로 전환된 것이다.

하드리아누스 황제가 베누스-로마 신전을 처음 건축했을 때, 건물 내부에는 '행운의 여신' 베누스 펠릭스Venus Felix와 '영원한 여신' 로마 에테르나Roma Aeterna가 서로 등을 마주대고 앉아 있는 좌상이 안치되어 있었다. 그러나 가톨릭 교회의 성당으로 개조되면서 성모 마리아와 예수 그리스도가 그들의 자리를 차지하게 되었다.

하지만 지금은 신전의 일부분만 남아 있다. 자연재해와 인간의 탐욕이 신전을 아예 폐허로 만들어버렸기 때문이다. 9세기경, 지진이 일어나 거대한 대리석 기둥들이 무너져 내리자, 중세 로마 사람들은 너도나도 마차를 끌고 와서 대리석 기둥을 잔뜩 싣고는 어딘가로 사라졌다. 어떤 사람은 그 기둥을 자기 집의 주춧돌로 삼았고, 어떤 사람은 로마 인근에 짓고 있던 자기 별장의 건축 자재로 재활용했으며, 어떤 사람은 고대의 유물이라며 외국 관광객들에게 팔아넘기기도 했다. 무지와 탐욕으로 인해 위대한 로마 여신의 신전은 그렇게 허물어져 갔고 지금은 몇 개의 대리석 기둥과 건물의 잔해만이 위대했던 시대를 추모하며 우두커니 서 있다.

2. 티투스 개선문

베누스-로마 신전을 오른쪽으로 두고 약간 경사진 언덕을 오르다 보면 만감이 교차하게 된다. 드디어 포로 로마노로 들어가는 입구에 서게 되는데, 그 길 자체가 예사롭지 않기 때문이다. '모든 길은 로마로 통한다'라는 유명한 격언의 마지막 종착지로 가는 길 위에 우리가 서 있는 것이다. 세상의 모든 길이 이곳에서 종결되었고, 그 다른 세상들이 이곳에서 펼쳐졌다고 생각해보면, 낭만적인 감상에 젖어들 수밖에 없을 것이다. 거북이 등껍질을 붙여놓은 듯 독특한 검은색 돌이 묘한 모자이크를 이루면서 우리를 티투스 개선문으로 이끈다.

티투스 개선문은 생각보다 작다. 콜로세움 옆에 서서 위용을 자랑하는 4세기의 콘스탄티누스 개선문이나, 포로 로마노 안쪽에 자리 잡고 있는 셉티미우스 세베루스 개선문의 크기와 비교해볼 때 아담하다고 느껴질 정도다. 그러나 로마 제정의 역사에서 이 작은 개선문의 중요성은 앞에서 언급한 개선문들보다 결코 덜하지 않다.

모든 개선문이 그렇듯이, 티투스의 개선문 역시 정치적인 메시지를 전달하기 위해 세워졌다. 콘스탄티누스 개선문이 그리스도교 황제의 통치 시대를 알리는 표지라면 셉티미우스 세베루스의 개선문은 아프리카 출

새로운 왕조의 시작을 알린 티투스 개선문

신의 황제가 통치하는 새로운 융합의 로마를 상징하는 기념비다. 마찬가지로 티투스의 개선문도 크기는 작지만 강력한 정치적 상징성을 가지는데, 로마 제국을 창건한 율리우스 가문을 물리치고 새로운 황제로 등극한 플라비아누스Flavianus 가문의 도래를 만천하에 알리고 있기 때문이다. 위치의 상징성도 중요한데, 티투스의 개선문은 플라비아누스 왕조의 치적을 대표하는 콜로세움에서 도심 포로 로마노를 관통하는 '성스러운 길(비아 사크라)'의 정중앙에 위치해 있다. 그것도 제일 높은 위치에 있는 언덕 위에 말이다. 티투스 개선문은 '성스러운 길'을 따라 새로운 로마 제국의 중심부를 향해 가려면 반드시 통과해야 하는 문처럼 우뚝 솟아 있다.

실제로 티투스 개선문 아래에 서면 팡파르가 울려 퍼지는 것 같다. 아치형 건축 왼쪽 상단에 나팔을 불면서 개선하는 로마 군인들이 조각되어 있기 때문이다. 그들은 유대 전쟁에서 승리하고 로마로 귀환하는 역전의 용사들이다. 전쟁의 승리를 알리는 동시에 새로운 시대의 도래를 만천하에 알리고 있다. 보라, 새로운 황제의 시대가 펼쳐졌노라! 베스파시아누스 황제, 만세! 티투스 황제, 만세! 도미티아누스 황제, 만세!

율리우스 황제 가문의 마지막 문제아였던 네로Nero 황제가 자결로 생애를 마친 다음, 로마에는 극심한 정치적 혼란이 발생했다. 네로의 자살로 초래된 갑작스러운 권력의 공백을 메꾸기 위해 세 명의 장군이 황제의 자리에 차례로 올랐지만, 그들은 모두 참살을 당하거나 자결로 생을 마쳤다. 예루살렘과 유대 땅 전역에서 발생한 반란을 진압하기 위해 출정했던 베스파시아누스 장군Flavius Vespasianus은 노련한 정치력과 시대의 흐름을 읽을 줄 아는 통찰력으로 로마의 황제 자리를 차지했다.

자신의 가족을 살해하는 것을 식은 죽 먹듯 하던 율리우스 가문에 비해, 플라비아누스 황제 가문은 가족 관계가 돈독한 편이었다. 69년 네로 황제의 자결 이후에 세 명의 황제들이 황제의 자리에 올랐다가 연달아 죽음을 맞는 동안 베스파시아누스는 이집트에, 티투스Titus는 예루살렘에, 도미티아누스Domitianus는 로마에 각각 자리를 잡고 권력을 잡을 기회를 엿보고 있었다. 그리고 아버지 베스파시아누스가 새로운 황제로 인정될 수밖에 없는 대세론이 로마에서 공론화되기 시작할 무렵, 이집트에 있던 베스파시아누스 장군에게 긴급한 첩보가 전달되었다. 둘째 아들 도미티아누스가 아버지와 형을 제치고 기회를 가로채 황제가 되려고 한다는 것이었다. 아버지와 둘째 아들이 서로 철천지원수가 되기 일보 직전이었다. 유대 전선을 지휘하고 있던 첫째 아들 티투스는 격노와 근심 사이를 오가던 아버지에게 이런 편지를 보낸다.

> 도미티아누스를 헐뜯는 자들의 보고에 쉽사리 자극받지 마십시오. 선입견을 갖지 마시고, 그에게 관용을 베푸십시오. (…) 친구들이란 시간의 흐름이나 운의 변전, 탐욕이나 오해로 인해 수가 줄거나 떠나거나 절교하게 마련입니다. 하지만 핏줄은 누구도 끊을 수 없지요. (…) 황제의 영화는 다른 사람들도 누릴 수 있지만, 황제의 불행은 피로 맺은 가장 가까운 사람들만 함께합니다. 11

현명한 첫째 아들 티투스의 조언을 받아들인 아버지 베스파시아누스는 둘째 아들에 대한 의심을 거두게 된다. 결국 베스파시아누스 장군은 로마의 새 황제로 등극했고, 이어 아들 티투스도 예루살렘 성과 예루살렘 성전을 함락시킨 후 로마로 귀환해 그 뒤를 이었다. 그가 바로 티투스 황제(79~81년 통치)다. 티투스의 즉위는 로마 제국 역사상 최초로 아들이 왕위를 계승받은 사례였다. 실제로 티투스 개선문에는 독수리로 변한 티투스 황제가 하늘로 솟구쳐 올라가는 모습이 조각으로 표현되어 있다. 또 개선문 하단 왼쪽에 있는 조각이 그 유명한 〈일곱 개의 금 촛대를 들고 개선하는 티투스 황제〉다. 유대의 반란을 진압한 티투스 장군은 로마로 개선할 때 유대의 헤롯왕이 신축했던 예루살렘 성전의 보물들을 전리품으로 가져왔는데, 이때 빼앗아온 금 촛대는 지금도 로마 바티칸에 보존되어 있다.

그러나 티투스 황제는 행운의 여신과 그리 가깝게 지내지 않았던 모양이다. 그가 재임하던 짧은 기간 동안 온갖 종류의 재난과 전염병, 화재 사건이 연달아 발생했다. 결국 그는 재위 2년 만에, 마흔의 젊은 나이로 전염병에 목숨을 잃었다. 유대인들은 티투스가 예루살렘 성전을 불태웠기 때문에 신의 저주를 받았다고 숙덕거렸다.

3. 막센티우스 바실리카와 로물루스 신전

3세기 후반에 로마 제국을 통치했던 디오클레티아누스Diocletianus 황제는 특단의 조치를 강구했다. 정확하게 말하자면 293년, 이른바 로마 제국이 직면했던 '3세기의 위기(제국 각지에서 장군들이 반란을 일으키고 경기 침체가 겹치면서 초래된 로마 제국의 암흑기)'를 극복하기 위해 디오클레티아누스 황제는 로마 제국을 사등분하는 결정을 내린다. 사두정치Tetrarchia라 이름 붙여진 이 제도의 핵심은 로마 제국을 사등분하고 각각의 영토에 황제와 부제를 임명하여 통치케 하는 제도이다.

이탈리아 본토와 스페인, 서북아프리카를 하나로 묶어 막시미아누스Maximianus 황제가 통치하고, 영국과 프랑스를 묶어 콘스탄티우스Constantius 부제가 통치한다. 이 두 영토가 로마 제국의 서쪽이다. 동쪽도 발칸반도와 그리스를 묶어 갈레리우스Galerius 부제가 통치하고 지금의 터키와 팔레스타인, 이집트를 하나로 묶어 디오클레티아누스 황제 본인이 통치하기로 했다. 즉 디오클레티아누스 황제는 로마 제국을 양분하고, 그것을 다시 둘로 나누어 권력의 분산을 시도한 것이다.

그러나 이 실험적인 제도는 오히려 극심한 혼란을 초래했고, 그것 때문에 로마 제국에서는 대규모 내전이 발발하게 된다. 대개 리더십이 부족한 사람이 높은 자리에 오르면 이런 일이 벌어진다. 권력을 분산하겠다는 멋진 명분 뒤에는 자신의 무능력을 감추려는 의도를 숨기고 있는 것이다. 어쨌든 그가 효율적인 제국 통치를 위해 제안했던 '사두정치'는 이론상으로만 이상적인 제도였을 뿐, 오히려 로마 제국에 더 심각한 분열을 초래하게 된다. 그럼에도 불구하고 디오클레티아누스는 황제 자리에서 스스로 물러나겠다는 포고령을 발표하고, 전격적으로 정계 은퇴를 선언했다.

제국의 동쪽을 통치하던 디오클레티아누스 황제가 은퇴를 선언했을 때, 제국의 서쪽을 통치하던 막시미아누스도 동시에 은퇴를 선언했다. 그리하여 305년에 제국의 동쪽을 책임졌던 디오클레티아누스 황제는 니코메디아에서, 그리고 서쪽을 책임졌던 막시미아누스 황제는 밀라노에서 각각 성대한 황제 퇴임식을 개최하는 진기한 풍경이 연출되었다. 로마 제국이 창건된 이래 이렇게 평화적으로 정권이 이양된 것은 최초의 일이었다. 이런 평화로운 정권 교체는 외형적으로만 본다면 '사두정치'가 원래 의도했던 기능을 수행하는 것처럼 보인다.

은퇴하던 두 황제는 자신들의 후계자인 황제(아우구스투스)와 부제(카이사르)를 지명했고 정권 교체도 순조롭게 진행되는 것처럼 보였다. 그러나 이 상황에 불만을 가진 두 사람이 있었으니, 바로 막시미아누스의 아들 막센티우스와 콘스탄티우스의 아들이었던 콘스탄티누스Constantinus였다. 이 둘은 각각 황제와 부제의 아들이었으나, 로마 제국의 후계자 선정에서 제외되는 상황에 몰리자 즉각 반란을 일으킨다. 권력의 속성을 이해하지 못한 섣부른 제도 때문에 로마 제국은 단숨에 내전의 국면으로 치닫게 된다.

부제(카이사르) 콘스탄티우스가 병으로 사망하자, 그의 아들이었던 콘스탄티누스가 지휘하던 군대는 그를 즉각 로마 제국의 새로운 황제로 옹립하고 내란을 일으켰다. 서유럽에서 출발한 콘스탄티누스 황제의 반란군은 로마로 진격했다. 한편 막센티우스도 스스로 황제의 자리에 올라 서부의 황제로 지명된 세베루스를 격파하고 이탈리아 본토의 권력을 먼저 차지했다. 결국 서쪽 로마 제국은 동시에 황제의 자리에 오른 콘스탄티누스와 막센티우스가 공동으로 통치하는 형태로 협상이 진행되었고, 이 둘이 힘을 합쳐 동쪽 로마 제국을 견제하는 형국이 펼쳐졌다.

왼쪽에 보이는 둥근 건물이 로물루스 신전, 오른쪽에 보이는 거대한 건물이 막센티우스 바실리카이다.

스스로 로마의 적통 황제, 즉 아우구스투스가 된 막센티우스는 로마에서 대대적인 토목공사를 벌여 팔라티노 언덕과 아피아 가도 사이에 작은 전차 경기장이 딸린 새로운 왕궁을 지었다. 그는 부제 갈레리우스의 딸과 결혼하여 로물루스라는 아들을 낳았는데, 아들이 15살 정도의 어린 나이에 죽자, 아들을 위해 신전을 지어 바쳤다. 바로 포로 로마노의 비아 사크라에 있는 로물루스 신전이다. 많은 사람들이 그냥 이름만 보고 로마의 창건자 로물루스의 신전이라고 착각하지만, 사실은 로마 제국의 격동기에 세워진 신전이다.

막센티우스 황제는 로물루스 신전 뒤쪽에 거대한 바실리카도 건축했다. 이 바실리카는 내부에 무려 14.5미터에 이르는 기둥들을 배열해 공간을 분할하고 각 공간이 독립적인 기능을 수행하도록 만들었는데, 거대한 규모와 화려한 시설을 자랑하면서 국가 행정의 모든 기능을 수행하는 건물로 사용되었다. 그러나 막센티우스 바실리카의 내부를 장식하던 거대한 기둥들은 중세를 거치면서 모두 사라지고 말았다. 로마의 귀족 가문들이 저택을 지을 때마다 막센티우스 바실리카가 대리석이나 건축 자재를 마련하는 거대한 채석장이 되고 말았던 것이다. 유일하게 보존된 막센티우스 바실리카의 기둥은 현재 산타 마리아 마조레Santa Maria Maggiore 내 성당 앞 광장에 세워져 있다. 르네상스 건축을 설명하면서 다시 언급하겠지만 막센티우스 바실리카는 건축가 도나토 브라만테(1444~1514년)가 성 베드로 대성당 공사를 할 때 영감을 받은 건물이기도 하다.

4. 베스타 신전과 안토니누스 피우스 신전

로마가 왕들에 의해 통치될 때 두 번째 왕이었던 누마는 로마인들의 호전적인 기질 때문에 골머리를 앓았다. 툭하면 이웃 나라를 무력으로

베스타 여사제의 숙소에
전시되어 있는
대리석 동상

침공하여 주변 국가들이 공포에 떨게 하는 것까지는 좋았으나, 포로 로마노에서 같은 동족끼리 주먹다짐을 벌이는 일상적인 폭력성 때문에 고민이 많았을 것이다. 그는 강력한 법으로 처벌하기보다 좀 더 고상한 방법을 생각해냈다. 로마인들이 스스로 자제하도록 인간성을 개조하기로 마음먹은 것이다. 스스로 무력 사용을 삼가고 상대방을 존중하는 태도를 지니게 되도록, 로마 사회에 경외의 대상이나 사회적으로 존경받는 대상을 확대하는 것이 좋겠다고 판단했다.

격분을 못 이겨 금방이라도 상대방에게 주먹을 날릴 것만 같은 사람 앞에, 그가 평소 존경하는 사람이 나타난다면 어떻게 될까? 그는 잠시나마 마음을 진정시키고 그 사람에 대한 존경을 표하게 될 것이다. 누마는 로마 사회에서 이런 경외심을 불러일으키고 존경받는 위치에 있는 사람들을 아예 집단으로 가시화시키려 했다. 그렇다면 사회적 지위나 신분, 계층과 상관없이 모든 로마인으로부터 존경을 받을 수 있는 사람은 누구일까? 만약 부자를 앞세우면 빈자들이 싫어할 것이고, 반대로 빈자를 앞세우면 부자들이 존경심을 보이지 않을 것이다. 그래서 누마 왕은 로마 사회에서 두 가지 종교 집단이 두드러진 활동을 하게 하고, 이들이 받는 경외심을 높여주는 정책을 펼쳤다. 바로 베스타Vesta 여사제들과 대제사장이나.

베스타 여사제는 귀족 가문 출신의 여성 중에서 6~10살 때 선택을 받아, 30년 동안 순결의 의무를 지니며 '국가의 불Hearth'을 관리하는 임무를 맡는다. 전설적인 로마의 건국자 아이네아스가 트로이에서 가져온 아테나 여신상(팔라디움이라 불렀다)과 남근상을 함께 수호하는 임무도 부과되었다. 베스타 여사제는 총 여섯 명으로 구성되며 로마 사회에서 살아 있는 '행운의 여신'을 상징하기도 했다. 사형선고를 받고 처형 장소로 끌려가던 죄수가 우연히 베스타 여사제를 보면 그 죄가 사면될 정도였다.

나라를 위해 독신으로 살아야 했던 베스타 여사제는 여러 가지 사회적 혜택을 누렸는데, 시내에서 마차를 타고 다닐 수 있었으며 법정에서 증언을 하면 다른 사람과 비교될 수 없는 강력한 법적 효력을 발휘했다. 대신 정해진 기간 동안 순결의 의무를 지키지 못하면 가혹한 처벌을 받았다. 베스타 여사제의 피가 땅을 적셔서는 안 된다는 고대의 믿음 때문에, 순결 규정을 어긴 여사제는 로마 외곽에서 생매장을 당하는 처벌을 받았다. 지금 포로 로마노에 있는 베스타 여사제의 숙소Atrium Vestae는 여러 번의 화재 때문에 보수 확장을 거듭한 건물이다. 로마 공화정 당시 포로 로마노에서 실제 거주할 수 있는 사람들은 베스타 여사제뿐이었다.

안토니누스 피우스 신전은 로마 제국의 황금기였던 5현제 시대의 네 번째 황제였던 안토니누스 피우스Antoninus Pius 황제(138~161년 통치)와 그의 아내 파우스티나Faustina의 신격화를 위해 만들어진 신전이다. 안토니누스 피우스 황제는 얼떨결에 황제가 된 사람이다. 선대 황제였던 하드리아누스는 손자뻘 되는 어린 마르쿠스 아우렐리우스를 후계자로 지명하고 싶었으나 너무 어렸다. 그래서 안토니누스 피우스를 양자로 들이면서, 동시에 그도 마르쿠스 아우렐리우스를 양자로 들이도록 조치했다. 그러니까 안토니누스 피우스는 마르쿠스 아우렐리우스를 황제로 만들기 위한 방법의 일환으로 황제 자리에 올랐던 것이다. 그런데 그는 의외의 선정을 베풀었고, 역사가들은 일관되게 그의 덕성을 높이 평가했다. 그래서 피우스Pius란 별명이 이름에 따라 붙게 되었으니, '경건한 사람'이란 뜻이다.

그는 특별히 자기 양아버지였던 하드리아누스를 잘 모셔서 로마 사회에 귀감이 된 인물이다. 안토니누스 피우스의 아내 사랑 또한 지극했으

성당을 품고 있는
독특한 형태로 발전한
안토니누스 피우스 신전

니, 아내 파우스티나가 141년에 사망하자 이를 추모하는 신전을 지었고, 안토니누스 피우스가 20년 후에 아내의 뒤를 따르자 양아들이었던 황제 마르쿠스 아우렐리우스가 자기 부모님을 함께 신격화하는 신전을 지어 바쳤으니, 지금 독특한 모습을 하고 있는 안토니누스 피우스와 파우스티나의 신전이 그렇게 만들어진 것이다.

그러나 이 신전은 1150년에 산 로렌초 인 미란다San Lorenzo in Miranda 성당으로 개조되었다. 산 로렌초는 3세기에 순교당한 로마의 성자이고 미란다는 이 성당 건축을 위해 기부금을 낸 여성을 의미할 것이다. 이 성당은 10개의 신전 기둥 안에 자리를 잡고 있어, 독특한 외관을 자랑한다. 거대한 로마 시대의 신전이 그리스도교 성당을 품고 있는 것 같은 형상이다. 또한 17미터에 달하는 거대한 신전 기둥 안에 있는 성당 정문이 높은 위치에 배치되어 있는 것을 볼 수 있는데, 이는 1602년 이 성당의 정면 파사드를 건축할 때 포로 로마노 지표면의 위치를 보여준다. 약 1,500년 동안 얼마나 많은 먼지와 흙이 쌓였는지를 가늠하게 해주는 중요한 시간의 나이테이기도 하다.

5. 카이사르 신전과 화장터

기원전 44년, 브루투스Marcus Junius Brutus와 원로원 의원들이 휘두른 칼에 23번 찔려 암살당한 카이사르의 시신은 포로 로마노 한가운데서 화장되었다. 카이사르가 암살당한 후 7일 동안이나 로마의 밤하늘에는 긴 꼬리를 드리운 유성이 나타났는데, 로마 시민들은 그것이 신격화된 카이사르의 영혼이 하늘로 올라가는 것이라 믿었다. 카이사르의 양아들이자 장차 로마 제국을 창건하게 되는 옥타비아누스(장차 아우구스투스가 된다)는 그 유성 아래에서 자신이 다시 태어났다는 유명한 연설을 남겨, 새로

카이사르 화장터

운 시대의 도래가 우주적인 사건임을 천명하고 나섰다.

　대권에 뜻을 품은 옥타비아누스는 기원전 31년에 경쟁자였던 안토니우스와 클레오파트라의 연합군을 악티움 해전에서 물리치고 지중해의 패권을 장악한 다음, 기원전 29년에 카이사르 신전을 준공했다. 이 신전 앞에는 공공 연설을 할 수 있는 장소인 로스트라Rostra를 갖추고 있었고, 그 기단에는 옥타비아누스가 악티움 해전 때 파괴시킨 적군의 선박 일부를 전시해놓았다. 그러니까 카이사르의 신전은 신격화된 양아버지를 위한 건물인 동시에 새로운 제국의 시작을 알리는 양아들의 정치적 무대이기도 했다. 로마 공화정 시대의 로스트라가 원로원 건물 앞에 있었다면, 로마 제국 시대를 위한 로스트라는 율리우스 가문의 신전 앞에 있다는 암시였던 것이다.

앞으로 로스트라가 세워질 임시 연단에서 최초로 연설한 사람은 카이사르를 암살했던 브루투스와 암살자들에 대한 처벌을 주장했던 안토니우스이다. 셰익스피어는 연극 〈줄리어스 시저Julius Caesar〉에서 두 사람의 연설을 멋지게 각색하여, 실제 역사보다 더 실감 나는 장면을 연출했다. 먼저 브루투스의 추도연설은 카이사르의 부관이었던 안토니우스에게 연설의 기회를 준다는 약속으로 시작된다.

> 내가 몸소 연단 위에 맨 먼저 올라가 우리 시저가 죽게 된 이유를 밝히겠네. (⋯) 당신은 내가 서는 꼭 같은 연단에서 내 연설이 끝난 다음 말하게 될 것이오. **12**

셰익스피어는 〈줄리어스 시저〉에서 브루투스를 높이 평가한다. 그는 사사로운 감정에 파묻혀 암살을 결행한 인물이 아니라는 것이다. 자신의 정적이었던 안토니우스에게도 충분한 발언 기회를 주겠다고 약속하는 태도에서도 브루투스의 의연함이 돋보인다. 로스트라 위에 올라선 브루투스는 자신의 암살은 공공의 이익을 위한 결정이었지 결코 사사로운 감정의 결과가 아니라고 주장한다. 그는 로마 시민들과 안토니우스 앞에서 자신들이 거사를 치른 이유에 대해 감동적인 연설을 펼친다.

> 이 모임 가운데 누군가, 시저와 절친한 누군가 있다면 난 그에게 말하겠소. 브루투스의 시저 사랑도 그에 못지않았다고. 그런데 그 친구가 브루투스는 왜 시저에게 반기를 들었느냐고 물으면 그 대답은 이렇소. 내가 시저를 덜 사랑해서가 아니라 로마를 더 사랑했기 때문이오. 여러분은 시저가

죽고 모두들 자유인으로 살기보다 차라리 시저가 살아 있고 모두들 노예로 죽고 싶소? 시저가 나를 사랑하였기에 난 그를 위해 울고, 그가 운이 좋았기에 기뻐하며 그가 용감하였기에 존경합니다. 하지만 그가 야심을 품었기에 난 그를 살해했습니다. 그의 사랑 때문에 눈물이 있고, 그의 행운 때문에 기쁨이, 그의 용기 때문에 존경이, 그리고 그의 야심 때문에 죽음이 있습니다.13

그러나 브루투스의 추도연설이 끝난 다음 로스트라에 오른 안토니우스도 놀라운 수사를 구사하면서 로마 시민들을 자극한다. 안토니우스는 카이사르의 최측근으로 그의 경호를 책임진 사람이기도 했다. 그러나 부관 안토니우스는 상관의 죽음을 막지 못했다는 죄책감을 안고 연단에 올라야만 했다. 안토니우스의 연설 전략은 로마 시민들의 마음을 자극하는 것이었다. 그는 왁스로 만들어진 카이사르의 흉상을 보여주고(셰익스피어의 작품에는 등장하지 않는다), 카이사르가 23번이나 칼에 찔리면서 갈기갈기 찢어진 피 묻은 토가Toga를 보여준다. 그래도 기대했던 동요가 일어나지 않자 안토니우스는 카이사르가 자신에게 남긴 유서를 보여주는 마지막 수단을 강구한다.

이것이 시저의 도장 찍힌 유언이오. 모든 로마 시민에게, 모든 사람 각각에게 75드라크마의 은화를 준답니다.14

로마 시민들은 카이사르가 시민 한 사람 한 사람에게 은 75드라크마를 유산으로 남겼다는 내용을 듣고 격분하여 소리치게 된다. "카이사르 만세!" "카이사르를 죽인 브루투스를 처단하라!" "저 놈, 죽여라!" 결국 브루투스는 카이사르 신전 앞에서의 연설을 마지막으로 로마에서 탈출했고, 안토니우스와 옥타비아누스의 추격을 받다가 필립포에서 자결로 생을 마감하게 된다.

6. 카스토르와 폴룩스 신전

베스타 신전 바로 옆에 세 개의 코린트 스타일의 원주만 우뚝 솟아 있는 건물이 보인다. 카라라산 대리석으로 만든 이 거대한 신전은 아우구스투스가 포로 로마노를 재정비할 때 가장 심혈을 기울여 만든 아름다운 건축물이다. 지금 남아 있는 '카스토르와 폴룩스 신전'은 세 번째로 건축한 것인데, 첫 번째 신전은 기원전 484년에 만들어졌다. 그러니까 그리스의 파르테논Parthenon 신전보다 먼저 만들어진 셈이다.

세 개의 기둥만 남은
카스토르와 폴룩스 신전

카스토르Castor와 폴룩스Pollux는 제우스와 레다의 쌍둥이 아들이다. 문헌에 따라 다르긴 하지만 그리스에서 이 쌍둥이 형제들은 항해자들의 수호신이며, 항상 백마를 타고 나타나기 때문에 기사 계급의 수호신이기도 하다. 로마인들은 이 쌍둥이 형제에 대한 믿음을 그대로 수입했고, 로마가 국가적 위험에 처할 때마다 재난의 도래를 미리 알려주고 난국을 극복하게 도움을 주는

나의 로망, 로마

수호신으로 발전시켰다.

기원전 484년, 처음으로 카스토르와 폴룩스 신전을 만들게 된 것도 그런 이유 때문이었다. 약 15년 전에 흰색 말을 끌고 온 잘생긴 청년 두 명이 포로 로마노의 우물가에서 말에 물을 먹이면서 "로마의 승리가 임박했다"고 예언했다. 그 두 청년의 예언은 기원전 499년 7월 15일 로마 인근의 레길루스Regillus 호수에서 벌어진 전투에서 현실이 되었을 뿐 아니라, 백마 탄 두 청년이 나타나 로마 군대의 승리를 도와주는 기적이 일어났다. 이때 카스토르와 폴룩스 형제의 도움을 받았던 기사 계급이 주축이 되어 첫 번째 신전을 건축한 것으로 알려져 있다.

7. 원로원 건물과 코미티움

로마 제국은 황제가 권력을 행사하는 제정 체제로 유지되었지만, 민의를 대표하던 원로원이 엄연한 입법기관으로 작동하고 있었다. 시대의 변화에 따라 그 숫자는 들쭉날쭉했지만 기본적으로 300명 정도의 원로원들이 입법 기관의 역할을 수행했다. 원로원 건물은 300명에 달하던 로마의 귀족들이 법령을 심의하고 법 집행의 공정성에 대해서 논쟁을 벌이던 곳이다.

현재 붉은 벽돌 건물로 남아 있는 원로원 건물은 기원전 44년에 율리우스 카이사르가 그 터를 잡고 공사를 시작했는데, 그래서 지금도 '쿠리아 율리아Curia Julia'로 불리고 있다. 그러나 카이사르가 같은 해 암살당함으로써 건물의 준공은 아우구스투스의 시대로 미뤄진다. 안타깝게도 율리우스와 아우구스투스에 의해 완성된 원래 건물은 3세기 말의 대화재 때 불타버렸고, 지금 우리가 포로 로마노에서 보는 벽돌 건물은 디오클레티아누스 황제 때 옛 모습대로 복원된 것이다. 흔히 상상하는 것처럼

원로원 건물. 성당 건물로 활용되어 파괴를 면할 수 있었다.

이 원로원 건물에서 카이사르가 암살되지도 않았고, 키케로가 그 유명한 카틸리나 탄핵 연설(기원전 63년)을 하지도 않았다.

이 건물이 중세 암흑기의 훼손을 견뎌낸 이유는 성당 건물로 재활용되었기 때문이다. 1660년, 바로크 시대를 대표하는 건축가 중 한 명인 프란체스코 보로미니Francesco Borromini(1599~1667년)는 로마 원로원 건물의 청동 정문을 떼어내서 라테라노 대성당Basilica di San Giovanni in Laterano의 정문으로 재활용했다. 라테라노 대성당에서는 가톨릭 교회의 중요한 결정을 내리는 대규모 회의가 열리곤 했다. 보로미니는 어떻게 로마 제국의 전통을 계승한 가톨릭 교회의 주교좌가 있는 성당 정문에 로마 원로원 건물의 정문을 갖다 붙일 생각을 한 것일까?

한편 원로원 건물 앞부분에는 코미티움Commitium이라 불리는 공간이 있었는데, 로마 왕정이 시작되던 때부터 모든 정치 활동의 중심으로 활용되던 곳이다. 귀족들의 정치적 영향력이 커지면서 원로원의 의결권이 강화되었고, 이를 견제하던 일반 시민들은 코미티움에 모여서 자신들의 정치적 주장을 펼쳤다. 로마 공화정 시대는 민중이 주인이던 시절이었기 때문에 코미티움의 공공 발언대인 로스트라가 설치되기도 했다. 공화정 시대의 로마 시민은 누구든지 로스트라 연단에 올라가 원로원 건물을 등지고 서서 귀족들의 정치에 대한 반론을 제기할 수 있었다. 원래 로스트라는 전쟁을 마치고 돌아온 로마의 장군들이 개선식의 마지막 행사를 하는 곳이었다. 장군들은 포로로 끌고 온 적장을 로마 시민들에게 보여준 다음, 그의 목을 잘라 로스트라에 내걸었다.

로스트라에 올라 공화정의 위기를 설파하고, 독재자가 되려는 조짐을 보이는 야심가를 공격했던 가장 유명한 인물은 아마 키케로일 것이다. 그는 로스트라에 올라, 암살당한 카이사르의 부관이었던 안토니우스가 권력의 공백을 노리고 있다고 신랄히 비판했다. 하지만 키케로는 시대의 흐름을 잘못 읽었다. 결국 제2차 삼두정치의 주역이었던 안토니우스는 살생부를 만들어 정적들을 제거했는데, 당연히 그 명부에 키케로의 이름이 올라 있었다. 키케로는 안토니우스가 보낸 자객에게 살해당하고, 그의 머리와 팔은 잘려 로마로 보내졌다. 안토니우스와 그의 아내는 로스트라 연단에 키케로의 혀와 팔을 잘라 걸었다. 자신을 비난한 세 치 혀와 필봉을 휘두른 팔을 로스트라 연단에 전시함으로써 안토니우스는 키케로에게 복수했고, 그렇게 로마 공화정의 역사는 마감된다.

8. 셉티미우스 세베루스 개선문

포로 로마노의 전경을 담고 있는 사진을 보면 늘 거대한 개선문이 우리들의 시야를 압도한다. 바로 '셉티미우스 세베루스 개선문Arco di Settimio Severo'이다. 높이 21미터에 달하는 이 거대한 개선문은 셉티미우스 세베루스 황제Septimius Severus(193년~211년 통치)와 그의 두 아들이 내전을 종식시키고 파르티아 정벌을 완성한 기념으로 기원후 203년에 세워졌다. 세월의 풍파를 이기지 못하고 표면의 조각이 침하되었기 때문에 그 내용을 분석하기는 쉽지 않다. 로마에서 출전하는 군인들의 모습, 그리고 페르시아와 로마의 국경에 있던 도시 니시비스와 에데사를 공격하는 모습이 부조로 조각되어 있다. 황제가 연설하는 장면과 적의 왕들이 항복하는 모습도 어렴풋이 구별할 수 있다.

셉티미우스 세베루스는 로마 제국 역사상 최초로 아프리카 속주 출신의 황제가 되었다. 그는 원래 철학과 법률을 공부한 지식인이었으나 점성술에 과도하게 의존한 이중적인 인물이었다. 기원전 192년, 마르쿠스 아우렐리우스의 아들 코모두스Commodus 황제가 악정을 펼치다가 암살을 당해 목숨을 잃자, 황제 근위대는 로마 시장이었던 페르티낙스Publius Helvius Pertinax를 황제로 추대했다. 당시 판노니아 사령관이었던 셉티미우스 세베루스는 꿈에서 페르티낙스가 말을 타고 가다가 낙마하고, 대신 자신이 말에 오르는 이상한 꿈을 꾸게 되었다. 장소는 캄피돌리오 언덕을 향해 올라가는 비탈길이었다. 지금 그의 개선문이 서 있는 바로 그 장소이다.

한편 페르티낙스도 황제 근위대에게 암살당했다. 황제 근위대는 황제

중간 오른쪽에 있는 건물이
셉티미우스 세베루스의 개선문이다.

를 보호하는 군대가 아니라 황제를 선택하는 군대였다. 자신들에게 더 많은 보수를 주겠다고 약속하는 사람에게 황제의 자리를 주겠노라고 공공연히 떠들 정도였다. 로마의 거부였던 율리아누스가 황제 근위대를 찾아가 돈으로 황제 자리를 샀다. 이런 엉터리 방법으로 거부 율리아누스가 황제의 자리에 오르자, 각 군단의 지휘관들이 동시에 반란을 일으켰고, 모두 자신들이 새로운 황제라고 주장하기에 이른다. 여기에 판노니아 군단의 셉티미우스 세베루스 장군도 포함되어 있었다.

재빨리 군대를 이끌고 로마에 입성한 셉티미우스 세베루스는 로마의 권력을 단숨에 장악한 다음 다른 군단의 지휘관들을 하나씩 숙청해 나갔다. 겨우 내전을 진정시켰지만 195년, 제1차 파르티아 전쟁이 발발했다. 로마의 숙적이었던 페르시아와의 또 다른 대결 국면이 초래된 것이다. 셉티미우스 세베루스 황제는 직접 군대를 이끌고 출전하여 니시비스를 점령하고 티그리스강까지 정벌했다. 197년 제2차 파르티아 전쟁에서도 승리를 거두고 로마로 개선했다. 이 파르티아 전쟁을 끝내고 세운 개선문이 바로 지금 캄피돌리오 언덕 입구에 세워진 셉티미우스 세베루스 개선문이다.

셉티미우스 세베루스 황제는 아프리카 출신이었기 때문에 로마 정치의 한복판에 자기 가문의 존재감을 드러낼 수 있는 기념비가 필요했다. 로마 제국을 창건한 율리우스 가문이 네로 황제의 폭정과 더불어 마감되었고, 그 후부터는 한 가문이 오랫동안 로마를 장악하지 못했다. 플라비아누스 가문이 69년부터 96년까지 겨우 3대에 걸쳐서 황제의 권력을 승계해 나갔지만, 곧 도래한 이른바 '5현제 시대'에는 혈육이 아니라 능력 본위로 후계자 선정이 이루어졌다. 따라서 193년부터 새로 집권한 세베루스 왕조는 통치의 정당성을 만방에 널리 알리기 위한 가시적인 상징물이 필요했다. 셉티미우스 세베루스의 페르시아 원정이 그렇게 대단한 승리가 아니었음에도 불구하고 포로 로마노 한복판에 거대한 개선문이 자리를 잡고 있는 이유가 바로 여기에 있다.

이런 허장성세虛張聲勢의 특징은 그것을 멈추는 순간 모든 것의 실체가 폭로된다는 것이다. 세베루스 왕조는 이런 과시용 건축물 짓기를 멈출 수 없었다. 그래서 셉티미우스 세베루스의 아들 카라칼라Caracalla 황제는 거대한 욕장을 짓게 된다. 다빈치 공항에서 로마 시내로 진입할 때, 거대한 욕장 건물의 잔해들이 보는 사람의 시선을 압도하게 되는데, 이것이 바로 '카라칼라 욕장'이다. 216년에 완공된 이 거대한 욕장은 크기가 7만 6,000평에 가까웠고, 건물 마감재만으로도 벽돌 1,700만 개가 필요했을 정도로 거대했으며 화려했다. 로마 시민들은 뜨듯한 물에 몸을 담그고 태평성대를 흥얼거렸고, 황제의 비천한 출신 따위는 입 밖에 내지 않았다.

그러나 허장성세의 영광은 오래가지 못했으니, 셉티미우스 세베루스 황제는 지금의 영국 땅에서 반란이 일어나자 진압차 출정했다가 211년에 숨을 거두었다. 그는 아프리카 속주의 비천한 가정에서 태어나 무려 18년 동안 유럽, 아시아, 아프리카를 호령했지만 숨질 때 남긴 최후의 말은 "나는 원했던 모든 일을 이루었다. 그러나 모두 헛된 것이었다"라고 한다. 그가 비통의 한숨을 몰아쉬면서 죽어간 이유는 다름 아닌 자식 간의 불화 때문이었다.

셉티미우스 세베루스 황제의 뒤를 이어 198년부터 로마를 통치한 카라칼라 황제는 동생 게타Geta를 암살한 것으로 유명하다. 그래서 지금 남아 있는 세베루스 왕조의 가문 초상화에는 아버지 셉티미우스 세베루스와 그의 아내 율리아 돔나Julia Domna, 그리고 큰아들 카라칼라의 모습만 남아 있다. 한쪽 구석에 아예 얼굴이 지워진 누군가의 흔적이 남아 있는데, 그 불쌍한 초상화의 주인공이 둘째 아들 게타다. 셉티미우스 세베루스 개선문의 벽면에도 페르시아의 포로를 끌고 행진하는 카라칼라 황제의 모습이 보이지만, 그 앞에 있는 인물의 얼굴이 무참하게 파괴되어 있음을 확인할 수 있다.

황제가 자신의 정적이나 경쟁자의 이미지 자체를 깡그리 없애버리는 행위를 로마에서는 '기억의 저주Damnatio memoriae'라고 부른다. 어떤 행위가 독립된 용어로 존재할 정도로 반복된다면, 그 행위는 아마 인간의 본성과 연관이 있을 것이다. 우리는 셉티미우스 세베루스의 웅장한 개선문에서 위용을 느끼는 것이 아니라, 권력을 향한 인간의 본성을 발견하게 된다. 자신을 높이고 남을 낮추기를 원하는 본성, 황제가 되기 위해서라면 동생도 거침없이 죽여버리는 인간의 악한 본성을.

9. 사투르누스 신전과 베스파시아누스 신전

포로 로마노에는 많은 신전이 세워져 있지만 그것들이 로마에서 처음 세워진 신전은 아니다. 초기 로마 신전의 모습을 보기 원한다면 테베레강 유역의 포룸 보아리움Forum Boarium으로 가야 한다. 포로 로마노에서 충분히 걸어갈 수 있는 거리다. 이곳에 최초의 신전이 세워진 시기는 기원전 6세기경이다. 포룸 보아리움은 원래 강가에 세워진 작은 항구였다. 그래서 '항구의 신'을 모시기 위해 건축한 포르투누스 신전이 세워졌다. 이 항구를 통해서 올리브유가 거래되었는데, 그 항구의 주 고객이었던 올리브유 제조업자들이 그들의 수호신인 헤라클레스를 모신 '헤라클레스 신전'을 세웠다.

포룸 보아리움은 말 그대로 로마의 '소 시장'이 있던 곳을 말한다. 전설에 의하면 한 목동이 헤라클레스의 소를 훔쳐 그 꼬리를 잡고 어디론가 끌고 갔다. 헤라클레스는 절도범 목동을 처단하고 아라 막시마Ara Maxima를 건축했는데, 지금은 그 장소에 산타 마리아 인 코스메딘Santa Maria in Cosmedin 성당이 들어서 있다. 이 작은 성당에는 헤라클레스의 전설보다 더 유명해진 석판이 있는데, 바로 진실의 입La Bocca della Verità이다.

거짓 맹세를 하고 진실의 입에 손을 넣으면 끔찍한 일이 벌어진다는 전설 같은 이야기가 〈로마의 휴일〉에 나온 덕분에, 지금까지 유명한 관광지가 되어 있다.

사투르누스 신전

포룸 보아리움의 신전 건축과 같은 시기에 사투르누스 신전Tempio di Saturno이 세워졌다. 그러니까 이 신전은 포로 로마노에서 가장 오래된 건물인 셈이다. 물론 지금 남아 있는 신전은 몇 차례 화재 때문에 소실되었다가 재건축된 것이지만 기원전 6세기경에 세워진 최초의 건물에는 이탈리아 원주민의 건축 양식이 고스란히 남아 있었을 것으로 추정된다. 초기의 신전이니만큼 남아 있는 원주 여덟 개는 모두 이집트산 화강암이다. 고대 로마의 역사에는 이집트의 긴 그림자가 드리워져 있다. 그리스도 로마도, 이집트는 문명의 고향과 같은 곳이었기에, 이집트는 일종의 권위와 질서를 상징했다.

이 오래된 신전은 농사의 신이었던 사투르누스Saturnus를 모시기 위해 건축되었는데, 사투르누스라는 이름은 '씨를 뿌리다'라는 뜻의 라틴어 'satum'에서 파생된 단어이다. 로마에서는 사투르누스 신이 통치하던 황금 시대를 기념하기 위해 사투르날리아Saturnalia 축제가 매년 12월 17일부터 7일간 진행되었다. 이 축제 기간 중에는 로마의 모든 노예들이 주인이 차려주는 음식을 대접받는 풍습이 있었다. 이러한 12월의 축제가 그리스도교의 크리스마스 축제와 결합되면서, 서로 작은 정성을 주고받는 선물교환의 관행이 생겨나게 되었다. 사투르누스 신전은 로마의 공공 재정 보관소로도 사용되었는데, 로마의 한국은행이었던 셈이다. 로마의 국고를 보관하는 거대한 금고나 마찬가지였기 때문에 일반인들의 출입이 통제되던 곳이었다.

베스파시아누스 신전은 율리우스클라우디우스 가문의 뒤를 이어 로마 황제 가문으로 등극했던 플라비아누스 왕조의 위용을 드러낼 용도로 건축된 큰 규모의 신전이다. 79년에 베스파시아누스 황제가 서거하자 그의 아들 티투스와 도미티아누스가 함께 건축을 시작했으나 큰 아들 티투스도 2년 후에 죽고 말았다. 황제로 취임한 도미티아누스는 아버지와 형의 신격화를 위해 87년에 신전을 완성하고 '베스파시아누스와 티투스의 신전'으로 이름을 확대했다. 포로 로마노에서 가장 정교하게 건축된 걸작으로 평가받았던 신전이지만, 아쉽게도 현재는 코린트 양식의 기둥만 세 개 남아 있다. 신전의 프리즈(띠 모양의 부조)가 정교했던 것으로 유명한데, 황소의 머리뼈와 함께 도끼와 칼 등이 섬세하게 조각되어 있었다. 이는 제국의 황제가 소를 잡아 신에게 제사를 드리고, 종국에는 신으로 등극하는 대제사장Pontifex Maximus 신분임을 상징한다.

10. 콘코르디아 신전과 공공기록관리소

포로 로마노에서 카피톨리노 언덕을 바라보면, 큰 건물이 언덕 전체를 차지하고 있는 것처럼 보인다. 16세기에 미켈란젤로가 카피톨리노 언덕 위에 세 개의 건축물을 ㄷ자 형식으로 건축하면서 포로 로마노와 마주하고 있는 건물의 외벽을 쌓아 올렸기 때문에 그렇게 보이는 것이다. 마치 캄피돌리오 언덕을 덮고 있는 것처럼 보이는 이 웅장한 건물은 로마의 공공기록관리소 타불라리움Tabularium이었다. 대한민국 정부의 국가기록

오른쪽에 있는 건물이 공공기록관리소이다.

원에 해당하는 기관이다. 원래 이 건물은 로마 공화정 말기에 활동했던 술라 장군Lucius Cornelius Sulla이 기원전 78년경부터 건축을 시작한 공공기관으로, 때로 원로원의 회의장으로 이용될 만큼 규모가 컸다. 인구와 세금 및 군사 업무와 관련된 공공 기록을 보관하는 곳인 동시에 로마의 국가 공무원들이 업무를 보는 관공서이기도 했다. 로마의 방대한 통치 영역을 생각해보면 공공기록관리소가 얼마나 큰 시설을 가졌어야 하는지 짐작할 수 있을 것이다.

공공기록관리소 건물은 그 자리를 원래 차지하고 있던 콘코르디아 신전의 일부를 허물고 지은 것이다. 콘코르디아는 '화해'라는 뜻인데, 이런 이름이 신전에 붙여졌다는 것은 로마의 초기 역사에 아주 심각한 계급 간의 갈등이 있었음을 짐작할 수 있다. 사회적 갈등 때문에 세워진 콘코르디아 신전은 기원전 367년에 준공되었다. 당시 로마 공화정은 프랑스의 원주민인 골 족의 침공에 시달리던 중이었다. 신전을 건축한 이는 외국과의 전쟁이라는 비상사태에서 나라를 이끌게 된 카밀루스Marcus Furius Camillus 독재관이었다. 위기에 처한 조국을 구하기 위해서 귀족과 평민이 모두 화해하고 단결해야 한다는 의미로 이 신전을 건축했던 것이다.

이런 정치적 의도로 세워진 콘코르디아 신전은 로마에만 있는 것이 아니다. 시칠리아의 아그리젠토Agrigento에도 원형대로 보존되어 있는 콘코르디아 신전이 남아 있다. 프랑스 파리에는 콩코드 광장Place de la Concorde이 있다. 프랑스 왕족과 시민들 사이의 정치적 화해를 염원하는 곳이다. 원래 이곳은 루이 15세의 기마상이 설치되어 있었기 때문에 루이 15세 광장으로 불렸으나, 프랑스 혁명 때 루이 16세와 왕비 마리아 앙투아네트가 이곳에서 참수된 이후 그들의 피가 흥건히 고였던 이 장소의 이름이 콩코드 광장으로 바뀌었다. 그러나 로마의 콘코르디아 신전은 로마의 제정이 시작되면서(기원전 27년) 그 존재의 이유가 사라지게 된다. 로마의 귀족과 평민들이 더 이상 화해를 도모할 이유 자체가 사라졌기 때문이다. 로마 사회의 두 축이었던 귀족과 평민이라는 정치적, 경제적 집단이 모두 로마 황제의 통치를 받게 된 것이다.

로마 제국의 두 번째 황제였던 티베리우스는 로도스섬에서 가져온 수많은 그리스 조각들로 콘코르디아 신전을 가득 채웠다. 티베리우스는 엄청난 악당이고 독재자였으니, 재미로 사람을 죽이는 일이 다반사였고 통치의 임무에는 소홀했다. 대인기피증까지 있었으니 아예 정치 현안을 외면하기 위해서 오랫동안 로마를 떠나 있을 때가 많았다. 정치에 지독한 염증을 느낀 그는 나폴리 인근의 카프리섬에 은둔하면서 향락적인 삶을 즐기다가 37년에 죽었다. 그에게는 콘코르디아, 즉 화해가 필요하지 않았다. 무소불위의 권력을 휘두르던 황제에게 민중과의 화해는 일고의 가치도 없는 일이었다. 그래서인지 티베리우스가 그리스 조각 전시장으로 사용했던 콘코르디아 신전은 이제 무너진 대리석 잔재 몇 개의 모습으로 쓸쓸한 역사의 퇴행 과정을 보여주고 있다.

포로 로마노의 종점, 캄피돌리오 언덕

해발 46미터에 불과한 캄피돌리오는 로마의 일곱 언덕 중에서 가장 높이가 낮다. 그러나 역사적 중요성에 있어서는 어떤 언덕보다 우뚝 솟아 있으니, 지금도 이 낮은 언덕에 로마에서 가장 중요한 건물들이 촘촘하게 서 있다. 로마인들에게 그곳은 도시의 중심일 뿐 아니라 세계의 중심이었다. 전설에 의하면 로마의 첫 번째 왕 로물루스는 로마의 인구 증대 정책의 일환으로 이 언덕 기슭에 망명자를 위한 피난처를 설치하고,

이웃 지역에서 도피해 오는 범죄자들이나 가난한 이주민들을 받아들였다.

포로 로마노의 터전을 마련하고 인근 지역을 조성하고 있던 로마 왕정의 다섯 번째 왕 타르퀴니우스 프리스쿠스는 로마에서 가장 중요한 유피테르 신전을 캄피돌리오 언덕에 건축 중이었다. 땅을 파다가 사람의 두개골(라틴어로 Caput)이 다수 발견되었는데, 이 머리는 기원전 900년경에 살았던 에트루리아의 전설적인 영웅 아울루스 비벤나Aulus Vibenna의 유해로 추정되어 카푸트 올리Caput Oli라 불리기도 했다. '아울루스의 머리'란 뜻이다. 그러나 자신들을 세계의 주인이라 믿었던 로마인들은 이 언덕의 이름을 '세계의 머리Caput mundi'라 붙이고, 유피테르, 유노, 미네르바(그리스 신화에서는 각각 제우스, 헤라, 아테나)의 신전을 지어 신에게 바친다. 처음에는 이 세 신전의 이름을 카피톨리움(이탈리아어로는 캄피돌리오, 혹은

캄피돌리오 광장의 모습

카피톨리노)이라 불렀으나, 점차 캄피돌리오 언덕 전체로 그 개념이 확대되었고, 아예 영어 표현에서 캐피털Capital(수도)이라는 단어로 발전하게 된다.

　캄피돌리오 언덕이 차지하고 있는 정치적 중요성 때문에 수많은 로마의 대소사가 여기에 연관되어 있다. 그중에서도 기원전 390년, 포도주 맛에 길들여진 알프스산맥 이북의 켈트 족이 포도주의 향기를 쫓아 이탈리아반도로 대거 몰려오면서 초래된 로마의 위기 때, 캄피돌리오 언덕이 숨 막히는 역사의 무대로 등장한다. 기원전 390년은 로마인들에게 특별한 의미가 있는 해였다. 건국년도인 기원전 753년을 당시의 월력으로 계산한다면, 390년은 정확하게 365년이 지난 시점이다. 한 해를 하루로 계산한다면 390년은 로마의 한 해의 운수가 다했다는 뜻일 수도 있는데, 아니나 다를까 북방의 야만족이 알프스산맥을 넘어 로마로 진격한 것이다.

　로마는 순식간에 무너졌다. 켈트 족은 순식간에 로마를 점령했고 살아남은 로마 시민들은 캄피돌리오 언덕에 배수진을 치고 유피테르 신전을 마지막 교두보로 삼았다. 8월 3일, 야음을 틈타 켈트 족이 캄피돌리오 언덕을 기어오르는 기습 공격을 감행했다. 적의 접근을 눈치채지 못한 로마군은 전부 깊은 잠에 빠져 있었다. 개들도 잠든 깊은 밤, 로마군을 깨운 것은 캄피돌리오 언덕 위에서 기르던 거위들이었다. 거위들의 울음소리를 듣고 잠에서 깨어난 로마 군사들은 결사항쟁으로 켈트 족의 공격에 맞섰다. 이후 매월 8월 3일에는 로마에서 이상한 거리 행진 축제가 벌어졌다. 캄피돌리오 언덕 위에서 본연의 경비 임무를 소홀히 했던 개를 십자가형에 처하는 축제다.

　애꿎은 개만 탓하기에는 로마의 위기는 실로 막중했다. 켈트 족 군사들은 로마에서 물러나지 않고 끈질긴 점령을 이어나갔다. 로마 역사상 외국 군대가 로마를 점령한 사건은 이때가 유일했다. 그야말로 로마는 절체절명의 위기에 빠진 것이다. 결국 로마인들은 이 전쟁을 지휘했던 켈트 족의 대장 브렌누스Brennus와 종전 협상을 벌이게 된다. 브렌누스는 군대를 이끌고 로마에서 퇴각하는 조건으로 엄청난 양의 금을 요구했다. 심지어 금의 무게를 다는 저울에 자신의 무거운 칼을 미리 올려놓고, 그만큼의 무게에 해당하는 금을 전쟁 배상금으로 달라는 행패를 부렸다. 로마인들이 저울을 조작하지 말라고 항의하자, 그는 "패배당한 자에게는 슬픔뿐Vae victis!"이라고 외쳤다. 로마인들은 입을 다물 수밖에 없었다.

이 절체절명의 위기에서 로마를 구한 사람은 명장 푸리우스 카밀루스Furius Camillus 장군이었다. 로마의 원로원들이 브렌누스에게 추가로 지불할 금을 구하러 다닐 때, 은둔하고 있던 카밀루스 장군은 민병대를 이끌고 로마로 입성하여, 브렌누스 일당을 단숨에 몰아냈다. 카밀루스 장군은 "나라를 구하는 것은 금이 아니라 철이다!Non auro, sed ferro, recuperanda est patria"라는 유명한 말을 남겼고, 로물루스의 뒤를 잇는 '로마의 두 번째 창건자'라는 칭송을 받게 된다.

중세 말기에도 캄피돌리오 언덕은 로마의 중심이라는 상징성을 잃지 않았다. 지금도 미켈란젤로가 설계한 캄피돌리오 광장을 향해 계단을 올라가다 보면 왼쪽 언덕에 작은 청동상이 서 있는 것이 보인다. 14세기에 화려한 언변술과 이상주의적인 정치관으로 무장한 채 교황청의 로마 지배에 저항했던 콜라 디 리엔초Cola di Rienzo의 청동상이다. 교황의 종교적 권위가 세속 군주의 정치적 힘을 압도하던 시절, 로마 시민들은 콜라 디 리엔초를 중심으로 교황의 로마 통치에 반발하고 나섰다. 비록 성공을 거두지는 못했지만 콜라 디 리엔초가 캄피돌리오 언덕에서 했던 1347년

5월 19일의 연설은 로마 사람들을 감동시키기에 충분했다. 그때부터 그는 로마의 호민관으로 불리며 캄피돌리오 언덕에 있던 관공서를 오르내렸고, 수많은 시민 중심의 법령을 반포하여 한때나마 로마를 자유 도시로 만들기도 했다. 바로 그 중심에 캄피돌리오 언덕이 있었던 것이다.

신전이 차지하고 있던 거룩한 언덕은 다시 시민들의 품으로 돌아와 일상의 언덕이 되었다. 캄피돌리오 광장의 가운데 건물, 팔라조 세나토리오Palazzo Senatorio는 이러한 새로운 시대를 상징하는 건물이었다. 교황이 아닌 로마 시민의 손으로 로마의 살림을 꾸려가려는 로마인들의 집단적인 요구가 이 공공 건물로 표현된 것이다. 결국 16세기에 이르러 로마 교황청은 캄피돌리오 광장을 중심으로 하는 시민 세력의 존재를 인정하게 되었고, 그때부터 바티칸의 종교와 로마의 정치는 서서히 분리된다. 이 정교분리의 절차를 예술로 종결시킨 사람이 바로 미켈란젤로다.

캄피돌리오 광장을 오늘의 모습으로 만드는 데는 16세기의 르네상스 교황 바오로 3세Paulus III와 미켈란젤로의 공이 컸다. 교황 바오로 3세는 1538년에 로마를 방문할 신성로마 제국의 황제 카를 5세Karl V를 공식 영접할 장소로 캄피돌리오 광장을 지목했고, 미켈란젤로에게 황제를 감탄시킬 만한 광장을 만들라고 지시했다. 바오로 3세는 미켈란젤로의 〈최후의 심판〉이 완성되었을 때 그 작품을 최초로 감상한 교황이었으며, 자신의 이름을 딴 성구실 '바오로 성당Cappella Paolina'의 벽화를 미켈란젤로에게 그리게 한 인물이다. 교황의 지시를 받은 미켈란젤로는 1536년부터 10년간의 작업을 통해 캄피돌리오 광장을 지금의 모습으로 변모시켰다. 미켈란젤로가 염두에 둔 캄피돌리오 광장의 새로운 메시지는 로마 시민들의 시선을 포로 로마노에서 테베레강 건너편의 성 베드로 성당으로 돌리는 것이었다. 로마 황제들의 세속적인 통치 공간이었던 포로 로마노가 아니라, 교황들의 영적인 통치 공간인 바티칸을 볼 수 있도록 만든 것이다. 그래서 캄피돌리오 광장은 바티칸을 바라보는 구조로 설계되었다.

미켈란젤로는 먼저 팔라조 세나토리오의 정면에 양쪽에서 올라갈 수 있는 계단을 만들어 건물과 광장의 균형을 잡았다. 양쪽 계단 아래에는 나일강과 테베레강의 신을 대칭적으로 배치했다. 그 건물의 양편에 고대 로마의 유물을 보관 전시할 수 있는 건물을 설계했는데, 입구 쪽에서 보면 이 세 개의 건물이 정사각형처럼 보이도록 배치했다. 그러나 실제 광장과 건물의 평면도를 보면 세 개의 건물이 모이는 면이 확대되어 있는 것을 발견할 수 있다. 멀리 보이는 것이 작고 짧게 보이는 현상을 원근법적으로 해결하기 위해 미켈란젤로는 세 개의 건물이 모이는 쪽을 다른 면보다 길게 배치하는 천재성을 발휘한다.

안타깝게도 미켈란젤로는 본인이 그린 평면도대로 세 개의 건물과 캄피돌리오 광장을 완성하지 못하고 임종했다. 그러나 그의 후계자들이 철저하게 미켈란젤로의 설계도를 따라 시공해 거장의 숨결이 그대로 느껴지도록 했다. 캄피돌리오 광장으로 올라가는 완만한 계단을 코르토나타 Cordonata라 부른다. 미켈란젤로가 고안해낸 이 독특한 계단은 말을 탄 신성로마 제국의 황제 카를 5세가 이용할 수 있도록 만든 것이다. 그러나 실제로 황제가 로마를 방문했을 때는 이 코르토나타가 완공되지 못해, 반대편 포로 로마노 쪽 언덕을 통해 캄피돌리오 광장으로 올라갔다는 기록이 남아 있다. 지금의 코르토나타가 완성된 것은 1582년의 일로, 미켈란젤로의 제자 중 지아코모 델라 포르타Giacomo della Porta가 스승의 설계도 원안에 따라 만든 것이다.

캄피돌리오 광장으로 오르는 길 바로 옆으로 더 가파른 계단이 있고, 그 언덕 정상에 산타 마리아 인 아라코엘리Santa Maria in Aracoeli 성당이 있다. 이 가파른 성당을 무릎으로 기어서 끝까지 올라가면 복권에 당첨된다는 미신이 있어 가끔씩 그런 행동을 재미삼아 하는 사람들을 볼 수 있다. 전혀 근거가 없는 미신만은 아닐 수도 있으니, 바로 그 언덕 위의 신전에서 최초로 동전이 주조되었기 때문이다. 캄피돌리오 언덕은 돈과 행운의 중심이기도 하다.

원래 이 언덕 위에 세워졌던 신전의 이름은 유노 모네타Juno Moneta로, 기원전 343년에 완성되었다. 신전의 이름에 포함된 '모네타'는 '경고하는 자'란 뜻이다. 역시 같은 언덕 위에 로마의 화폐 제작소가 있었고 그 옆에 로마의 돈을 임시로 보관하는 장소로 유노 모네타가 사용되었다. 라틴어 '모네타'는 영어의 '머니money'의 기원이 되는 말이기도 하다. 돈을 많이 가진 사람은 조심해야 한다는 경고의 메시지가 울려 퍼지는 곳도 캄피돌리오 언덕인 셈이다. 유노 모네타 신전의 자리에 지금의 산타 마리아 인 아라코엘리 성당이 들어선 것은 중세 시대의 일이었다. 1130년, 교황의 칙령에 의해 베네딕토 수도회가 성당을 지어 봉헌함으로써 유노 모네타 신전은 완전히 종적을 감추고 '성모 마리아의 하늘의 제단'이 건축되었다.[15]

캄피돌리오 광장에서 읽는 키케로의 《의무론》

1485년, 캄피돌리오 광장은 구경꾼으로 인산인해를 이루었다. 진귀한 고대 로마의 유적이 캄피돌리오에서 전시되었는데, 세계 최초로 열린 고고학 유물 전시라고 불릴 만한 행사였다. 로마 시민들이 발꿈치를 세우고 앞 다투어 보고자 한 것은 다름 아닌 한 여성의 시신이었다. 약 1,500년 전인 기원전 45년에 죽은 키케로의 딸 툴리아Tullia의 미라였다.

키케로가 암살당한 장소는 이탈리아 남부 지방의 아피아 가도 위였다. 키케로의 딸 툴리아의 석관도 같은 지역에 있던 세 번째 남편의 집 근처에서 발견되었다. 아버지 키케로의 잘린 머리와 팔이 포로 로마노에서 수모를 당했는데, 이제 거의 1,500년이 지나, 캄피돌리오 언덕 위의 공공 전시장에서 그 딸의 시신이 만천하에 공개된 것이다.

키케로의 흉상

로마 시민들은 약 1,500년 전에 죽은 툴리아의 모습이 조금도 훼손되지 않았다는 사실에 충격을 받았다. 어떤 로마 사람들은 아버지의 비참한 최후를 슬퍼하던 딸의 영혼이 구천을 헤매고 다녔기 때문에 그녀의 시신이 온전한 상태로 보존되었다고 탄식했다. 물론 딸 툴리아가 아버지보다 먼저 죽었기 때문에 이것이 사실일 리는 없다. 그러나 로마 사람들은 머리카락 하나 상하지 않고 온전하게 보존된 미라에 어떤 강력한 주술적인 힘이 있을 것이라 믿었다. 툴리아의 무덤을 밝히고 있던 등잔불이 1,500년 동안이나 꺼지지 않았다는 소문도 퍼져 나갔다. 로마인들은 이런 미신이나 주술에 늘 쉽게 빠져들었다. 당황한 교황 인노켄티우스 8세Innocentius VIII는 공공 전시를 즉각 중지시키고, 그녀의 시신을 압수한 후 모처로 빼돌렸다. 그 이후부터 툴리아의 시신을 찾을 수 없으니, 사람들은 교황이 테베레강에 돌을 달아 던져버렸다거나 로마 외곽 어딘가에 몰래 매장했다는 추측을 하게 되었다.

포로 로마노와 캄피돌리오 언덕이 만나는 곳에 서면, 그곳에서 전시되었던 부녀父女의 모습을 떠올리게 된다. 아버지 키케로의 잘린 머리와 팔이, 그리고 딸 툴리아의 오래된 미라가 전시된 곳이다. 왜 그들은 로마와 그런 파란만장한 인연을 맺게 된 것일까?

키케로는 '인문학'이라는 단어의 기원이 되는 '후마니타스Humanitas', 즉 '인간에 대한 학문'이라는 개념을 처음 생각해낸 인물로도 유명하다. 본격적으로 정치에 몸담기 전에 키케로는 공익 변호사로 명성을 떨쳤다. 그는 그리스 출신 시인으로 정치적인 이유 때문에 로마 시민권을 박탈당한 아르키아스Archias를 변호하게 되는데, 이때 로마에 시인이 필요한 이유를 논리적으로 설명하면서 '인간에 대한 학문'이 왜 필요한지를 역설하게 된다.

재판을 지휘하는 법무관 앞에서 제가 최고의 시인이자 더없이 박학한 분을 위해 인간에 대한 학문, 즉 문학에 관해 자유롭게 잠시 말하는 것, 그리고 심각한 법정에서 만나는 유형과 달리 문학 활동에 종사하는 피고인의 입장에 서서, 연설의 영역에서는 일종의 신조어와 폐어로 보이는 단어까지 사용하는 것을 허락하여 주시기를 청합니다. **16**

그러니까 키케로가 처음으로 '인간에 대한 학문'에 대해서 이야기할 때, 즉 처음으로 인문학의 본질에 대해서 규명할 때, 그것은 '문학'의 소임을 의미하는 것이었다. 그러니까 최초의 인문학은 문학에서 출발했다. 키케로는 문학으로 대표되는 '인간에 대한 학문'의 효용성에 대해 이렇게 설명한다.

이 공부는 유년기를 날카롭게 세우며 노년기를 달래주고, 기쁜 일은 축하해주며 고난에는 피난처와 위안을 마련해주고, 집안에서는 즐거움을 돋우며 집밖에서는 도움을 주고, 우리와 함께 밤을 지새우며 먼 여행의 길동무, 시골집의 친구가 됩니다.[17]

키케로의 인문학은 14세기경 이탈리아에서 등장하게 되는 인문학Studia Humanitatis과 조금 다른 특징을 가지고 있다. 14세기의 인문학이 고전 독서를 통해 귀족이나 사회 지도층을 양성하는 데 목적을 두고 있었다면 키케로의 인문학은 다분히 자기수양적인 측면이 강했다. 공적인 활동에는 영감을 주고 사적인 휴식기간에는 위로를 주는 것이 키케로의 인문학이었다. 실제로 키케로는 두 번이나 집정관에 오르는 바쁜 공직 생활 속에서도 그리스 유학 기간 중에 습득한 플라톤의 철학에 깊이 빠져들었고, 수많은 명저를 남긴 다작가였다. 또한 많은 그리스 철학의 단어와 개념을 로마의 라틴어로 번역하면서 그 단어가 가지고 있는 참된 의미를 로마인들에게 적절하게 소개해준 탁월한 사상가이기도 했다. 그는 카이사르가 암살당하고 제2차 삼두정치의 권력 투쟁이 치열하게 펼쳐지고 있을 때, 아예 로마를 떠나 시골집에 머물며 사유와 집필에 몰두했다. 본인 스스로 그야말로 인문학적 삶을 산 것이다.

키케로 인생 말년에 발표된 《의무론》은 그의 대표적인 저작물로 꼽힌다. 구텐베르크가 인쇄술을 발명한 후 두 번째로 찍어낸 책이 바로 키케로의 《의무론》이었다. 당연히 첫 번째는 《성경》이었다. 로마 제국 시대부터 중세까지, 키케로의 《의무론》은 사람들이 《성경》 다음으로 많이 찾던 책이었다는 뜻이다. 그의 책이 명저가 된 이유는 감동적인 출간 동기에 있다. 키케로에게는 영민한 아들도 있었는데, 이름이 마르쿠스Marcus였다. 마르쿠스는 아버지처럼 그리스 아테네로 유학을 갔고, 크라팁푸스라는 철학자 스승 밑에서 공부하는 중이었다. 아들에게 쓴 편지 형식으로 시작하는 키케로의 《의무론》은 아들에 대한 아버지의 간절한 소망을 담고 있다.

> 비록 네가 가장 오래되고 가장 유명한 소요학파에서, 지금은 그 학파의 창시자들과 비견될 만큼 훌륭한 크라팁푸스 스승 밑에서 공부에 전념했다 하더라도, 나는 네가 너의 학파와 밀접하게 관련을 맺고 있는 우리 아카데미 학파에 대해서도 무지하지 않기를 원한다.[18]

키케로는 아리스토텔레스학파의 문하에서 공부하고 있는 아들에게 자신이 소속되어 있는 플라톤 학파의 핵심 사상을 전해주기 위해 《의무론》을 썼다. 로마 공화정 시대 이후로 플라톤의 철학은 아카데미 학파로 알려졌는데, 그것은 플라톤이 아테네 근교에 세운 아카데미아 때문이었다. 키케로는 플라톤의 아카데미 학파에서 강조하는 인간의 사회적 의무를 설명하기 위해, 간곡한 문장을 동원하여 '정의'를 설명한다. 인간의 의무는 정의를 실현하는 것이고, 이는 한 사회가 잘 운영되어 나타나는 최종의 결과물이 아니라, 정의를 실현하는 그 자체의 과정을 통해서 구현되는 것이다. 이것은 정의를 한 사회가 추구해야 할 최종 결과물로 보았던 플라톤의 철학을 한 단계 발전시킨 것이나. 키케로는 보다 적극적인 정의의 추구를 강조한 것이다.

키케로가 이런 적극적인 정의를 추구한 까닭은 그가 살았던 시대가 정의롭지 않았기 때문이었다. 키케로는 카이사르와 폼페이우스의 권력 투쟁이 끝없이 펼쳐지던 시대를 혐오했다. 왕관을 쓴 괴물들이 벌이는 이전투구에 환멸을 느낀 키케로는 정의로운 삶을 공공의 이익을 위해서 지식과 재화를 함께 나누는 삶으로 규정한다. 키케로의 《의무론》에는 이런 명문장이 있다.

> 길 잃고 방황하는 자에게 친절하게 길을 가르쳐주는 사람은 마치 자신
> 의 등불로 다른 사람의 등에 불을 붙여주는 것과 같다. 그런데 남에게 불
> 을 붙여주었다고 해서 자신의 불이 덜 빛나는 것이 아니니라.[19]

노정치가이자 로마 공화정의 마지막 사상가이며 로마의 플라톤 철학
자이기도 했던 키케로는 62세 때 《의무론》을 썼다. 카이사르가 암살당한
해(기원전 44년)였고, 암살 시도의 일원이었다는 혐의를 뒤집어쓰고 안토
니우스와 옥타비아누스가 그를 추격하기 시작한 해였다. 카이사르가 3월
에 암살당했고, 카이사르를 암살했던 브루투스가 같은 해 10월 3일 자결
로 생을 마쳤는데, 키케로는 10월과 11월에 《의무론》을 집필했다. 그러
니까 이 책은 임박한 죽음을 예감하고 아테네에 유학 중이던 아들에게
써 보낸 키케로의 유언장과 같았다.

캄피돌리오 광장에 서면 키케로의 《의무론》의 내용이 문득 떠오른다.
함께 나누는 정의로운 나라를 만들자는 로마 공화정의 이상을 현실 정치
로 실현시키고자 부단한 노력을 기울였던 그는 포로 로마노의 '성스러운
길Via Sacra'을 무던히 오가면서 수많은 사람들과 토론을 나누었을 것이다.
멀리 유학간 아들에게 함께 나누는 것이 진정한 인간의 의무라고 가르쳤
던 키케로는 끝이 자신의 소망을 이루지 못하고 생애를 마감한다. 키케
로의 잘려진 머리와 팔이 로스트라에 전시되었을 때, 로마 공화정의 찬
란했던 영광은 끝을 맺게 된다. 로마 공화정과 운명을 같이했던 그의 최
후를 캄피돌리오 언덕이 조용히 내려다보았을 것이다.

포로 로마노의 유적지를 무심코 오가는 사람들은
키케로의 최후를 알고 있을까?

4장

미네르바 성당과
나보나 광장

인간됨에 대하여

산타 마리아 소프라 미네르바Santa Maria sopra Minerva 성당의 앞마당에는 다른 곳에서는 찾아볼 수 없는 독특한 조각상이 서 있다. 아담한 사이즈의 흰색 코끼리가 등에 오벨리스크를 지고 있는 모습이다. 로마의 한 성당 앞마당에 인도의 동물인 코끼리가 이집트의 상징인 오벨리스크를 등에 지고 있는 조각이 설치된 이유는 무엇일까?

우선 코끼리 등에 얹혀 있는 오벨리스크가 이집트에서 온 진품이란 사실이 놀랍다. 로마에는 총 여덟 개의 진품 오벨리스크가 있고, 추가로 로마 시대에 만들어진 다섯 개의 '짝퉁' 오벨리스크가 더 있다.[20] 미네르바 성당 앞마당의 오벨리스크는 디오클레티아누스 황제 시절에 이집트의 나일 강변의 도시 사이스Sais에서 가져온 것이다. 이 작은 사이즈의 오벨리스크는 중세 시절에 로마 사람들의 기억에서 사라졌다가, 1665년 로마 시내에 있던 이시스Isis 신전의 정원에서 다시 발견되었다.

생각해보면 로마에 이집트의 여신인 이시스를 모신 신전이 있었다는 것도 재미있는 이야기이다. 이시스는 이집트에서 신봉되는 부활의 신이다. 참혹하게 죽임을 당했던 남편 오시리스Osiris를 부활시키고, 아들 호루스Horus를 보호한 자비로운 어머니 신이기도 하다. 이집트의 통치자 파

산타 마리아 소프라
미네르바 성당 광장

라오들은 호루스의 후손들이라 믿어졌기에, 이시스는 모든 파라오들의 어머니인 셈이다. 따라서 이시스 여신은 통치권의 수호자로 존귀하게 여겨졌다.

바로 이런 이유 때문에 로마인들은 이시스를 숭배했다. 다른 나라의 종교에 대해 비교적 관대한 입장을 유지했던 로마인들은 그리스도교가 국교로 공인되기 전까지 이 이집트 종교에 열광했고, 로마 시내 한복판에 이시스 신전을 지어 바쳤던 것이다. 이 신전을 장식하기 위해서 로마 황제들은 앞을 다투어 이집트 원정에 나섰고, 로마로 귀환할 때는 오벨리스크 하나씩을 챙겨서 왔다. 로마 황제들은 통치권을 수호해주는 이집트 여신의 가호가 필요하다고 굳게 믿었기 때문이다.

제1차 삼두정치의 주역이었던 폼페이우스는 기원전 50년에 이시스 신전과 세라피스 신전Serapeum의 터 위에 로마의 여신 미네르바Minerva를 위한 신전을 세웠다. 그리스에서 전쟁의 여신이었던 아테나는 로마로 건너와 미네르바가 되었다. 이제 로마의 여신 미네르바가 이집트의 이시스를 몰아내고 로마의 안주인이 된 것이다. 그러나 미네르바 신전도 오래가지 못했다. 그리스도교가 로마의 국교로 승인되면서 이번에는 성모 마리아 Santa Maria가 그 땅을 차지하게 된 것이다. 13세기경, 도미니코 수도회가 이 구역 전체를 성당과 수도원으로 개조하면서 '미네르바 신전 위에 세워진sopra Minerva 성모 마리아 성당'이라 불렀다.

17세기 바로크 시대 교황이었던 알렉산데르 7세Alexander VII는 로마의 이시스-미네르바 신전 터에서 발견된 작은 오벨리스크를 모티브로 조각 작품을 의뢰하게 되는데, 그 작품을 수주한 사람이 바로 당대 최고의 조각가였던 베르니니였다. 베르니니는 이집트 이교도들의 상징인 오벨리스크를 코끼리 등 위에 올려놓는 기발한 착상을 했다. 지금 미네르바 성당 앞마당을 차지하고 있는 이 특이한 조각상은 베르니니의 원래 디자인을 바탕으로 1667년 에르콜레 페라타Ercole Ferrata가 조각한 것이다.

　로마 사람들이 코끼리를 처음 본 것은 카르타고 전쟁, 혹은 한니발 전쟁으로 불리는 로마 공화정 시대였다. 카르타고의 명장으로 '전쟁의 신'으로 불리던 한니발Hannibal 장군이 코끼리 부대를 앞세우고 이탈리아반도를 유린하고 다닐 때, 로마인들은 그 거대한 동물의 모습을 처음 목격하고 충격을 받았다. 코끼리는 육중한 몸을 가졌지만 최고 시속 40킬로미터의 속도로 돌진할 수 있어 한니발의 가공할 만한 공격 무기였다. 한니발의 코끼리가 로마 사람들에게는 전설처럼 들리는 얘기였다면, 16세기의 로마인들은 한노Hanno라는 별명으로 불린 인도산 흰색 코끼리를 직접 보게 된다. 로마인들의 귀여움을 한 몸에 받았던 한노는 포르투갈의 왕 마누엘 1세가 메디치 가문의 교황으로 유명한 레오 10세Leo X에게 교황 취임 기념으로 선물했던 애완용 코끼리였다. 1514년 로마에 첫 선을 보인 한노는 로마인들에게 아시아와 인도라는 나라의 신비감과 한니발의 무시무시한 코끼리 부대를 동시에 연상시키는 신기한 동물이었다.

　그렇다면 미네르바 성당의 코끼리는 왜 오벨리스크를 등에 지고 있는 것일까? 이집트에서 가져온 오벨리스크는 태양의 광선을 상징한다. 오벨리스크는 이집트의 태양신 라Ra가 세상을 비추는 모습이기 때문에 끝이 뾰족한 긴 햇살처럼 표현되었다. 태양의 빛을 등에 지고 있는 코끼리는 이 세상, 즉 풍요로운 대지를 상징한다. 태양이 발산하는 빛과 온기는 생명의 기운이다. 태양 없이 세상은 없고, 풍요로운 대지도 없으며, 그 위를 뛰노는 생명체인 코끼리도 있을 수 없다. 코끼리는 긴 코를 이용해서 물을 빨아들이고, 생명의 몸에 식수를 공급한다. 그것은 자연스러운 생명의 순환 과정이다. 태양빛을 받고 생명의 기운을 얻은 코끼리가 물을 대지에 공급하면, 겨우내 얼어 있던 땅이 녹고 새로운 생명이 싹튼다. 새로운 생명의 재탄생은 그리스도교 신앙의 핵심을 이루는 부활 신앙과 연결되었다. 교황 알렉산데르 7세는 이러한 그리스도교 신앙의 핵심인 부활을 이집트의 오벨리스크와 연결시켰다. 그는 1667년, 베르니니에게 조각 제작을 맡기면서 오벨리스크를 지고 있는 코끼리의 하단에 아래 구절을 새겨 넣게 했다.

세상에서 제일 힘이 센 동물 코끼리가 지고 있는 오벨리스크에 표시된 이집트의 지혜가 보여주고 있듯이, 지혜의 무게를 지고 가기 위해서는 심지가 굳은 마음이 필요하다.

그리스도교의 부활을 상징하기 위해서 이집트의 오벨리스크와 인도의 코끼리를 조각한 교황의 이런 전향적인 태도를 어떻게 설명할 수 있을까? 이집트의 지혜는 이교도의 미신에 불과하다고 생각하던 옛 시대의 배타적인 태도는 어떻게 수정된 것일까? 새로운 지혜를 지고 가기 위해서는 심지가 굳은 마음이 필요하다는 문장의 의미는 무엇일까? 새로운 지혜의 형태가 전통적인 그리스도교 신앙과 충돌을 일으키지 않는다는 것일까?

이 질문에 답하기 전에 우리는 한 곳을 더 가보아야 한다. 미네르바의 코끼리 동상에서 그리 멀지 않은 곳이다. 바로 로마 도심 관광의 또 다른 하이라이트라고 할 수 있는 나보나 광장Piazza Navona이다. 그곳에도 다시 이집트가 등장하고, 다시 베르니니가 우리들의 조각가로 등장한다.

나보나 광장에 모여 있는 사람들. 멀리 오벨리스크와 4대 강의 분수가 보인다.

나보나 광장의 오벨리스크와 4대 강의 분수

니보나 광장은 원래 노미티아누스 황제가 만든 경기장 터 위에 세워졌다. 기원후 80년 착공된 이 긴 타원형의 경기장이 지금의 나보나 광장의 지하에 묻혀 있는 것을 보면 약 2,000년의 세월 동안 로마의 지표면이 많이 상승했다는 사실을 새삼 확인하게 된다.

나보나 광장은 16세기부터 로마 시민들을 위한 시장으로 활용되었다. 원래 로마인들은 캄피돌리오 광장에서 물건을 사고팔았는데, 미켈란젤로가 그 광장을 새롭게 단장하면서 나보나 광장이 이를 대체하게 된 것이다. 지금도 주말이나 연말이면 큰 임시 시장이나 크리스마스 마켓이 나보나 광장에 들어선다. 나보나 광장을 가문의 터전으로 삼고 있는 도리아 팜필리^{Doria Pamphilj} 가문은 교황 인노켄티우스 10세^{Innocentius X}(1644~1655년 재위)를 배출한 로마의 명문가이다. 팜필리 가문의 저택은 지금도 나보나 광장의 한 부분을 차지하고, 현재는 브라질의 대사관으로 사용되고 있다.

나보나 광장의 최대 명물은 거대한 오벨리스크 주변에 세워져 있는 베르니니의 '4대 강의 분수^{Fontana dei Quattro Fiumi}'이다. 인노켄티우스 10세 교황은 공모를 통해 나보나 광장을 장식할 조각가를 찾고 있었는데, 교황의 조카 사위였던 니콜로 로도비시^{Niccolò Ludovisi}가 베르니니를 설득하여 분수 조각의 모형을 만들어놓게 했다. 우연히 베르니니의 모형을 본 교황은 작품의 예술성에 크게 감동받고, 즉각 제작을 의뢰하게 된다. 베르니니의 분수 조각은 1651년에 완성되어 일반에게 전시되었다.

베르니니가 바로크의 역동적인 자세로 의인화하여 조각한 4대 강은 아시아의 갠지스강, 라틴아메리카의 플라타강^{Río de la Plata}, 아프리카의 나일강, 유럽의 다뉴브강이다. 이 강들은 교황의 영적인 권위가 미치는 세계를 상징한다. 갠지스강은 항해가 가능하다고 해서 노를 들고 있는 모습으로 조각되었고, 나일강은 수원지를 알지 못한다는 의미로 천으로 눈을 가리고 있으며, 플라타강은 은화 동전(플라타는 스페인어로 은이란 뜻이다) 위에 앉아 있는 모습으로, 그리고 다뉴브강은 팜필리 가문의 상징인 올리브 가지를 물고 있는 비둘기를 경배하는 것처럼 손을 뻗은 자세를 취한 남성으로 조각되어 있다. 4대 강의 분수 한가운데에는 이집트 아스완에서 가져온 화강암으로 만든 오벨리스크가 우뚝 솟아 있다. 이 거대

나보나 광장에 우뚝 서 있는 4대 강의 분수

한 오벨리스크의 재료는 이집트산이지만 도미티아누스 시대에 만든 '짝퉁' 오벨리스크이고, 원래는 이시스 신전과 세라피스 신전에 전시되어 있던 것이다. 베르니니는 아버지 베스파시아누스 황제와 형 티투스 황제를 신격화하고 자신의 치적을 기록으로 남긴 이집트 신전의 장식물을 나보나 광장으로 옮겨서 4대 강의 조각을 완성했다. 미네르바 성당의 앞마당을 장식한 코끼리 조각처럼, 나보나 광장에 전시된 조각 작품의 화룡점정은 이교도의 상징이었던 이집트의 오벨리스크였던 것이다.

루크레티우스가 제시한 새로운 지혜

산타 마리아 소프라 미네르바 성당의 앞마당을 차지하고 있는 코끼리 조각상이나 나보나 광장의 '4대 강의 분수'는 모두 베르니니라는 바로크 시대의 천재 조각가와 연관이 있다. 르네상스 시대가 마감되고 새로운 바로크 시대가 시작되었음을 알렸던 조각가 베르니니의 두 작품은 모두 이집트와 연관이 있다는 또 다른 공통점을 가지고 있다. 이집트의 오벨리스크라는 이교적인 장식을 가미한 베르니니의 코끼리 조각상과 '4대 강의 분수' 둘 다, 성당 앞에 전시되어 있다. 왜 로마의 한복판에 이런 이교도의 상징이 버젓이 자리를 잡게 된 것일까? 왜 로마 황제들에게 권력의 수호신 정도로 여겨지던 이집트의 상징물들이 이토록 친밀하게 가톨릭 신앙과 결합하게 된 것일까?

이런 종교 복합 현상을 설명하기 위해서 우리는 로마 공화정 말기의 철학자 루크레티우스를 만나보아야 한다. 그가 쓴 《사물의 본성에 관하여》는 흔히 '쾌락주의'로 잘못 번역되어온 에피쿠로스 학파Epicurean의 교과서와 같은 책이다. 루크레티우스와 《사물의 본성에 관하여》를 이해해

야만 로마 공화정 말기의 사상을 이해
할 수 있고, 또 르네상스 시대 이후에
이집트와 같은 이교도의 상징물들이 로
마의 여러 성당 앞을 장식하게 된 이유
도 이해할 수 있다.

루크레티우스는 공화정 말기에 로마
에서 활동했던 상류층 출신의 철학자였
다. 그의 글에 유독 '빌라Villa'에 대한 언
급이 자주 발견되는 것으로 보아, 경제
적인 여유가 있는 계급에 속했을 것이
라 추측된다. 오직 상류층만이 로마 근
교에 빌라를 소유할 수 있었기 때문이
다. 그는 10대 때 로마의 독재관 술라

루크레티우스 흉상

Sulla가 인근 삼니움 족을 멸절시키는 참극(기원전 82년)을 목격했고, 20대
때는 격투사들의 반란으로 알려져 있는 '스파르타쿠스의 난(기원전 71년)'
을 목격했다. 30대 때는 로마 공화국에 대한 반란을 획책했다가 키케로
에 의해 진압되었던 카탈리나의 반란 음모(기원전 63년)라는 역사의 굴곡
진 현장을 두루 경험한 인물이다. 그는 이런 시대의 격변 속에서 인간과
세계를 보는 새로운 시각을 제시했다. 그의 《사물의 본성에 관하여》는
세상의 근본 구성 요소에 대한 혁명적인 관점을 제안한다. 세상 만물은
모두 원자atom로 구성되어 있을 뿐이란 것이다.

사물들은 작은 입자로 이루어져 있다. 자, 이제, 사물이 무로부터는 생
겨날 수 없으며 마찬가지로 일단 생겨난 것은 무로 다시 불려갈 수 없다는

것을 가르쳤으니, (…) 사물들 전체가 오로지 불로만 이루어졌다고 생각했던 사람들은 참된 이치로부터 아주 멀리 미끄러져(벗어나) 있음이 분명하게 드러난다. 왜냐하면 나는, 만일 사물들이 단 하나의 순수한 불로부터 창조되었다면, 어떻게 그것들이 그처럼 다양할 수 있는지 궁금하기 때문이다.21

로마 공화정 말기에 이런 내용이 발표되었다는 것은 현대의 독자들에게도 충격을 준다. 당시 대부분의 로마 사상가들은 그리스에서 전래된 환원주의적인 사고에 익숙했다. 세상의 기본 물질이 물, 불, 공기, 흙으로 구성되어 있다는 '4원소설'은 로마인들에게 이미 상식에 해당하는 환원주의적 세계관이었다. 그런데 로마 공화정 말기의 철학자 루크레티우스는 철저한 유물론적 입장에 서서 이런 환원주의적 사고를 일축했으니, 로마인들이 받았을 충격은 지금 우리가 받는 것보다 절대로 덜하지 않았을 것이다.

세상이 그냥 원자로 구성되어 있을 뿐이라면, 신의 개입이나 초월적인 섭리는 들어설 여지가 없다. 루크레티우스에 의하면 세상은 그냥 그대로 존재하고 있을 뿐이다. 세상에는 특별한 의미가 존재하지 않고, 삶과 죽음은 원소의 자연스러운 생성과 소멸일 뿐이다. 루크레티우스는 이런 유물론적인 세계관에 머무르지 않고 죽음 이후의 세계, 인생의 참된 의미 등에 대해서 혁명적인 의견을 제시한다. 심지어 인간의 영혼은 영원불멸하지 않다는 주장까지 펼쳤다.

우리는 이성이 육체와 함께 나서, 같이 자라고 함께 늙어가는 것을 감지한다. 왜냐하면 마치 아이들이 굳지 않은 여린 몸으로 뒤뚱거리듯, 정신의 연약한 사고도 따라다니기 때문이다. 그러다가 강건한 힘으로 나이가 성숙하면, 분별력도 더 커지고 정신의 힘도 더 증가한다. 하지만 그 후에 육체가 세월의 강한 힘에 의해 뒤흔들리고, 힘이 둔해져서 사지가 늘어지게 되면, 총기는 절뚝거린다. 혀는 길을 벗어난다. 이성은 비틀거린다. 모든 것이 일시에 무너지고 사라진다. 그러므로 영혼의 모든 본성도 분해되는 것이 당연하다.**22**

영혼이 불멸하지 않다는 것은, 인생은 그냥 왔다가 그냥 가는 것이라는 뜻이다. 나이가 들면 자연스럽게 노화가 일어나고, 결국 우리는 원소의 소멸 과정에 불과한 죽음을 맞이하게 된다. 어느 누구도 그 죽음을 피할 수 없다. 아니 피할 필요가 없다. 그것은 우리에게 부여된 자연의 순리일 뿐이다. 따라서 루크레티우스는 관조의 삶을 강조한다. 자연의 순리인 죽음에 대한 공포에서 벗어나고, 그냥 주어진 삶을 있는 그대로 긍정하라는 메시지를 던진 것이다. 영혼이 불멸하지 않다는 것은 죽음 이후의 심판도 없다는 뜻이며, 죽음 이후의 천국이나 지옥도 없다는 뜻이된다. 루크레티우스는 이렇게 말한다.

눈물을 치워라, 못된 자여, 불평을 자제하라. 그대는 삶의 모든 상급을 누리고서 스러지는 것이다. 하지만 그대는 항상, 없는 것을 그리워하고 있는 것들은 무시하니, 삶은 그대에게 완전치 못한 것으로 즐기지 못한 것으로 지나가고, 죽음은 예기치 않은 그대 머리맡에 다가서는 것이다. (…) 이제 그대의 나이에 어울리지 않는 모든 것을 떠나보내라. 그리고 평온한 마음으로, 자, 이제 다른 이들에게 양보하라.**23**

죽음 이후에 심판도 없고, 죽음 이후에 천국도 없다면 우리는 죽음을 두려워할 필요가 없다. 죽음은 그저 우리에게 맡겨진 생명이 끝나는 순간을 알려줄 뿐이다. 이 세상에서 가장 행복한 사람도, 또 불행한 사람도 죽음을 피할 수 없다. 그렇다면 심지어 불행한 사람도 죽음을 두려워할 필요가 없다. 불행한 사람이 불행을 느끼고 있다면 그 불행을 없애주는 것은 바로 죽음이니까.

어떤 비참하고 괴로운 일이 있으려면, 그 나쁜 일을 겪을 수 있는 바로 그 사람도 그 시간에 존재해야만 하기 때문이다. 한데 죽음이 이것을 가로 채버리고, 저 불행이 달라붙을 그 사람 자체를 존재하지 못하게 하므로, 우리는 알 수 있다. 죽음 속에는 우리가 두려워할 게 전혀 없다는 것을.**24**

그렇다면 루크레티우스는 우리들에게 지독한 염세주의를 가르치고 있는 것일까? 그렇지 않다. 그가 강조했던 삶은 언덕 위에 올라서서 세상을 내려다보며 관조하는 것이었다. 무념의 상태에서 세상살이의 번잡함을 지긋이 바라보는 것이다. 삶의 덧없음을 인정하되, 그렇다고 삶의 기쁨을 포기하지 말고, 주어진 시련과 난관을 극복하며 하루하루를 의미 있게 살아가자는 것이 그의 가르침이었다. 루크레티우스는 진정한 삶의 행복에 대해서 이렇게 설명한다.

현자의 가르침에 따라 안전한 고지를 점하는 것보다 더 큰 축복은 없다. 그 고요한 성벽 위에서 다른 사람들이 삶의 방향을 찾아 정처 없이 떠돌며, 지적인 탁월함의 지위를 놓고 다투고, 밤낮없이 으뜸가는 부를 차지하고 권력을 지키기 위해서 애쓰는 것을 내려다보는 것, 그 이상의 축복은

없다.²⁵

루크레티우스는 극단적인 재난과 삶의 파국적인 시련 속에서도 마음의 평정을 유지하는 네 가지 치유책Tetrapharmakon을 제시했다. 이를 루크레티우스의 '핵심적인 가르침Kyrai Doxai'이라고 표현하는데, 그 내용은 다음과 같은 네 가지 가르침이다.

신은 두려워하지 말고, 죽음에 대해 걱정하지 말라. 원하는 것이 있다면 열심히 노력하면 될 것이고, 괴로운 것이 있으면 참고 견디라!

로마 공화정의 말기는 역사의 후퇴기였다. 권력을 차지하기 위해 인간의 탈을 쓴 동물들은 부끄러움을 몰랐고, 동족을 죽이는 것에 대해 아무런 죄책감을 느끼지 않았다. 공공의 가치는 땅에 떨어지고 인간이 지켜야 할 최소한의 예의도 상호간의 불신과 계급투쟁으로 얼룩졌던 시대였다. 바로 그 역사의 혼란기에 루크레티우스는 진정한 인간이 지향해야 하는 행복의 의미를 제시했다. 그것은 무지의 세계에서 벗어나는 데서 출발하고, 죽음의 공포에서 벗어나 삶의 환희를 주저함 없이 즐기는 자세에서 가능해진다고 본 것이다. 로마 역사의 뒤안길에서 루크레티우스는 인생찬가를 부른 것이다. 영혼이 자유로운 인간만이 역사의 질곡을 헤쳐 나갈 수 있는 법이다.

루크레티우스의 《사물의 본성에 관하여》는 중세 시대 동안 사람들의 기억 속에서 완전히 잊혔다. 그의 책이 더 이상 읽히지 않은 이유도 있지만, 신에 대한 찬양과 경배를 중시하는 중세의 신앙 때문에 그의 사상은 이단시되었다. 잊힌 것이 아니라 버려진 것이다. 그런데 이 책이 다시 사람들의 관심을 불러일으키고, 새로운 시대를 여는 중요한 분기점이 되는 사건이 발생한다. 1417년 1월, 피렌체의 필경사였던 포조 브라촐리니 Poggio Bracciolini가 우연히 독일의 풀다 수도원에서 루크레티우스의 《사물의 본성에 관하여》 사본을 발견하게 된 것이다. 무려 1,400년 동안 사람들의 기억에서 사라졌던 책이 수도원 도서관에서 먼지를 뒤집어쓴 채 조용히 서가에 꽂혀 있었던 것이다.

이 책은 르네상스 시대 지성인들에게 엄청난 충격을 주었다. 무로부터 세상을 창조하는 하느님에 대한 절대적인 믿음과, 죽음 이후의 심판에 대한 공포심에 기대어 인생의 존재 의미를 이해했던 중세 유럽인들에게는 거의 혁명적인 내용이었다. 죽음 이후의 심판을 선동하면서 공포심을 조장하는 세력에게 현혹되지 말고, 삶의 덧없음을 인정하면서 동시에 그 아름다움을 만끽하며 살자는 루크레티우스의 가르침은 중세의 탈종교성을 촉진했을 뿐 아니라, 근대적 사고와 삶의 태도를 앞당기는 엄청난 역사의 변혁을 초래하게 된다. 무엇보다 신을 두려워하지 말고, 죽음을 염려하지 말라는 루크레티우스의 가르침은 인간에 대한 긍정과 다른 종교(무 신앙을 포함)에 대한 관용의 정신을 촉발시켰다.

미네르바 성당 앞에 서 있는 코끼리 조각상이나 나보나 광장에 있는 4대강의 분수는 모두 이런 시대의 변화를 반영한다. 새로운 시대의 도래는 자유로운 인간에 대한 찬가로 가득했던 고전의 재발굴을 통해서 완성되었다. 로마 공화정 말기의 대혼란은 루크레티우스라는 혁명적인 사상가를 배출했다. 그는 옛 시대의 고전이 응축하고 있던 폭발력이 후대의 노력으로 재발견될 때 인간은 얼마나 자유롭게 생각할 수 있는지, 그리고 자기와 다른 것에 얼마나 마음을 열고 얼마나 개방적인 인간이 될 수 있

4대 강의 분수의 하단 모습

는지를 보여준다. 로마 공화정 말기의 루크레티우스의 성찰은 베르니니의 이집트를 주제로 한 조각상에 자유와 개방성이라는 소중한 가치를 부여한 것이다.

5장

라르고 아르젠티나

카이사르의 삶과 죽음

기원전 509년, 로마 시민들은 온갖 만행과 권력의 전횡을 일삼던 로마의 마지막 왕 타르퀴니우스 수페르부스를 축출하면서 왕정을 끝내고 공화국 혁명을 성공시켰다. 그 후 왕실 재산을 분배하는 문제를 놓고 시민들은 고민에 빠졌다. 대부분의 독재자가 그러하듯이 타르퀴니우스 수페르부스 왕은 엄청난 부를 소유하고 있었는데, 포로 로마노와 테베레강까지의 평지 전체가 모두 그의 재산이었다. 지금의 로마로 따지자면, 도심지 전체 땅에 해당한다. 서울이라면 경복궁에서 한강 사이에 있는 모든 땅의 주인이었던 것이다.

로마 시민들은 그 엄청난 규모의 땅을 압수해서 전쟁의 신 마르스Mars에게 헌정했다. 그래서 그 땅의 이름이 캄푸스 마르티우스Campus Martius가 되었다. 민중으로부터 권력을 빼앗아 독재자가 되려는 사람들은 캄푸스 마르티우스를 피해야 한다. 이곳은 독재자가 땅을 빼앗긴 장소일 뿐 아니라, 독재자가 되려는 사람의 목숨까지 빼앗는 곳이다. 로마 공화정을 무너뜨리고 자신의 거대한 제국을 창립하려 했던 율리우스 카이사르Julius Caesar도 바로 이곳에서 브루투스와 원로원 의원들에 의해 암살되었다. 카이사르가 암살당한 장소의 이름은 라르고 디 토레 아르젠티나Largo di Torre

Argentina다. 문자 그대로 번역하자면 '스트라스부르의 탑이 있는 넓은 평지'라는 뜻이다.

여기서 아르젠티나는 프랑스 동부의 국경 도시인 스트라스부르 Strasbourg의 라틴식 이름이다. 16세기 초반에 로마에서 활동했던 교황청 의전담당관이 스트라스부르 출신이었는데, 로마에서는 출신지의 이름을 따서 아르젠티누스 Argentinus라 불렸다. 그가 이 지역에 저택을 건축하면서 큰 종탑을 세웠는데, 이후 이 지역이 '라르고 디 토레 아르젠티나'로 불리게 된 것이다.

라르고 아르젠티나 전경

이곳에는 원래 네 개의 건물이 있었고, 폼페이우스의 극장도 그중의 하나였다. 카이사르는 바로 이 폼페이우스 극장에서 살해당했다. 제1차 삼두정치의 경쟁자였으며 한때 장인과 사위 관계를 맺기도 했던 카이사르와 폼페이우스는 로마 공화정 말기의 내란 중에 가장 강력한 경쟁자였다. 결국 경쟁에서 패배한 자는 폼페이우스였는데, 그는 카이사르의 추격을 피해 이집트로 도망갔다가 그곳에서 객사하고 말았다(기원전 48년). 한때 로마에서 '전쟁의 신'으로 추앙받으며 로마 공화정의 마지막 보루라 여겨졌던 그는 캄푸스 마르티누스의 한 작은 원형 극장의 후원자로만 쓸쓸히 기억되고 있었다. 그런데 바로 그의 극장 안에서 정적 카이사르가 참혹하게 살해당하는 비운을 맞이한 것이다. 그래서인지 이 장면을 역사화로 남긴 빈센조 카무치니Vincenzo Camuccini는 브루투스의 칼에 찔려 땅바닥에서 버둥거리고 있는 카이사르 뒤에 말없이 서 있는 폼페이우스의 동상을 배치했다.

루비콘강에서 폼페이우스 극장까지

카이사르는 기원전 49년 1월 10일, 루비콘강을 건넜다. 표현이 멋져서 그렇지, 사실상 군사 반란을 시작한 것이다. 갈리아 정복을 마친 카이사르 세력을 경계하던 폼페이우스는 그에게 무장 해제를 한 후에 로마로 귀환할 것을 명령했다. 로마에서는 어떤 장군도 병력을 이끌고 시내로 진입할 수 없다는 원칙이 있었다. 그러나 카이사르는 군대를 해산하기는 커녕 이탈리아 판 '위화도 회군'을 결행했다. "주사위는 던져졌다"는 결의에 찬 함성을 지르면서, 카이사르는 되돌릴 수 없는 반란의 길로 들어선 것이다.

채색을 복원한 카이사르의 조각. 바티칸 박물관 소장

　카이사르를 위인으로 우러러볼 것인지, 아니면 악당으로 내려다볼 것인지의 판단은 미묘한 선택이다. 어떤 역사가들은 반란을 일으키고 사람 목숨을 파리 목숨처럼 알았던 그를 천하의 악당으로 간주하는가 하면, 또 어떤 역사가들은 공화정의 한계를 극복하고 로마 제국의 터전을 마련했던 시대의 선구자로 평가하기도 한다.

　시실 그는 구세불능의 놉쓸 인간이었다고 봐야 한다. 그가 갈리아 지역을 무력으로 점령하고 수많은 원주민을 죽이거나 노예로 생포했던 이유는 두 가지였다. 첫째는 노획한 전리품으로 그동안 진 빚을 갚으려는 의도였고, 둘째는 수하에 거느리고 있던 로마 군인들을 훈련시켜 장차 대사를 도모하기 위함이었다. 로마를 집어삼키려면 강력한 군대가 필요했고, 카이사르는 갈리아 원정군을 혹독하게 다스리며 가공할 만한 폭력을 일삼는 괴물들로 만들었던 것이다.

카이사르가 로마에서 잠시나마 권력을 잡을 수 있었던 이유는 그가 위대해서가 아니라 단지 그의 경쟁자들이 상대적으로 무능했기 때문이다. 특히 카이사르가 최후를 맞이한 지 약 150년이 지난 다음, 로마 공화정의 마지막 시대를 기록했던 플루타르코스(46~120년)는 이런 냉정한 평가를 유지했다. 그의 경쟁자였던 폼페이우스는 루비콘강을 건너 반란을 일으킨 카이사르를 제대로 응징하지 못했고 비겁하게 도망을 치다가 이집트에서 죽임을 당하고 만다. 폼페이우스를 추적하기 위해 이집트로 출정했던 카이사르는 클레오파트라를 여왕의 자리에 앉히고 후계자를 가지게 했다. 둘 사이에서 카이사리온Caesarion이 태어났지만 카이사르는 소아시아에서 발생한 반란을 진압하기 위해서 이집트를 떠났고, 불과 네 시간 만에 전투를 승리로 끝낸 다음 "왔노라, 보았노라, 이겼노라!Veni, Vidi, Vici"라는 유명한 승전보를 남기기도 했다.

로마로 귀환한 카이사르는 자신의 정치적 위세를 만천하에 드러내기 위해, 캄피돌리오 언덕 동쪽을 깎아내고 거대한 포룸 율리움Forum Julium을 건축했다(기원전 46년). 위풍당당한 자신의 기마상을 포룸 정중앙에 세웠고, 그 뒤에는 아담한 사이즈의 베누스Venus Genetrix 신전을 건축했다. 로마의 건국자로 추앙받던 아이네아스는 베누스 여신의 아들이고, 아이네아스의 아들 아스카니우스는 율루스Iulus라고도 불렸다. 율리우스 카이사르는 자기 가문의 시조가 베누스 여신의 손자인 율루스라고 주장했기 때문에, 베누스 신전을 지어 바친 것은 자기 가문을 신격화하기 위한 조치였다.

카이사르의 권력욕을 경계의 눈초리로 바라보고 있던 원로원 의원들은 결국 그의 암살을 계획한다. 페르시아를 정벌하기 위해 출정하기 한

빈센조 카무치니, 〈율리우스 카이사르의 암살〉(1805년), 로마 국립 현대 미술관 소장

달 전, 카이사르는 캄푸스 마르티우스 지역에 있던 폼페이우스 극장으로
향했다. 지금의 라르고 아르젠티나다. 마침 포로 로마노의 원로원 건물
이 공사 중이어서, 급히 회의 장소를 옮긴 것이다. 폼페이우스 극장에는
카이사르의 경쟁자였던 폼페이우스의 동상이 말없이 서 있었다. 바로 그
동상 아래에서 카이사르는 브루투스와 카시우스가 휘두른 칼에 맞아 죽
음을 맞이한다. 로마의 한 점치는 사람이 카이사르에게 "삼월의 보름을
조심하라"고 일러주었지만, 독재관의 권력에 취해 있던 카이사르는 그
경고를 무시했고, 결국 비참한 최후를 맞이했다.

윌리엄 셰익스피어는 로마 역사극 《줄리어스 시저》에서 이 암살 장면을 극적으로 묘사했는데, 칼에 찔려 죽어가던 카이사르가 "브루투스, 너마저! 그러면 나 시저, 죽으리라!Et tu, Brute! Then fall, Caesar"라는 마지막 말을 내뱉고 최후를 맞이했다고 썼고, 그때부터 카이사르의 최후는 셰익스피어의 상상력과 문장력에 의해 낭만적으로 그려지게 되었다.26 셰익스피어의 무대는 카이사르의 추도식 장면으로 옮겨간다. 카이사르의 부관이었던 안토니우스는 감동적인 추도사를 통해 자기 상관을 처참하게 살해한 브루투스와 원로원 일당들의 만행을 고발한다. 셰익스피어가 창작해 낸 안토니우스의 아래 탄식은 카이사르의 암살이 초래되었던 로마 공화정 말기의 암울했던 정신세계를 정확하게 보여주고 있다.

> 오, 판단력아, 넌 천한(잔혹한) 짐승에게 도망갔고 사람들은 이성을 잃었다.27

건전한 판단력은 자취를 감추고 모든 사람들이 이성을 잃고 날뛰던 시대를 한탄하고 있는 것이다. 이 문장에서 셰익스피어는 '잔혹한'이라는 뜻의 'Brutish'란 영어 단어를 사용해서, 카이사르를 암살한 브루투스Brutus의 잔혹한 행동을 연상시키는 천재성을 발휘한다.

시대의 영웅인가, 권력욕에 찌든 악당인가?

이렇게 폼페이우스 극장에서 죽어갔던 카이사르에 대한 평가는 시대마다 다르고, 또 사람마다 다르다. 제국에 대한 큰 야심을 가졌던 강심장들이나 다른 나라를 침탈하는 것에 양심의 가책을 느끼지 않는 사람들이 주로 카이사르를 좋아했는데, 그 대표적인 인물이 나폴레옹Napoleon Bonaparte이다. 그는 플루타르코스의 《영웅전》을 탐독했고 그 책의 주인공으로 등장하는 카이사르를 자신의 롤 모델로 삼았다. 정작 《영웅전》의 저자 플루타르코스가 카이사르에 대한 부정적인 평가를 내리고 있음에도 불구하고, 나폴레옹은 카이사르에게 시대를 뛰어넘는 지지와 찬사를 보낸다. 나폴레옹에 대한 최후의 기록이 담겨 있는 제3자의 비망록 《나폴레옹의 비망록》을 보면 이런 나폴레옹의 입장이 분명하게 드러나고 있다.

　　알렉산드로스의 정복은 철저하게 계산되었고, 대담하게 실행되었으며,

카이사르가 암살당했던 폼페이우스 극장

지혜롭게 이루어졌다. 그는 위대한 전사이자 위대한 정치가이며, 동시에 위대한 입법자였다. 하지만 불행하게도 영광과 성공의 절정에 이르자 그는 머리가 돌았거나 아니면 마음이 변질되었다. (…) 나폴레옹은 그다음에 카이사르로 넘어갔다. (…) 그는 카이사르가 알렉산드로스와는 반대로 뒤늦게 통치자의 길에 들어섰으며, 알렉산드로스보다 더 태만하고 악한 청년기로 시작했다가, 더 활동적이고 더 고양되고 더 멋진 영혼으로 삶을 마무리했다고 말했다. 그래서 카이사르야말로 역사상 가장 사랑스러운 인물들 중의 하나라고 생각했다.**28**

흥미로운 사실은 한국에서도 카이사르에 대한 평가가 매우 호의적이란 것이다. 안타깝게도 이는 시오노 나나미^{Shiono Nanami}라는 문제적인 인물의 베스트셀러《로마인 이야기》때문이다. 총 15권으로 구성되어 있는 《로마인 이야기》를 통해 우리나라 사람들이 로마 역사에 입문했다는 건 참으로 서글픈 일이다. 그 책은 로마 역사서가 아니라, 시오노 나나미라는 일본 작가가 쓴 수필에 불과하다. 그래서인지 역사책이 갖추어야 할 인물에 대한 객관적 평가나 시대의 비중을 합리적으로 배치하는 것에는 아예 관심이 없고, 자기가 좋아하는 인물이나 자기가 관심 있는 분야에 대해서는 상세히 기술하고, 잘 모르는 분야나 시대에 대해서는 대충 얼버무리는 경향을 보이는 치명적인 약점을 가지고 있다.

그중 가장 심각한 부분이 바로《로마인 이야기》의 4권과 5권을 차지하고 있는 율리우스 카이사르 편이다. 총 15권으로 되어 있는《로마인 이야기》에 율리우스 카이사르가 두 권을 차지한다면, 전체 시리즈는 족히 50권은 되어야 할 것이다. 율리우스 카이사르에게 1,000페이지 넘게 할애했다는 것은 시오노 나나미가 역사에 대한 균형 감각을 완전히 상실하고 있고, 제국주의자였던 카이사르를 통해 자신의 영웅주의적인 역사관을 투영하고 있는 것처럼 보인다.

그렇다면 로마의 역사가들의 눈에 비친 카이사르는 어떤 인물이었을까? 《영웅전》의 저자 플루타르코스는 카이사르를 천하의 악당이라 몰아붙이며, 그에 대한 부정적인 평가를 주저 없이 내린다. 플루타르코스의 신랄한 비판을 들어보자.

> 개선 행진이 끝나고 카이사르는 병사들에게 큰 선물을 내리고 만찬과 볼거리를 제공해 시민들을 즐겁게 해주었다. 식사용 침상 2만 개를 놓고 한꺼번에 음식을 제공하면서 검투 경기와 해전을 보여주었다. 이미 오래 전에 죽은 율리아에게 헌정하는 행사이기도 했다.
>
> 잔치가 끝나고 인구 조사가 시작되었다. 이전 인구 조사 때 포함되었던 시민 32만 가운데 15만이 남아 있었다. 내전이 가져온 재앙이 이처럼 컸고 이 재앙이 집어삼킨 로마 시민의 수가 이처럼 많았다. 이탈리아의 나머지 지역과 속주들에 닥친 불행은 말할 것도 없다.**29**

플루타르코스는 《영웅전》에서 카이사르가 내전을 일으킨 주범이었으며, 무수한 로마 백성들이 그 전쟁 때문에 목숨을 잃었다고 비판한다. 플루타르코스에 의하면 카이사르가 루비콘강을 도하한 사건은 로마 공화정에 대한 명백한 반란 행위였다. 그는 반란을 일으킨 역적인 동시에 인류를 저버린 파렴치한이었다.

> 조국의 재앙을 축하하며 개선 행진을 한 행위는 카이사르답지 않았다. 어쩔 수 없는 일이었다는 핑계를 대는 것 외에 신들 앞에서나 다른 사람들

앞에서나 도저히 항변할 수 없는 행위를 저지르고도 카이사르는 자랑스러워하고 있었다. 한때 내전에서 승리하고도 승전보를 전하지 않았으며 내전에서 비롯된 명성을 거부하는 등 양심적으로 행동했던 카이사르였다.**30**

위 구절은 단순히 영웅심과 권력에 대한 욕망 때문에 반역을 일으키고 수많은 로마 동족을 죽인 인물로 카이사르를 묘사하고 있다. 심지어 동족을 죽이고도 뻔뻔스럽게 로마에서 개선식을 올렸던 천하의 인간 말종이었다는 것이다. 그는 브루투스에 의해 살해당한 것이 아니라 스스로 죽음을 자초했던 인물이다. 그의 죽음은 로마 원로원의 음모 때문에 초래된 것이 아니라 로마 백성들 위에서 황제로 군림하겠다는 개인적인 욕심과 명예욕 때문에 역사의 응징을 당한 것이다.

공자(기원전 551~479년)는 '춘추필법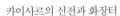春秋筆法'이라는 무시무시한 역사

카이사르의 신전과 화장터

기술 방법을 우리들에게 남겨주었다. 한 사람의 인생을 단 한 자로 요약할 수 있으니, 역사 평가의 준엄함을 기억하라는 것이다. 황제가 죽으면 붕崩이라 하여 그의 생애를 높이 기린다. 훌륭한 업적을 남기고 선량한 삶을 산 사람은 서逝라 하여, 그의 죽음을 애도하기도 한다. 그러나 평범한 사람의 인생의 마지막은 그냥 죽는 것, 사死다. 그 사람에게 죽음은 그냥 죽음일 뿐이며 이름도 명성도 남지 않는다. 그러나 시대를 어지럽히고 동족을 괴롭힌 사람이 죽으면, 그는 그냥 죽은 것이 아니라 '뒈졌다'고 한다. 즉, 졸卒한 것이다. 카이사르는 기원전 44년에, 라르고 아르젠티나에서 졸卒하였다.

2부

로마 제국의
창건과
흥망성쇠

6장

판테온과 트레비 분수

아우구스투스와
아그리파의 우정

세계 7대 불가사의의 목록에서 로마의 판테온Pantheon이 빠졌다는 것은 그 결정이 얼마나 편파적이었는지를 증명하고도 남는다. 세계 7대 불가사의는 그리스의 기준으로 선별된 것이다. 자기 나라를 무너트린 로마 제국의 수도에 세계 7대 불가사의가 있다고 대대적으로 선전하는 것은 그리스인들에게 수치였을 것이다. 그러나 이집트 카이로의 대 피라미드를 제외하고 지금까지 그 유적이 보존된 것은 없다. 지금으로부터 2,000여 년 전에 처음 건축되었지만 여전히 그 위용을 뽐내면서 고대 로마 건축의 백미로 자리매김하고 있는 판테온은 위대한 건축물의 표상이라고 불리기에 충분한 자격이 있다.

현재 로마 도심 한복판에서 늠름한 모습으로 자태를 드러내고 있는 판테온은 원래 기원전 27년부터 25년 사이에 아그리파Marcus Vipsanius Agrippa(기원전 64~12년 추정)가 세운 '복수의 유피테르Jupiter Ultor 신전'에서 출발했다. 아우구스투스 황제의 '절친'이었을 뿐 아니라, 최측근 참모이자 사위이기도 했던 아그리파는 율리우스 가문의 일곱 개 행성의 신을 모시기 위해 처음 신전을 건축한 것으로 추정된다. 그래서 지금도 판테온의 정면 파사드(건물의 출입구가 있는 정면 장식)에 "세 번째로 집정관을 지낸 루키우스의 아들 마르쿠스 아그리파가 세웠다 M • AGRIPPA • L • F • COS • TERTIUM • FECIT"라는 라틴어 문장이 남아 있다. 로마의 역사가 카시우스 디오(155~235년)의 기록에 따르면 판테온은 로마의 초대 황제 아우구스투스 황제를 신격화하기 위한 건물로 지어졌지만, 황제가 이를 사양하면서 대신 율리우스 카이사르의 동상이 모셔지게 되었다.

아그리파는 자비를 들여 시내에 많은 건물을 건축했다. 판테온도 그때 만들어졌다. 원래 베누스와 마르스를 포함한 여러 신을 모신 작은 신전이

아그리파가 건축한 판테온 신전. 지금은 하드리아누스 황제가 재건한 건물로 남아 있다.

었기에, 이름이 판테온이 되었다고 한다. 내 생각에는 원형 건물이 우주를 닮았기 때문에 판테온이란 이름이 붙여진 것 같다. 아그리파는 원래 이 건물 안에 아우구스투스의 동상을 설치하려고 했고, 건물 이름에도 황제의 이름을 붙이려고 했다. 그러나 황제는 이를 사양했고 결국 율리우스 카이사르의 동상이 신전 안에 설치되었다. 황제의 동상은 전실前室에 배치되었다.31

아그리파가 건축한 판테온은 여러 차례 화재가 발생해서 유실과 재건축을 반복하다가, 하드리아누스 황제 때인 126년에 현재의 모습으로 다시 건축되었다. 여기서 우리는 흔히 팍스 로마나Pax Romana로 불리는 로마 역사 최전성기를 이끌었던 또 한 명의 현제인 하드리아누스를 만나게 된다. 그는 로마 제국의 역사상 가장 부지런한 황제로, 집권기간 내내 해외 원정과 속주 순찰을 했던 것으로 유명하다. 지금 유럽 전역에서 로마 문명의 흔적을 발견할 수 있는 이유도 하드리아누스 황제의 이런 부지런함과 연관이 있다. 그는 유럽과 아시아의 여러 곳을 돌아다니면서 로마 문명을 원주민들에게 확산시켰고, 특별히 많은 로마 건축물을 남긴 것으로 유명하다. 하드리아누스는 당연히 로마에도 많은 건축물을 남겼으니, 이번 장에서 소개하는 판테온과 9장에서 소개하게 될 산탄젤로 성이 바로 그의 작품이다. 앞에서 이미 소개한 거대한 규모의 베누스-로마 신전도 그가 직접 설계한 건물이다.

하드리아누스 황제가 판테온을 새로 건축할 당시 바닥의 지표면은 지금보다 약 3미터 정도 낮았다. 그리고 여기에 계단까지 더해졌으니 하드리아누스 황제가 판테온을 만들었을 때는 지금보다 훨씬 높은 곳에 신전이 자리 잡고 있었을 것이다. 지금보다 훨씬 더 장엄한 모습의 신전이었을 것으로 추정된다. 판테온의 입구에는 거대한 이집트산 화강암 기둥 16개가 위용을 드러내며 기둥의 숲을 이루고 있다. 화강암 기둥의 숲을 지나면 거대한 원구 형태의 신전 안으로 들어서게 된다. 신전의 천장에는 지름 9미터의 구멍이 뚫려 있는데 '눈'이라는 뜻의 오쿨루스Oculus라 부른다. 오쿨루스는 태양을 상징하는데, 광원이 이곳을 통해 내부로 들어오는 장면은 그야말로 압도적이다.

오쿨루스와 바닥, 건물의 지름을 연결하면 하나의 거대한 구球가 완성되는데, 이는 건물 자체가 우주를 상징하기 때문이다. 하드리아누스 황제는 밤하늘의 별자리를 보는 것을 좋아했고, 로마가 우주의 중심이라는 생각을 늘 가슴에 품고 살았다. 거대한 돔의 하중을 버티기 위해 콘크리트로 되어 있는 지붕은 다섯 개의 동심원을 이루며, 각각 28개의 격자로 구성되어 있다. 이는 다섯 개의 천구가 겹쳐져서 우주가 이루어졌다는 믿음과, 음력 한 달의 주기인 28일을 각각 상징한다. 또한 일곱 개의 벽감은 다섯 개의 행성과 태양, 달을 상징하는 것이다. 이 벽감에는 천장의 하중을 분산시키는 기능도 있었지만 그래도 하중을 더 줄이기 위해 벽돌로 만든 벽 안에 아치 형태로 다시 천장을 파들어 갔다. 건축가 필리포 브루넬레스키Filippo Brunelleschi(1377∼1446년)가 피렌체의 두오모Duomo, 즉 산타 마리아 델 피오레 성당Santa Maria del Fiore의 돔을 만들 때(1436년 완공), 이 공법을 참고했기 때문에 판테온은 르네상스 건축의 모델이 되는 곳이기도 하다.

고대 로마 제국의 건축물 중에서 가장 경이로운 보존 상태를 유지하고 있는 판테온은 매년 4월 21일에 가장 놀라운 모습을 드러낸다. 로물루스가 기원전 753년 4월 21일에 로마를 건국했으니, 이날은 로마의 생일인 셈이다. 4월 21일, 정확하게 정오가 되면 거대한 돔 한가운데 있는 오쿨

판테온 내부에서 태양을 상징하는 오쿨루스를 올려다본 모습

루스를 통해 태양빛이 사선으로 내려와 판테온의 출입구와 일치하게 된다. 마치 로마의 생일을 축하하듯이 태양빛은 판테온의 출발지점을 밝히고 있는 것이다. 그러니까 판테온은 고대 로마의 해시계 역할도 했음을 미루어 짐작할 수 있다.

로마 황제들은 매년 4월 21일 정오에 판테온 입구에 서서 로마의 탄생을 축하하고, 자신의 정치적 권위를 우주의 조화와 일치시키는 퍼포먼스를 펼쳤다. 로마 제국의 창건자였던 아우구스투스는 자신을 태양의 신 아폴론과 동일시했고, 네로 황제나 심지어 그리스도교를 로마의 국교로 승인했던 콘스탄티누스 황제도 자신을 태양신 솔Sol과 동일시한 점을 고려해본다면, 판테온은 거대한 황실의 신전인 동시에 우주의 조화를 지상에 펼치고 있는 거대한 해시계이며, 황제들의 신격화를 위한 거대한 정치적 무대였던 것이다.

판테온은 유명인사의 무덤으로도 사용되었다. 판테온에 묻힌 가장 유명한 인물은 미켈란젤로와 세기의 경쟁을 펼쳤던 화가 라파엘로Raffaello Sanzio(1483~1520년)일 것이다. 불과 37살의 나이에 열병으로 세상을 떠난 라파엘로는 본인의 뜻에 따라 판테온에 매장되었고, 그의 장엄한 장례식장에는 현재 바티칸 박물관의 피나코테카Pinacoteca(회화관)에 소장되어 있는 명작 〈변화산상의 그리스도〉가 천재의 이별을 배웅하기 위해 전시되어 있었다.

지금도 라파엘로의 석관 윗부분에는 베네치아 출신의 인문학자였던 피에트로 벰보Pietro Bembo(1470~1547년)가 쓴 짤막한 추도사가 새겨져 있다. 그는 "여기 유명한 라파엘로가 묻혀 있으니, 그가 살아 있을 때 위대한 자연은 자신이 정복될까 두려워했고, 정작 그가 죽자 자연은 스스로 죽게 될까 두려워하게 되었다"는 추도사를 바쳐, 완벽한 자연의 모방을

라파엘로의 무덤. 피에트로 벰보의 추도사가 상단에 새겨져 있다.

통해 고전주의를 완성시켰던 라파엘로의 서거를 애도했다.

트레비 분수, 아그리파가 찾은 처녀

판테온은 고대 로마의 건축술이 얼마나 탁월했는지를 잘 보여주는 작은 세트장과 같은 곳이다. 고대 로마가 자랑했던 공학 기술 중에서 특히 탁월한 분야가 있었으니 바로 수로 건설의 기술이었다. 기원전 312년에 처음으로 로마 시민들을 위한 수로 건축이 시작되었는데, 기원후 3세기경에는 총 11개의 수로가 로마 전역으로 연결되었고, 이후 총길이 약 800킬로미터에 이르는 엄청난 길이의 수로가 완성된다. 약 100만 명에 달했던 로마 시민들은 이 잘 만들어진 수로 덕분에 언제 어디서나 수자

나의 로망, 로마

원을 마음껏 활용할 수 있었고, 로마 곳곳을 장식하고 있는 분수나 욕장 등이 주민들의 삶의 질을 윤택하게 만들었다. 로마에는 현재 총 2,000개의 크고 작은 분수가 있는데, 지금도 많은 분수들이 고대의 모습을 그대로 유지하고 있다. 모두 뛰어난 수로 건설 실력 덕분이다. 이 수로를 통해 하루 평균 1억 갤런에 달하는 풍부한 수자원이 로마로 유입되었다.

로마 남쪽에 있는 클라우디우스 수로Aqua Claudia가 네로 수도와 연결되어 팔라티노 언덕의 왕궁과 포로 로마노 지역에 풍부한 수자원을 공급했다면, 이른바 '처녀 수로Aqua Virgo'는 로마의 중심부인 캄푸스 마르티우스 지역에 깨끗한 물을 공급했다. 로마의 도심 관광지를 대표하는 트레비 분수Fontana di Trevi는 바로 이 '처녀 수로'와 연결되어 있다. 트레비Trevi란 세 갈래 길이 만난다고 해서 생겨난 이름인데, 그 세 길이 만나는 지점에

로마에서 가장 유명한 트레비 분수. 아그리파가 그 수원을 발견했다.

트레비 분수가 있다.

영화 한 편이 도시의 운명을 바꿀 수 있다면 〈로마의 휴일〉이 바로 그런 영화일 것이다. 이 영화가 트레비 분수를 '로마 분수의 여왕'으로 만들었다. 트레비 분수에 동전을 던지면 다시 로마로 돌아오게 된다는 속설이 이 영화에서 생겼다. 지금도 사람들은 그 영화의 주인공을 흉내 내며 동전을 던진다. 로마 시는 정기적으로 트레비 분수에 쌓인 동전을 수거해 자선 사업에 사용하고 있다.

트레비 분수의 장식을 자세히 보면 대양의 신 오케아노스Okeanós가 바다의 신 트리톤Triton의 말 두 마리가 끄는 마차에 올라타 있다. 오케아노스의 좌우에 배치되어 있는 여신들은 각각 '풍요'와 '건강'을 상징한다. 그 여신들 위로 두 개의 부조가 있는데, 이것이 트레비 분수가 처음 발견되고 수로로 건축되는 과정을 보여주고 있다. 왼쪽에 있는 작품은 아그리파가 분수 건설을 명령하면서 설계도에 날인하는 장면이고, 오른쪽에 있는 작품은 한 처녀가 물이 나오는 곳을 아그리파에게 알려주는 장면이다.

기원전 19년, 원정을 마치고 로마로 귀환하던 아그리파 장군은 부하들이 목이 말라 고통받고 있는 모습을 보고 근처에서 식수를 찾아보라고 지시했다. 마침 그곳을 지나가던 한 처녀가 수맥을 알려주었다고 해서 그 수맥을 '처녀 수로'라 불렀는데, 그 수맥에서 흘러나온 물이 깨끗했다는 뜻도 내포하고 있다. 아그리파는 이 수맥을 이용하여 자신이 건축한 아그리파 욕장에 사용할 물을 댔고, 이 풍부하고 깨끗한 수자원으로 로마 도심 지역에 무려 160여 개나 되는 분수를 추가로 만들 수 있었다.

아그리파는 명문가 출신이 아니었다. 그는 율리우스 카이사르의 총애를 받던 젊은 장교였다가, 장차 아우구스투스가 되는 옥타비아누스

Octavianus와 친한 친구가 되었다. 그는 악티움 해전(기원전 31년)에서 안토니우스와 클레오파트라의 함대를 격파시킨 로마 제국의 일등 개국공신이었다. 아우구스투스는 그의 딸 율리아와 아그리파를 결혼시켰고, 그를 장차 2대 황제로 추대할 계획도 가지고 있었다. 그러나 수많은 전장을 누비던 아그리파는 원정을 나갔다가 44살의 나이에 임종하고 말았다. 황제 아우구스투스는 친구이자 신하, 그리고 사위였던 아그리파를 위해 미리 만들어놓았던 자신의 무덤을 양보할 정도로 그를 아꼈다. 한 시대의 강직한 영웅이었던 아그리파는 최초의 판테온을 건축했을 뿐만 아니라, 트레비 분수의 수맥을 발견해 로마인들에게 신선한 물을 공급하는 실용적인 업적도 남겼다.

아그리파가 발견한 수맥을 이용해서 로마 최고의 분수를 만들려는 계획을 최초로 세운 사람은 인문주의 교황으로 유명했던 니콜라우스 5세 Nicholaus V(1447~1455년 재위)였다. 그는 고대 로마의 분수를 재건하기 위해 15세기의 위대한 예술 이론가 레온 바티스타 알베르티 Leon Battista Alberti 의 조언을 구하기도 했다. 트레비 분수를 바로크 양식으로 단장하려고 했던 또 다른 인물은 교황 우르바누스 8세 Urbanus VIII(1623~1644년 재위)였다. 그는 자기 가문인 바르베리니 Barberini 저택과 가까운 이곳에 로마의 명물을 만들기 위해, 총애하던 조각가 베르니니에게 분수 설계를 맡겼다.

그러나 우르바누스 8세가 임종하자 계획은 수포로 돌아갔고, 그 뒤를 이은 팜필리 Pamphili 가문의 교황 인노켄티우스 10세는 트레비 분수의 기존 건축 계획을 취소해버렸다. 그는 전前 교황의 후원을 받고 있던 베르니니 대신, 성격은 독특했지만 창조적인 곡선의 미학을 추구하는 프란체스코 보로미니를 고용해 자기 가문의 저택이 있는 나보나 광장까지 수원을 끌어들여 거대한 분수를 만들도록 했다. 그러나 앞에서 설명한 대로 베르니니는 특유의 재능을 발휘하여 오히려 이 나보나 광장의 조각 작품을 수주하게 되었고, 그래서 지금도 나보나 광장에는 베르니니의 걸작으로 알려져 있는 '4대 강의 분수'가 광장 중앙을 차지하고 있다.

오늘날 우리가 보는 트레비 분수는 로마 출신의 건축가 니콜라 살비Nicola Salvi가 1732년부터 공사를 개시한 작품이다. 원래 트레비 분수 장식을 위한 공모전에서 피렌체 출신이 당선되었지만, 로마의 자존심을 세우기 위해 니콜라 살비가 최종 후보로 낙점된 것이다. 그러나 니콜라 살비도 트레비 분수를 완성하지 못하고 죽었고, 그 후속 업무를 맡았던 주세페 파니니Giuseppe Pannini가 지금의 트레비 분수를 만들었다. 1762년에 그는 분수 장식의 정면 파사드에 '처녀 수로'의 수맥을 처음 발견했던 아그리파의 모습이 담긴 조각 작품을 붙임으로써 15세기부터 시작된 트레비 분수의 건축 공사를 최종적으로 마무리했다.

아그리파와 아우구스투스 황제의 우정

사실 미술대학 학생들에게 아그리파는 아주 익숙한 이름이다. 보통 대생을 할 때 인물 석고상을 보고 따라 그리는데, 그때 대부분 각이 진 얼굴을 한 아그리파 석고상을 따라 그리기 때문이다. 때로는 곱상하게 생긴 미소년 '줄리앙'을 그리기도 하는데, 이것은 미켈란젤로가 줄리아노 데 메디치Giuliano de' Medici의 얼굴을 이상적으로 조각한 것이다.

아그리파는 가장 위대한 참모의 모범으로 불릴 만한 인물이다. 그는 친구이자 상관, 그리고 장인이었던 옥타비아누스를 도와 로마 제국을 창건한 1등 개국공신인 동시에, 로마의 초대 황제가 언제나 신뢰한 충신이었고, 결국 황제의 사위가 된 인물이다. 그는 어떤 상황에서도 황제에게 직언을 하는 사람으로 유명했다. 장차 아우구스투스가 될 옥타비아누스는 로마 제국을 창건하기 전에 친구이자 참모였던 아그리파에게 조언을 구했다. 제국을 창건하려는 자신의 계획에 대해서 아그리파가 어떻게 생각하는지가 궁금했던 것이다. 그 시점은 이미 옥타비아누스가 악티움 해전의 승리를 통해 로마의 패권을 장악한 뒤였기 때문에, 모든 사람이 옥타비아누스의 황제 등극을 지지하고 있었다. 그러나 아그리파는 충심을 다해 옥타비아누스에게 자신의 견해를 밝힌다.

아우구스투스의 흉상, 퀴리날레 대통령 궁전 소장

　당신이 황제가 되려는 계획에 내가 반대한다 해도 놀라지 마시기 바랍니다. 만약 당신이 황제가 된다면 가장 큰 혜택을 받을 사람은 바로 저일 것입니다. 그러나 우리 솔직하게 이성을 가지고 생각해봅시다. 만약 지금 황제 제도를 시행한다면 도대체 누가 그 제도를 유익하다 하겠습니까? 만약 우리가 황제 제도를 실시한다면 세상은 우리가 행운의 덕을 너무 많이 보아서, 지나치다 할 것입니다. 아니면 지난날의 승리가 우리를 눈멀게 했다고 할 것입니다. 우리가 권력에 눈이 멀어, 당신 아버지 카이사르의 이름을 앞세우고 있다고 할 것입니다.[32]

옥타비아누스 주변의 사람들은 황제 제도가 시행될 경우, 측근으로서 누리게 될 혜택과 이익을 염두에 두고 있었다. 그래서 황제 후보였던 옥타비아누스에게 하루속히 황제의 자리에 오르라고 졸라댔다. 그러나 아그리파는 옥타비아누스에게 사심 없는 조언을 했다. 그는 자신에게 돌아올 이익이나 혜택을 고려하지 않고, 옥타비아누스를 진심으로 위하고 보호하려고 한 것이다.

> 이런 공적인 것 말고 당신 개인에 대해 말해봅시다. 밤낮으로 처리해야 할 일이 산적할 텐데, 그것을 감당할 자신이 있습니까? 당신은 건강도 좋지 않은데, 어떻게 그런 일을 감당하시겠습니까? 보통 사람이 누릴 수 있는 많은 것을 포기해야 할 텐데, 어떻게 그것을 참고 견딜 것입니까? 황제의 삶을 선택하는 사람은 엄청난 고통을 견뎌야 하고, 수많은 두려움에 노출되고, 삶의 풍요로움과는 동떨어진 삶을 살아야 하는데, 당신은 그럴 자신이 있습니까?**33**

실제로 옥타비아누스에게는 약점이 있었으니, 바로 건강이 좋지 않았던 것이다. 제국을 통치하는 황제는 격무에 시달리기 때문에 건강은 절대적인 필요조건이었다. 그러나 옥타비아누스는 체력이 약하고 잔병치레가 많았기 때문에 아그리파는 그런 친구를 말린 것이다. 진심으로 친구를 염려하지 않는다면 하지 못할 조언이었다. 아그리파의 진심을 잘 알고 있던 옥타비아누스는 결국 황제의 권좌에 앉았으나 자신의 취임을 반대했던 아그리파를 최측근으로 임명했고, 권력의 영광을 친구와 함께 나누었다. 훌륭한 친구를 두었던 아우구스투스 역시 훌륭한 인물이었음에 틀림이 없을 것이다.

아그리파의 흉상, 루브르 박물관 소장

아우구스투스는 아그리파의 명예를 드높였다. 함께 출정하게 되면 언제나 자신의 텐트와 사이즈가 같은 텐트에 머물게 했으며, 매일의 암호를 결정할 때 항상 둘이 함께 상의했다.**34**

아우구스투스 황제는 자신에게 후손이 태어나지 않자 유일한 혈육이었던 딸 율리아Julia the Elder(기원전 39~기원후 14년)와 아그리파를 결혼시켜 로마 제국의 미래를 도모하게 된다. 친구이자 참모였던 아그리파를 아예 사위로 삼은 것이다. 아그리파와 율리아는 가이우스Gaius Caesar와 루키우스Lucias Caesar를 낳아 로마 제국의 황실에 미래에 대한 희망을 불러일으켰지만, 두 아들 모두 이름 모를 이유로 사망함으로써 제국의 대권은 다른 사람에게 넘어가게 된다.

기원전 12년, 시리아 원정을 마치고 로마로 귀국한 아그리파는 판노니아Pannonia에서 발생한 반란을 진압하기 위해 다시 출전했다가 중병에 걸린다. 친구이자 부관, 그리고 사위이기도 한 아그리파가 와병중이란 소식을 들은 아우구스투스 황제는 급히 판노니아로 출발했으나, 그가 도착했을 때 이미 아그리파는 사망한 후였다. 황제는 아그리파의 유해를 로마로 직접 운구하고 감동적인 장례식 연설을 한 다음, 자신이 묻히려고 했던 영묘에 아그리파를 매장했다. 3세기 초반에 방대한 《로마사》를 집필했던 역사가 카시우스 디오는 아그리파의 생애를 이렇게 정리한다.

아그리파는 그렇게 생을 마감했다. 의심할 여지 없이 그는 당대에 가장 뛰어난 인물이었다. 친구였던 황제와 로마 백성들을 위해 큰 공헌을 남겼다. 모든 점에서 다른 사람보다 뛰어났음에도 불구하고 그는 어느 누구보다 겸손한 사람이었다. 그는 단 한 번도 황제와 다투지 않았고, 어느 누구로부터도 시기와 질투를 받지 않았다. 그는 다른 생각을 가졌음에도 황제의 제국 통치를 지지했고, 로마 시민들에게는 민주제가 적용되는 것처럼 행동해 시민들을 안심시켰다. 그래서인지 그의 이름이 명명된 공원과 욕장은 모두 시민들에게 무료로 개방되었다.[35]

지금 로마의 도심을 이루고 있는 번화가를 고대인들은 캄푸스 마르티우스Campus Martius라 불렀다. 전쟁의 신 '마르스의 평원'이란 뜻이다. 이곳에 '아우구스투스의 영묘'가 있다. 아우구스투스를 포함한 초기의 로마 황제들과 그 가족들을 매장하기 위해 만든 황실 무덤이다. 그런데 이 영묘에 먼저 묻힌 사람은 정작 아우구스투스가 아니라, 그의 친구이자 사위였던 아그리파였다. 아우구스투스는 자신이 묻힐 영묘의 가장 중요한 자리에 아그리파의 시신을 안치했다. 두 사람의 우정은 이렇게 아름다웠다. 젊은 옥타비아누스가 제국을 창건할 수 있었던 것은, 충직하고 겸손했던 친구 아그리파가 있었기 때문이다.

로마에서 무엇인가 큰 뜻을 품은 사람들은 두 사람의 우정에 주목해야 하리라. 캄푸스 마르티우스의 정중앙에 있는 판테온에서 출발해, 트레비 분수를 거쳐 아우구스투스 영묘까지 걸어가는 데 직선거리로 30분이면 충분하다. 서둘러 걷지 말고 두 사람의 우정을 생각하며 천천히 그 길을 걸어보자. 참된 우정의 소중함을 다시 한 번 기억하게 될 것이고, 우리가 꿈꾸는 큰 뜻을 이루려면 소중한 친구가 필요하다는 것을 깨닫게 될 것이다. 먼 길을 가려면 그 먼 길을 함께 갈 수 있는 소중한 길동무가 필요하다.

7장

평화의 제단과
아우구스투스 영묘

로마에서 추방된 비운의 시인

아펜니노산맥에서 발원해 로마 도심을 가로지르는 테베레강은 캄푸스 마르티우스를 왼쪽에 끼고 흘러간다. 테베레강이 도심을 관통하며 흘러가다 바티칸이 보이는 쪽으로 굽어지는 왼쪽 어귀에 '아우구스투스 영묘'와 '평화의 제단'이 있다. 테베레 강변에 세워진 그 황실의 무덤에 아그리파가 제일 먼저 묻혔다.

'평화의 제단'이라는 뜻의 아라 파치스 Ara Pacis는 기원전 13년에 공사를 시작해 기원전 9년에 완공된 아우구스투스 황제 시대의 평화를 기념하는 제단이다. 아우구스투스 황제가 스페인(히스파니아)과 프랑스(갈리아) 지역 원정을 마치고 귀환하자 로마 원로원이 그 업적을 상찬하기 위해 캄푸스 마르티우스에 평화의 제단을 지어 봉헌했다. 율리우스 카이사르가 루비콘강을 건너면서 시작된 내전의 혼란에 종지부를 찍고, 제국을 향한 첫 번째 발걸음을 내딛는 황제의 기념비인 셈이다. 이 발걸음은 팍스 로마나의 시작을 알렸고, 그 역사적 출발점에 팍스 아우구스타 Pax Augusta가 있었다. 아우구스투스 황제가 이룩한 평화란 뜻이다.

평화의 제단은 미켈란젤로가 채석했던 곳으로 유명한 카라라 Carrara의 순백색 대리석으로 만들어졌다. 로마 시대의 역사가 수에토니우스

평화의 제단. 유적의 보존을 위해 유리 건물 안에 전시되어 있다.

Suetonius(69~122년 추정)가 밝힌 대로, 아우구스투스는 벽돌로 된 로마를
대리석의 도시로 만들었던 인물이다. 지금 평화의 제단은 아우구스투스
영묘 옆에 자리를 잡고 있지만, 원래는 플라미니아Flaminia 가도가 로마
시내로 연결되는 지점에 위치하고 있었다. 20세기 초반에 현재의 장소
로 옮겨왔고, 유적의 보존을 위해 유리로 된 건물을 지어 전시관으로 확
장시켰다.

   평화의 제단이 보존되어 있는 전시관 안으로 들어가서 자세히 살펴보
면, 정면 상단의 부조에 로물루스와 레무스의 건국신화가 조각되어 있는
것을 볼 수 있다. 아우구스투스 황제는 늑대의 젖을 먹고 자란 소년이 로

마를 창건했다는 건국신화가 마음에 들지 않았던 모양이다. 자신이 창건하는 위대한 로마 제국의 첫 출발이 늑대라는 동물과 연관되어 있는 것이 격에 맞지 않다고 생각한 것이다. 그래서 그는 총애하던 궁정 작가 베르길리우스(기원전 70~19년)에게 트로이의 유민이었던 아이네아스와 그의 가족들이 이탈리아반도에 상륙해 로마를 건국했다는 거창한 건국 서사시를 쓰도록 했다. 기원전 8세기의 위대한 그리스의 서사 시인인 호메로스의 전통에 따라, 로마의 첫 출발을 지중해 최고 문명국이었던 그리스와 연결시킨 것이다. 따라서 평화의 제단에는 로물루스와 레무스의 건국신화뿐 아니라 아이네아스의 건국신화도 등장한다.

평화의 제단을 자세히 살펴보면, 아홉 개의 계단이 설치되어 있는 입구의 정면 상단 오른쪽에 아이네아스가 제사를 드리는 장면이 보인다. 작품 하단에 흰색 돼지가 조각되어 있다. 아이네아스는 흰색 어미 돼지와 새끼 돼지 30마리가 있는 곳에 로마를 건국하게 될 것이라는 헬레누스의 예언을 들었기 때문이다.

네게 징조를 보여줄 것이니, 꼭 기억하기 바란다. 강의 지류가 흐르는 곳에 참나무가 서 있을 것이고, 그 주변에서 30마리의 새끼 돼지를 낳고 젖을 물리고 있는 흰색 암돼지를 발견하게 되리라. 그곳이 새로운 도시의 터전이 될 것이고, 그곳에서 너의 고난은 끝이 나리라.**36**

평화의 제단은 바로 이 장면을 포착하고 있는 것이다. 뒤쪽 입구의 상단 벽면에는 '대지의 여신'이 역시 부조로 표현되어 있다. 수확의 땅에 풍요로운 곡식을 내려주는 '대지의 여신' 텔루스Tellus라는 설이 우세하지만, 아이네아스를 보호하며 로마의 창건을 도왔던 여신 '베누스'라는 설도 있다. 평화의 제단 양측 벽면에는 율리우스 가문과 클라우디우스 가문 사람들이 일렬로 행진하는 장면이 조각되어 있다. 로마 공화정 말기의 혼란과 내전을 종식시키고 거대한 로마 제국의 서막을 열었던 위대한 가문의 면모를 드러내는 작품이다. 이 작품은 기원전 9년에 완성되었기 때문에 그 당시의 왕실 서열을 확인할 수 있는 귀중한 역사 자료이기도 하다. 황실 가문 사람들과 함께 행진에 참석한 사람들은 제사장들과 베스타 여사제들이다. 평화의 제단이 완성되기 직전에 임종한 아그리파도 황실 가문의 일원으로 등장하고 있다.

아우구스투스는 원래 평화의 제단이 있던 장소에 이집트에서 가져온

평화의 제단 안에 전시되어 있는 아우구스투스 흉상

오벨리스크로 거대한 해시계를 만들었다. 기원전 6세기에 만들어진 이집트의 오벨리스크는 로마로 운반되어, 바닥 가로 160미터와 세로 75미터에 이르는 거대한 해시계의 중심에 세워졌다. 오벨리스크의 끝이 드리우는 그림자는 밤과 낮의 길이가 같은 매년 9월 23일이면 어김없이 평화의 제단 입구에 멈추어 섰다. 그날은 아우구스투스의 생일이다. 천체의 운행과 아우구스투스의 생일이 정확하게 겹친다는 것을 보여줌으로써, 아우구스투스는 자신의 통치를 우주적 사건으로 확대시켰다. 현재 거대한 해시계 터는 신축 건물들에 의해 종적을 감추었고, 아우구스투스의 신격화 도구로 사용되던 거대한 오벨리스크는 지금 이탈리아 의회가 있는 몬테치토리오 광장Piazza di Montecitorio으로 옮겨져서 전시되고 있다.

율리우스 카이사르가 암살당했을 때 18살 소년에 불과했던 아우구스투스는 로마의 정치적 상황이 언제나 예측불가란 사실을 숙지하고 있

평화의 제단을 정면에서 본 모습

었다. 공화정 체제에 익숙했던 로마 사람들이 황제의 통치를 용납하지 않을 것이라는 사실을 누구보다 명확하게 알고 있었다. 그래서 그는 황제로 취임한 후에도 자신의 모습을 공개적으로 드러내지 않았고, 거대한 황궁을 건설해 호의호식하지도 않았다. 민심을 자극하지 않기 위해서였다. 그는 황궁 대신 팔라티노 언덕 위에 있던 변호사 호르텐시우스Hortensius의 작은 집을 사서 40년 동안 거처로 사용했고, 내부에도 화려한 장식을 일절 하지 않았다. 대신 그는 평화의 제단 같은 공공건물을 통해 새로운 시대의 도래와 자신이 시작한 제국의 정통성을 홍보했던 것이다. 그의 이런 신중함과 자제력 덕분에 로마 제국의 탄생이 가능했다.

아우구스투스의 영묘

아우구스투스 영묘는 영어로 'Mausoleum of Augustus'라고 표기한다. 여기서 '영묘'로 번역되는 '마우솔레움Mausoleum'이란 단어는 기원전 4세기에 소아시아의 카리아Caria를 통치했던 마우솔로스Mausolus의 무덤에서 파생되었다. 카리아는 지금의 터키 남서쪽에 있었던 페르시아의 속국이었는데, 마우솔로스의 무덤이 '고대 7대 불가사의' 중에 하나로 지명됨으로써 유명해졌다. 그 이후부터 카리아 황실의 무덤은 마우솔레움으로 불리게 되었고, 아우구스투스 황제도 자신과 가족 및 후계자의 마우솔레움을 테베레 강변에 설치하게 된다.

아우구스투스는 이집트에서 안토니우스와 클레오파트라를 무찌른 후에 30대의 젊은 나이에 서둘러 자신의 거대한 영묘 건축에 착수했다. 평소 검소한 생활을 하던 그였기에 이 행보가 다소 의외로 느껴지겠지만, 사실 이는 정교하게 추진된 정치적인 행동이었다. 정적이었던 안토니우스는 이집트에서 자결로 생을 마감하고 다른 나라의 땅에 묻혔지만, 아우구스투스 자신은 조국의 땅에 묻히겠다는 것을 보여주기 위해 영묘 공사를 일찍부터 추진한 것이다.

영묘의 내부 건축 양식은 카리아의 마우솔레움 형식을 따랐으나 전체 외관을 원통형으로 만든 것은 이탈리아의 토착 문명을 대표하던 에트루리아Etruria 전통을 따른 것이다. 이 황실의 영묘는 율리우스 씨족의 무덤이라고 불렸기 때문에 제일 먼저 묻힌 사람은 기원전 23년에 요절한 아우구스투스의 조카 마르켈루스Marcellus였다. 이어서 아우구스투스의 오른팔이자 사위였던 아그리파가 기원전 12년에 묻혔고, 이 영묘를 만든 아우구스투스 본인은 기원후 14년에 매장되었다. 이 영묘 건물은 중세를 거치면서 폐허로 변했고, 어느 귀족의 정원으로 사용되기도 했으며, 나중에는 투우 경기장으로 사용되거나 음악당으로 사용되는 우여곡절을

아우구스투스 황제의 영묘

겪었다. 지금은 복원 공사가 한창 진행 중에 있다.

황제로부터 추방당한 시인 오비디우스

아우구스투스 황제가 기원전 27년에 창건한 로마 제국은 공화정의 전통을 이어오던 로마 시민들에게 지금까지 한 번도 경험해보지 못한 새로운 시대를 맛보게 했다. 황제가 제국을 통치하는 제정帝政을 시작한 것이다. 이것은 파격적인 정치 실험이었다. 왕이 통치하는 세상에 반발하며, "스스로 왕이 되려는 자는 재판 없이 죽여도 처벌받지 않는다"고 선언했던 로마 사람들이 이제 황제를 모시고 살게 된 것이다. 지금까지 한 번도 경험해보지 못했던 무소불위의 절대 권력이 등장한 것이다.

아우구스투스가 권력을 잡고 로마 제국을 설립했을 때, 아이러니하게도 문학은 황금기를 맞이하게 된다. 메디치Medici 가문이 15세기의 피렌체를 정치적으로 장악했을 때 인문주의 운동과 르네상스가 탄생한 것과 비슷한 현상이다. 이 시기를 '라틴어 문학의 황금기'라 부르고, 대략 기원전 70년부터 기원후 18년까지로 그 시대를 구분한다. 그중 전기를 '키케로의 시대(기원전 70~43년)', 후기를 '아우구스투스의 시대(기원전 43~기원후 18년)'로 세분하기도 한다.

역사가 리비우스, 문학가 베르길리우스와 오비디우스(기원전 43~기원후 17/18년), 시인 호라티우스Flaccus Quintus Horatius(기원전 65~8년)와 티불루스Albius Tibullus(기원전 55~19년 추정)가 아우구스투스 시대의 황금기를 구가한 대표적인 문학가들이다. 이들이 문학적 재능을 마음껏 발휘할 수 있었던 것은 황실과 유력 가문들의 강력한 후원 덕분이었다. 아우구스투스 황제를 필두로, 아그리파와 함께 개국공신의 역할을 충실하게 해냈던

마에케나스Gaius Maecenas(기원전 70~8년 추정)나 악티움 해전의 영웅 코르비누스Marcus Corvinus(기원전 64~기원후 8년) 등이 문학과 예술을 적극적으로 후원했고, 그 결과로 아우구스투스 시대의 문학이 전성기를 맞게 되었다.

경제력을 가진 부자나 사회 지도층 인사들이 예술가를 후원하는 제도를 '메세나Mecenat 활동'이라 부르는데, 이는 아우구스투스 황제의 최측근이자 로마의 내치를 담당하며 예술가들을 적극적으로 후원했던 마에케나스의 이름에서 따온 것이다. 아우구스투스 황제의 총애를 받던 궁정 시인 오비디우스는 당시의 문학가들에게 맡겨진 사명을 아래《변신 이야기》의 한 구절에서 잘 설명해주고 있다.

내게 들어온 정보에 의하면 아펜니노 산맥에서 발흥한 샘물이 굽이쳐 흐르는 티베르 강 유역에서 로마는 성장을 거듭하고 있다고 하오. 로마는 성장하면서 그 모습을 변신시키고 있으며, 언젠가는 광활한 세계의 주인이 될 것이오. 수많은 예언자들과 신탁을 알려주는 자들이 로마의 이런 운명을 말해 주고 있소.**37**

이 정도면 거의 〈용비어천가龍飛御天歌〉 수준이라고 할 것이다. 용이 하늘로 날아올라 천하를 다스린다는 〈용비어천가〉는 조선 왕조 건국의 정당성과 세종대왕의 치적을 알리기 위한 정치문학적인 장치였다. 궁중 시인 오비디우스가 쓴《변신 이야기》도 그런 성격을 띠고 있었다. 총 128개의 그리스·로마 신화를 집대성한 오비디우스의 이 작품은 인간의 본성과 자연의 속성, 그리고 냉혹한 권력의 속성을 은유적이며 상징적인 언어로 파헤쳐내고 있다.

오비디우스가 이런 경이로운 책을 쓰게 된 것은 그의 굴곡졌던 인생사와 연관이 있다. 아우구스투스 황제의 총애를 받으며 승승장구하던 궁정 시인 오비디우스는 정체불명의 사건에 연루되어 로마에서 추방당하는 비운을 겪는다. 기원후 8년, 그가 궁정 시인으로 최고의 명성을 누릴 때였다. 어떤 역사 기록에서도 오비디우스가 갑자기 황실에서 쫓겨난 이유를 확인할 수 없다. 다만 그 자신이 "시와 잘못carmen et error" 때문에 불행을 겪게 되었다는 모호한 설명을 남겨두었다. 추방당한 오비디우스는 끝내 로마로 돌아오지 못하고 멀리 흑해 연안에 있는 야만의 땅에서 쓸쓸한 최후를 맞이했다. 18년에 사망할 때까지 오비디우스는 유려한 문장으로 자신의 억울함을 하소연하고 간절한 마음으로 황제의 사면을 촉구하는 편지를 썼지만, 간절히 바라던 소식은 끝내 전해지지 않았다.

유진 들라크루아, 〈스키타이 족의 땅에 살았던 오비디우스〉(1859년),
런던 내셔널갤러리 소장

오비디우스의 《변신 이야기》는 제목 그대로 '변신Metamorphosis'을 주제로 그리스와 로마의 신화를 재구성한 책이다. 그의 시대가 공화정과 내란의 혼란기를 거쳐 제국의 시대로 '변신'하던 시기였고, 율리우스 가문의 옥타비아누스가 제국의 아우구스투스로 '변신'하던 시기였으며, 자신도 촉망받는 궁정시인에서 유배지에 버려진 가련한 음유시인으로 '변신'했던 시기였다. 오비디우스의 관심은 이렇게 시대와 환경이 변할 때, 사람의 본성은 변하는가에 대한 질문에서 출발했다. 인간의 본성은 후천적인 환경에 의해 변하는 것일까? 시대가 변하면 사람도 따라서 변하는 것일까? 인간의 본성은 개선될 수 있는 것일까?

오비디우스가 《변신 이야기》 1권에서 소개하고 있는 아폴론Apollon과 다프네Daphne의 사랑 이야기를 들어보자. 이 가련한 사랑 이야기는 아폴론이 사랑의 신 쿠피도Cupido를 놀리는 장면에서 시작된다. 양궁의 신이자 처음으로 화살을 만든 신이기도 한 아폴론은 화살을 메고 가던 쿠피도에게 다가가, '너 같은 애송이 꼬마가 왜 화살이 필요하냐'고 무시하는 말을 내뱉는다. 화살은 자기 같은 늠름한 사냥꾼에게나 필요한 것이지, 사랑의 전령에게는 어울리지 않는 것이라고 비아냥거린 것이다. 쿠피도는 아폴론의 말을 듣고 격분하여 그에게 보복할 기회를 노린다. 그러다 마침 아폴론이 숲속의 요정 다프네를 짝사랑하고 있다는 사실을 알게 되었다.

사랑의 화살은 반짝거리고 날카로운 금 화살이었고, 납으로 된 나머지 화살은 끝이 뾰족하지 않았다. 그는 납 화살로 다프네를 쏘았고, 끝이 날카로운 금 화살로는 아폴론을 쏘았다. **38**

나의 로망, 로마

쿠피도는 늘 두 개의 화살을 가지고 다니는데, 그의 금 화살에 맞으면 열렬한 사랑에 빠지고 납 화살에 맞으면 있던 사랑도 싸늘하게 식어버리게 된다. 금 화살에 맞은 아폴론은 더 지독한 짝사랑에 빠졌고, 납 화살에 맞은 다프네는 아폴론이 다가오자 질겁하며 도망친다. 다프네는 강의 신인 아버지에게 하소연하며, 아폴론과 사랑을 나누느니 차라리 월계수로 변하게 해달라고 간청한다. 딸의 간절한 소망을 들은 아버지는, 아폴론의 손길이 닿는 순간 딸 다프네를 월계수로 '변신'시킨다. 이 놀라운 변신의 순간을 대리석으로 조각한 베르니니의 명작 〈아폴론과 다프네〉를 로마의 보르게세 미술관Galleria Borghese이 소장하고 있다.

사실 아폴론과 월계수는 밀접한 연관이 있다. 그리스 델피Delphi의 아폴론 신전을 지키고 있는 나무가 바로 월계수이며, 아폴론 신전에서 피티아Pythia 여사제가 월계수 잎을 씹으면서 환상 중의 신탁을 내리게 되고, 델피에서 열리는 피티아 제전의 승리자에게도 월계수 잎으로 만든 관을 상으로 준다. 고대 올림픽 경기가 열렸던 올림피아의 승리자에게는 올리브 잎으로 만든 관을 주었지만, 아폴론 신전이 있는 델피에서는 피티아 제전의 승리자에게 월계수 관을 상으로 주었다.

아우구스투스 황제는 악티움 해전의 승리로 권력을 장악한 다음, 팔라티노 언덕 위에 아폴론 신전을 지어 바치고 그 신전 바로 옆에 자신의 검소한 거처를 마련했다. 아우구스투스는 자신의 이미지를 아폴론과 겹치게 만들려는 여러 가지 시도를 했다. 자신의 얼굴과 아폴론의 동상을 앞뒤로 찍은 은화를 주조해 자신의 통치가 아폴론의 보호 아래 있음을 드러내기도 했다.

그러나 신중했던 아우구스투스 황제는 스스로 월계수 관을 쓰지 않았다. 스스로 아폴론이 된 것처럼 행동하면 로마 시민들이 도끼눈을 치켜

베르니니, 〈아폴론과 다프네〉(1622~25년), 보르게세 미술관 소장

뜰 것이라는 것을 잘 알고 있었기 때문이다. 로마의 공식 행사 때 아우구스투스 황제는 월계수 관 대신 떡갈나무 잎 관Corona Civica을 쓰고 행진했는데, 이 관은 로마 시민이 전쟁터에서 다른 로마 시민을 구했을 때 명예로 주는 상이었기 때문에 '시민 관'이라고 불렸다. 떡갈나무 잎 관은 로마인들에게 두 번째로 명예로운 상이었다. 가장 명예로운 상은 '풀잎 관Corona Graminea'으로, 로마의 최고 지휘관이 군단 전체를 위기에서 구했을 때 수여했다. 아우구스투스는 권력을 지켜보고 있던 로마 시민들의 마음을 누구보다 정확하게 알고 있었다. 어느 누구도 아우구스투스가 '월계수 관'을 쓰거나 '풀잎 관'을 쓰는 것을 원치 않는다는 것을 꿰뚫어본 그는 대신 '떡갈나무 잎 관'을 쓰고 로마 시민들 사이를 행진했던 것이다. 자세를 낮추어서 민심을 얻으려는 고도로 계산된 행동이었다.

한편 사랑하는 다프네가 월계수로 변해버렸을 때 아폴론은 어떤 생각을 했을까? 다프네의 매몰찬 태도에도 아폴론은 그녀에 대한 사랑을 거두어들이지 않는다.

그대 비록 나의 아내가 될 수 없으나, 그대를 나의 선택된 나무라 부를 것이며, 월계수여, 그대의 푸른 잎은 내 화살통과, 내 리라와 내 이마를 감싸고 있을 것이다. 로마의 영웅들은 그대를 명예의 왕관으로 쓰게 될 것이며, 캄피돌리오 언덕 위로 행진할 때 그들의 백성들은 환호성을 울리게 되리라. 그대의 가지로 장식된 떡갈나무 잎 관을 쓴 충직한 문지기로, 그대는 아우구스투스 황제의 문을 지키게 되리라.**39**

오비디우스는 아폴론과 다프네의 애절한 사랑 이야기 안에 많은 은유를 숨겨놓았다. 기원전 27년 8월 27일, 아우구스투스는 원로원과 로마 시민들로부터 떡갈나무 잎 관을 받아 자신의 문설주에 걸어놓았다. 이 떡갈나무 잎 관을 월계수가 보호한 것은 아폴론 신이 아우구스투스를 보호하고 있다는 뜻이 된다. 내전의 위기 속에서 로마 시민들을 구한 아우구스투스가 신적인 도움을 받고 있다는 뜻도 될 것이다.

그러나 오비디우스는 이 사랑 이야기 속에 또 다른 은유도 숨겨놓았다. 다프네가 아폴론의 사랑을 거부했다는 것은 어떤 의미로 해석될 수 있을까? 로마 시민들이 아우구스투스의 구애를 결국 거절했다는 뜻은 아닐까? 드러내 놓고 거절했다가는 죽음을 면치 못할 것이기 때문에 차라리 월계수 나무로 변해버렸다는 것은 민심이 절대로 황제의 통치를 지지하지 않았다는 뜻이 아닐까? 아폴론과 쿠피도 사이에서 일어난 일은 혹시 아우구스투스와 오비디우스 사이에서 일어났던 불미스러운 충돌을 의미하는 것은 아닐까? 쿠피도를 무시하는 아폴론의 행동과 자신을 로마에서 추방시켰던 아우구스투스의 행동을 일치시킨 것은 아닐까? 로마 시민들의 환심을 사기 위해 친화적인 모습을 보여주었던 아우구스투스가 정작 자신에게는 추방이라는 모진 처벌을 내린 것에 대해, 지금 오비디우스는 은유적인 항의를 하고 있는 것이 아닐까?

우리는 아우구스투스가 만든 평화의 제단과 영묘 앞에서 비운의 궁정 시인 오비디우스의 《변신 이야기》를 읽으며 정치가 문학을 낳고, 반대로 문학이 정치의 가능성과 한계를 지적하는 문학의 황금기를 목격하게 된다. 제국의 영광이 있는 곳에 추방의 눈물이 흘러내렸고, 평화의 제단이라는 이름이 무색할 만큼 로마의 황제는 거대한 군대를 거느려야 했으며, 감히 자신을 아폴론 신이라 칭하던 아우구스투스도 결국에는 자신이 건축한 영묘에 묻혀 흙으로 돌아갔다는 영원한 '변신'의 과정을 목격하게 된다. '영원한 로마'는 사실 영원하지 않았다. 평화의 제단은 결국

나의 로망, 로마

무너져 이제는 관광지가 되었고, 황제의 영묘에서 존중받아야 할 영광의
육체도 결국에는 한 줌의 재로 '변신'해 사라질 뿐이라는 사실을 우리에
게 일깨워주었다.

8장

콜로세움

69년의 대혼란과
권력의 암투

64년 7월 18일, 로마의 여름 더위가 기승을 부리던 그날 밤에 거대한 화마火魔가 로마 도심을 뒤덮었다. 대경기장Circus Maximus에서 시작된 불은 팔라티노 언덕을 타고 넘어 수많은 신전과 바실리카가 도열해 있던 포로 로마노를 집어삼켰다. 때마침 강풍이 불어 화재 진압은 거의 불가능했다. 화재는 6일 동안 속절없이 계속되었고, 로마 도심과 포로 로마노는 완전히 초토화되고 말았다.

　로마가 한 줌의 재로 변해갈 때, 네로 황제는 인근의 휴양 도시 안티움 Antium에 있었다. 화재의 심각성을 깨달은 그는 급히 로마로 돌아왔고, 졸지에 이재민이 된 로마 시민들을 위해 적극적인 구호활동을 펼쳤다. 로마 시민의 입장이 제한되던 공공기관 건물이나 황제의 사유 재산이었던 건물에 화재로 인한 이재민들이 임시 거처를 마련할 수 있도록 배려했다. 또 원활한 식량 배급을 위해 인근 도시들의 곡간을 열도록 조치했다. 그러나 로마 시민들은 평소 폭정을 일삼았던 네로 황제에 대한 나쁜 소문을 퍼트리기 시작했다. 스스로 위대한 시인임을 자처하던 네로 황제가 불타는 로마 시가지를 바라보면서, 트로이 성이 불타는 장면을 빗대어 시를 지었다는 것이다. 민심이 노하면, 아무리 새롭게 선정을 베풀어도 소용이 없는 법이다. 로마 시민들에게 네로는 이미 미운 털이 깊이 박혀 있는 독재자이자 정신이상자에 불과했다.

로마의 역사가 타키투스(56~120년 추정)가 남긴 기록에 의하면, 이 대화재가 발생했을 때 진화를 돕기는커녕 오히려 건물에 방화를 일삼던 청년들이 있었다. 화재를 진압한 네로 황제는 이 방화범들이 로마의 새로운 종교인 그리스도교의 신봉자들이라고 주장했다. 자신에게 쏟아지던 비판을 회피하기 위해 그리스도교도들을 희생양으로 삼은 것이다. 실제로 그리스도교 신도들 중 극소수가 방화를 저지르기도 했으나, 로마인들은 이를 유대인의 소행이라 여겼고, 평소에도 지독했던 반유대주의가 작동하면서 이들을 잔혹하게 핍박한다. 네로 황제는 그들을 산 채로 묶어 가로등에 걸고, 마치 거리를 밝히는 횃불처럼 화형에 처했다.

네로 황제는 가까스로 화재를 진압한 다음, 도시 재건을 위해 대대적인 토목건축 사업을 일으켰다. 이왕 화재로 도시가 잿더미로 변했으니 그 폐허 위에 새로운 로마를 건설하겠다는 포부를 펼친 것이다. 그는 팔라티노 언덕, 에스퀼리노Esquilino 언덕, 첼리오Celio 언덕을 모두 연결하는 거대한 왕궁을 건설하려고 했다. 로마 시민들은 네로가 자기 궁궐을 짓기 위해 의도적으로 화재를 일으켰다고 의심했다. 이렇게 해서 건축된 네로 황제의 궁궐은 도무스 아우레아Domus Aurea로 불렸으니, 이름 하여 '황금의 저택'이나.

황금의 저택은 늪지대 위에 건축되었다. 세 언덕 사이에 위치했으니 황궁이 들어설 만한 곳에는 작은 호수가 있었는데, 네로는 아예 그곳을 인공 호수로 바꾸고 그 주위로 화려한 궁궐을 건축한 것이다. 황금의 저택은 거대한 크기를 자랑했고, 내부는 말 그대로 모두 황금으로 치장되었으며, 빈 공간은 모두 빼어난 그리스 조각으로 채워졌다. 황금의 저택

도무스 아우레아,
즉 황금의 저택 내부의 모습

이 자랑하던 가장 놀라운 예술작품은 다름 아닌 네로 자신의 거대한 동상이었다. 그리스 출신의 조각가 제노도로스Zenodorus가 네로 황제를 태양신 '솔Sol'로 표현한 이 거대한 청동상은 무려 30미터의 크기를 자랑했다. 이 동상은 '네로의 거대한 동상' 혹은 '거대한 네로'란 뜻을 가진 콜로수스 네로니스Colossus Neronis라고 불렸는데, 여기서 콜로세움이라는 이름이 나오게 된다. 말 그대로 '거대한' 원형 경기장이란 뜻이다.

네로는 그리스의 문화와 예술을 광적으로 좋아했다. 직접 그리스를 순행하면서 많은 그리스 조각 작품을 약탈해 왔는데, 지금은 캄피돌리오 박물관에 소장되어 있는 〈캄피돌리오 골 족의 병사〉도 네로가 페르가몬에서 옮겨 온 것이다. 현재 바티칸 박물관에 소장되어 있는 〈라오콘 군상 Laocoön and His Sons〉도 도무스 아우레아 유적지에서 발굴되었다. 네로는 이밖에도 수많은 그리스 조각 작품을 자신이 새로 만든 황금의 저택에 전시했다.

68년부터 로마는 정치적인 격변기를 맞이하게 된다. 속주 히스파니아(지금의 스페인)를 통치하고 있던 갈바Galba 총독이 반란을 일으키면서 시작된 혼란기다. 원로원이 로마로 진군해 오던 갈바 총독을 지지하자, 민심은 급격하게 네로를 떠나게 된다. 자신의 스승이자 정치 참모였던 스토아 철학자 세네카(기원전 4~기원후 65년 추정)에게 자살을 명령하고, 자기 노친까지 살해할 정도로 자기 통제력을 상실했던 네로는 갈바 총독의 반란과 원로원의 배신에 충격을 받고 31살의 젊은 나이에 자살로 생애를 마감한다. 자신을 위대한 시인으로 여겼던 네로는 마지막 순간에 "아, 이세상은 위대한 시인을 잃게 되는구나!"라는 말을 남긴 것으로 유명하다.

68년에 네로가 죽고 난 후, 로마는 더 큰 혼란에 빠져들었다. 새로운 황제를 자임했던 갈바는 7개월을 채 넘기지도 못하고 황실 근위대의 손에 암살을 당했고, 새로 옹립된 오토Otho 황제(69년 1월~69년 4월 통치)는 게르만 군단의 사령관이었던 비텔리우스Aulus Vitellius Germanicus Augustus(69년 4월~69년 12월 통치)가 반란을 일으키고 로마로 진군하자 3개월 만에 자살하고 말았다. 그러나 게르만 군단을 이끌고 쿠데타를 일으킨 비텔리우스 황제도 겨우 8개월 만에 목숨을 잃는다. 로마 시민들이 시리아 군단을 이끌고 진격해 들어오는 새로운 황제의 소문을 듣자마자 너도나도 칼을 휘둘러 비텔리우스를 죽여버렸기 때문이다.

68년에 네로 황제가 자살로 생을 마감한 후 발생한 로마 정치의 대혼란은 시리아 군단의 베스파시아누스 장군에 의해 마감되고, 아우구스투스부터 네로까지 이어지던 율리우스 가문은 역사의 뒤안길로 사라지고 이제 베스파시아누스 황제(69~79년 통치)가 이끄는 플라비아누스 왕조가 로마 황실을 지배하게 되었다.

베스파시아누스 황제의 흉상

베스파시아누스 황제가 권좌에 오른 다음 제일 먼저 내린 결정은 네로 황제가 남긴 역사의 흔적을 지우는 것이었다. 네로가 만든 황금의 저택을 허무는 것이 적폐 청산을 위한 첫 번째 과제였다. 베스파시아누스 황제는 네로의 거대한 왕궁을 철거해버렸고, 네로가 심혈을 기울여 만들었던 인공 호수 위에 거대한 콜로세움을 세우도록 했다. 원래 이 건물의 이름은 암피테아트룸 플라비움Amphitheatrum Flavium, 즉 '플라비아누스 가문의 원형극장'이란 뜻인데, 줄여서 '콜로세움'이라 했다. 거대한 네로의 조각상인 콜로수스 네로니스의 이름을 그대로 남겨 두었다. 율리우스 가문의 마지막 황제 네로가 로마 시민을 괴롭혔다면, 새로운 황실의 역사를 시작하는 플라비아누스 가문은 시민들에게 즐거움과 오락거리를 제공해줄 것이라는 의도를 공공연하게 드러낸 작명이었다. 72년부터 공사를 시작했지만 베스파시아누스는 79년에 임종했고, 아들 티투스가 이듬해에 콜로세움을 완공했다.

베스파시아누스 황제가 임종했던 79년은 이탈리아에 대 재앙이 닥친 해이기도 했다. 나폴리 인근에서 늘 연기를 뿜어내던 베수비오 화산이 폭발한 것이다. 티투스 황제는 콜로세움의 문을 활짝 열고 대대적인 행사를 개최했다. 새로운 황실의 도래를 축하하고 재난으로 의기소침해 있던 로마 시민들을 위로하기 위해 티투스 황제는 콜로세움에서 '빵과 서커스'를 아낌없이 제공했다.

콜로세움은 로마 건축의 기적이었다. 로마 건축 기술의 백미라고 할 수 있는 아치형 구조를 도입하여 엄청난 건물의 하중을 분산시켰고, 지금도 그 튼튼한 접착력을 자랑하는 시멘트 기술을 적용하여 2,000년의 긴 역사를 견뎌내는 위대한 건축물을 탄생시킨 것이다. 이집트에 피라미드가 있고, 바빌론에 공중 정원이 있었다면, 로마에는 콜로세움이 있었다. 콜로세움의 높이는 약 50미터이고, 긴 타원형으로 된 경기장의 가장 긴 쪽은 무려 188미터에 이른다. 아치형 건물의 원형이라고 할 수 있는 마르켈루스 극장의 구조를 참고해서 내구성을 키웠다. 경기장 천장에는 여름의 뜨거운 태양열을 막아주는 차양인 벨라리움Velarium이 설치되었다.

콜로세움에는 약 5만 명이 앉아서 검투사들의 경기나 해전을 관람할 수 있었다. 놀랍게도 이렇게 많은 관객이 퇴장하는 데 15분도 채 걸리지 않았다고 한다. 로마 시민들은 총 76개의 출입구를 통해 각자 배정받은 좌석으로 신속하게 입장할 수 있었고, 또 행사가 끝나면 지정된 출입구를 통해 신속하게 빠져나갈 수 있었다. 초기에는 네로 황제의 인공 호수에서 수자원을 끌어와 악티움 해전 등의 해상 전투 장면을 재현해 로마 시민들의 갈채를 받았고, 티투스 황제의 동생 도미티아누스 황제(81~96년 통치) 이후부터는 원형 경기장 지하에 여러 개의 방을 만들어 검투사들의 경기에 맹수를 투입할 수 있는 장치를 설치해 보는 재미를 더했다.

플라비아누스 왕조는 새로운 왕조를 창건하는 위업을 달성했지만 정통성 시비에 휘말리곤 했다. 아우구스투스 황제가 창건한 로마 제국을 새로운 플라비아누스 왕조의 이름으로 통치한다는 것은 결코 쉬운 일이 아니었다. 그래서 플라비아누스 왕조의 황제들은 대대적인 토목 사업을 일으키고, 로마 곳곳에 자기 가문의 존재감을 드러내기 위한 많은 건물을 건축한다. 콜로세움이 대표적이지만 티투스 황제의 개선문, 티투스 황제의 경기장(지금의 나보나 광장), 베스파시아누스 황제와 티투스 황제의 신전(캄피돌리오 언덕)을 이런 목적으로 건축했다. 또한 도미티아누스 황제는 팔라티노 언덕 위에 있던 황궁을 거대한 규모로 확장했으며, 마차 경기를 할 수 있을 정도로 큰 황실 정원을 만들기도 했다. 권력의 정통성 문제에 있어 자유롭지 못했던 플라비아누스 왕조의 황제들로서는 그렇게 해서라도 자신들의 존재감과 정통성을 로마 시민들에게 알릴 필요가 있었던 것이다.

69년의 대혼란과 타키투스의《역사》

로마의 역사가 타키투스는 베스파시아누스 황제가 69년의 대혼란을 종식시키고 플라비아누스 가문의 통치를 시작하게 되는 과정을 상세한 기록으로 남겼다. 타키투스는 프랑스 남부의 로마 속주 출신으로,《역사》에서 네로가 자살로 생애를 마친 다음 발생했던 69년의 정치적 혼돈을 담담한 필체로 그려내고 있다. 그는 총 네 권의 역사서를 남겼는데,《역사》를 제외한 세 권의 제목과 주제는 아래와 같다.

· 《연대기Ab excessu divi Augusti》: 아우구스투스 황제의 서거 이후에 벌어진 로마 황실의 역사. 폭정과 광기로 얼룩졌던 로마 제국의 초기 역사를 통해 위대한 창건자 아우구스투스 이후에 등장한 황제들이 얼마나 타락했으며, 권력의 암투가 얼마나 처절하게 펼쳐졌는지를 현미경처럼 자세히 분석했다는 점이 돋보인다.

· 《게르마니아De origine et situ Germanorum》: 로마인의 입장에서 본 게르만 족의 문화와 풍습에 대한 최초의 민속지적 분석. 게르만 속주의 통치를 위한 지형, 부족의 이름과 위치, 특징적인 생활 방식 등을 고찰하면서 라틴 족과는 달리 정직성과 순수함을 유지하고 있는 게르만 족을 긍정적으로 평가하고 있다.

· 《아그리콜라의 생애De vita et moribus Iulii Agricolae》: 타키투스의 장인이었던 아그리콜라Agricola(40~93년)의 생애를 전기적 관점에서 기술한 책으로, 위대한 인물의 특징과 리더가 갖추어야 할 덕목을 제시한 책. 피렌체의 '책 사냥꾼'이었던 포조 브라촐리니가 독일의 한 수도원 도서관에서 일부분을 발견하여 그 내용이 지금까지 전해지고 있다.

오스트리아 비엔나의 국회의사당 입구에 전시되어 있는 타키투스의 동상

타키투스의《역사》가 다루고 있는 69년의 역사는 네 명의 황제가 차례
로 권좌에 올랐기 때문에 '네 황제의 시대'라고 불리기도 한다. 타키투스
는 황제의 자리에 오르기 위해 네 명의 장군들이 선택하는 집권 과정을
서로 비교하면서, 권력을 잡기 위해 영혼을 파는 황제들의 모습을 적나
라하게 파헤칠 뿐만 아니라 권력을 잡은 후에 망가져 가는 그들의 비참
한 최후를 담담한 필체로 추적한다.

나의 로망, 로마

격동의 시기에 처음으로 권력을 잡은 갈바 황제는 인색함 때문에 패망하고 만다. 이미 33세의 젊은 나이에 로마의 집정관을 역임했고 게르마니아 총독과 아프리카 속지 집정관을 거쳤던 그는 스페인 지역의 총독으로 재임하던 중 권력의 공백이 생긴 로마로 진격하여 권력을 잡았다. 그것은 일종의 쿠데타였다. 율리우스 가문이라는 정통성 있는 왕가를 무너트리고 새로운 왕조를 시작한다는 건 여간 어려운 일이 아니다. 갈바 황제는 자신이 노령임을 강조하면서 로마 시민들을 달랬다. 신속히 후계자를 지명하고 자신은 빠른 시일 내에 권좌에서 물러날 것임을 강조했다. 그러나 막상 권력을 잡자 갈바 황제는 그 권력을 유지하기 위해 온갖 방법을 동원하게 되는데, 타키투스는 이를 '인색함의 통치'라고 명명한다.

갈바는 로마 시민들에게 향락을 엄격히 금지하는 정책을 펼치기 시작했다. 시민들이 네로 황제의 사치와 향락에 환멸을 느꼈던 것을 염두에 둔 조치였다. 그러나 그는 하나만 알고 둘을 알지 못했다. 로마 시민들은 네로 황제의 방만한 국정 운영에 분노를 터트렸지만 새로 등극한 갈바 황제가 그들을 지나치게 통제하고 인색하게 굴자 또다시 적대감을 드러내게 된다.

갈바는 전임 네로 황제가 시민들에게 선심으로 하사했던 22억 세스테르티우스Sestertius(로마 제국의 황동주화)를 회수하겠으니 네로에게서 받은 하사금 중 10퍼센트를 제외한 나머지는 모두 국고로 반납하라는 명령을 내렸다. 이를 위해 로마의 기사 30명을 국고 회수 징수관으로 임명했다. 네로의 향락에 진저리를 치던 시민들이었지만 막상 새로운 황제가 자기들에게 금전적인 손해를 끼치자 격렬하게 반대하게 된다. 로마 정국은 다시 혼란스러워졌고, 결국 갈바 황제는 근위대의 칼에 맞아 죽음을 맞는다. 타키투스는 갈바가 순식간에 몰락한 이유를 이렇게 설명한다.

그 인색한 늙은이 갈바가 아주 작은 관대함을 보이기만 했어도, 틀림없이 그들의 충성심을 회유할 수 있었을 것이다. 오늘날에는 더 이상 통하지 않는 그의 낡은 강직함과 지나친 엄격함이 그를 파멸시켰던 것이다.**40**

다음 황제 오토는 불과 23명의 근위대에 의해 황제로 옹립되었다. 오토 황제는 근위대 병사들에게 더 많은 보수를 주겠노라고 약속하고 통치권을 얻는 데 성공했다. 로마 시민들은 마치 구경거리처럼 갈바의 권력이 무너지고 오토가 새로운 황제로 추대되는 과정을 지켜보았다. 어떤 시민들은 반란을 일으킨 오토를 처단하라고 고함을 질렀고, 또 어떤 사람들은 재미삼아 오토의 황제 등극을 연호하기도 했다. 타키투스는 이 참담한 과정을 담담한 관찰자의 입장에 묘사한다.

수많은 평민들이 이제 팔라티노 언덕의 궁전을 가득 메우고 있었으며, 그중에는 노예들도 섞여 있었다. 그들은 마치 경기장이나 극장에서 어떤 볼거리를 요구하듯이, 오토를 죽이고 공모자를 처벌할 것을 요구하고 있었다. (그러나) 그 요구에는 판단력도, 진실성도 없었다. 왜냐하면 그들은 바로 같은 날 마찬가지로 열렬하게 정반대의 것을 요구하게 될 것이었기 때문이다.**41**

타키투스가 《역사》를 쓴 이유는 권력의 행방에 따라 변해가는 인간의 적나라한 본성을 추적하기 위해서였다. 모든 인간은 각자 자신의 이익을 쫓아 움직인다. 명분은 언제나 구실 좋은 허울일 뿐, 로마 제국의 시민들은 언제나 자신의 이익과 손실을 먼저 따지면서 황제의 이름을 연호할지, 아니면 그에게 돌을 던질지를 결정했다. 이제 권력이 오토에게 넘어가자 로마 시민들은 새로운 황제가 자신들에게 무엇을 줄 것인지 고대하며, 그의 이름을 목청 껏 연호하고 나선다.

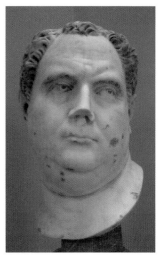

비텔리우스의 두상

오토의 권력 찬탈 소식은 삽시간에 로마 제국 전역으로 퍼져나갔다. 스페인 군단의 장군들이 연달아 황제에 오르자 다른 군단의 장군들도 권력에 대한 욕망을 서슴없이 드러내기 시작한다. 그중에서도 가장 강력한 군사력을 가지고 있던 게르마니아 군단은 오토가 집권하자마자 사령관 비텔리우스를 황제로 선포하고 또다시 쿠데타를 일으킨다. 로마 제국은 로마 도심에서 권력을 잡은 오토와 게르마니아 군단에서 반란을 일으킨 비텔리우스로 양분되었다.

로마의 황제 오토는 게르마니아 전선의 반란을 진압하기 위해 군대를 출정시켜야만 했다. 오토는 모든 로마 원로원에게 게르마니아 전투에 동행하라고 명령했다. 자신이 게르마니아의 반란을 진압하는 동안 원로원들이 로마에서 또 다른 반란을 일으킬까 두려웠던 것이다. 심지어 로마의 치안을 담당하던 경찰 인력도 모두 반란 진압에 투입시켰다. 게르마니아 전선으로 떠나는 오토 황제를 향해 로마 시민들은 환호성을 올렸다. 타키투스는 이날의 광경을 이렇게 냉소적으로 분석한다.

상투적으로 황제에게 아첨하는 말을 외쳐대는 군중들의 함성은 과장되고 진실하지 않았다. 그들은 마치 독재관 카이사르나 황제 아우구스투스에 환호하듯, 앞 다투어 열성적으로 오토를 위해 서원했다. 그것은 두려움이나 애정이 아니라 노예근성이었다. 노예들이 그러하듯, 개인적 동기에 자극될 뿐, 공적인 영예는 값싸게 여겼다.**42**

이제 로마의 오토 황제와 게르마니아의 비텔리우스 황제가 격돌하게 된다. 로마가 내란으로 분열되어 극심한 혼란에 빠져들고 있을 때, 제국의 동쪽에서 이 모습을 조용히 지켜보던 시리아 군단의 사령관이 있었다. 바로 69년의 정치적 대혼란을 종식시키고 최후의 승자가 될 베스파시아누스 장군이다. 그는 오토와 비텔리우스 중 어느 한쪽이 승리를 거두는 순간까지 지켜볼 작정이었다.

베스파시아누스는 전쟁과 무장의 가능성을, 그리고 장래나 현재를 위한 병사들의 상황을 점검하고 있었다. (…) 베스파시아누스는 때론 희망에 고무되었고, 때론 실패를 생각하곤 했다. (…) 제권을 추구하는 사람들에게는 성공과 실패 사이의 중간은 없다.**43**

베스파시아누스가 황제의 자리를 노리며 심사숙고하고 있을 동안, 오토와 비텔리우스의 군사적 충돌은 크레모나Cremona 전투에서 우열이 가려진다. 전투에서 참패하고 만 오토 황제는 자신의 군대 앞에서 권력 포기를 선언하고 자결로 생애를 마친다. 그의 마지막 유언은 이러했다.

나는 후세가 오토를 평가하도록 할 것입니다. (…) 나는 복수도, 위로도 요구하지 않습니다. 다른 사람들은 (황)제권을 나보다 더 오랫동안 유지할지 모르지만, 아무도 그렇게 용기 있게 (황)제권을 포기하지는 못할 것입니다. 그토록 많은 로마의 젊은이와 그렇게 많은 고결한 군대가 다시 쓰러

석양이 지는 콜로세움

지고, 공화국에 손실이 되는 것을 내가 겪어야 합니까? (…) 그렇지만 여러
분은 살아남으십시오.**44**

37살에 불과했던 오토 황제가 자결로 생을 마감하자, 그를 따르던 군
사들은 오토의 화장터에서 서로 자기 대장이 황제의 자리에 올라야 한다
고 다툼을 벌였다. 혼란은 걷잡을 수 없을 정도로 확대되었고, 오토와 비
텔리우스의 충돌은 멀리 로마 시내 안에서도 그대로 재현되었다. 동족과
동족이, 심지어 각자 다른 군단에 소속된 아버지와 아들이 서로 죽고 죽
이는 전투를 벌였다. 타키투스는 인류마저 바닥을 찍었던 그 시대의 혼
란을 이렇게 기록하고 있다.

아들은 죽어가는 아버지를 감싸 안고 비통한 목소리로 아버지의 영혼
이 달래지도록, 자신이 부친살해자로 혐오되지 않도록 간청했다. "이 범죄
는 국가의 것입니다. 한 병사에게 내전에 대한 책임이 얼마나 있단 말입니
까?" 동시에 아들은 시신을 들어올렸고, 땅을 팠으며, 아버지에 대한 마지
막 의무를 이행했다. 가까이 있던 병사들이, 그 후 더욱 많은 병사가 그것
을 알게 되었다. 그러자 온 전선에서 놀람과 한탄, 가장 잔인한 전쟁에 대
한 저주가 쏟아졌다.**45**

그러나 이 가련한 장례식이 채 끝나기도 전에 로마 군인들은 다시 내
편, 네 편으로 나뉘어 서로를 공격하는 것을 멈추지 않았다. 이제 오토를
무찌르고 새로 권력을 잡은 비텔리우스는 게르만 용병들을 거느리고 남
하를 시작했다. 그들은 로마로 행군하는 동안 이탈리아 여러 도시를 공
격하고, 닥치는 대로 전리품을 노획했다. 황제는 이탈리아 사람이었으나

용병들은 게르만 족들이었으니, 그들의 횡포와 약탈은 황제도 막을 길이 없었다. 이탈리아반도를 유린하며 로마로 입성한 비텔리우스는 로마 시민들로부터 '제2의 네로'라는 별명으로 불렀다. 타키투스는 69년의 세 번째 황제 비텔리우스의 모습을 이렇게 전한다.

> (비텔리우스는) 불안하여 방탕한 생활에 빠져 있었다. 그는 무기를 준비하지도 않았고, 연설과 훈련으로 군대를 강화시키지도 않았으며, 대중의 눈앞에 나타나지도 않았고, 음식을 주기만 하면 바닥에 누워 움직이지 않은 게으른 동물들처럼, 정원의 그늘에 숨어 과거·현재·미래 모두를 망각 속에 던져버렸다.**46**

결국 비텔리우스는 로마 시민들의 칼에 위협을 당하면서 캄피돌리오 언덕 위로 끌려간다. 그곳에서 그는 여러 차례 칼에 난자당했고, 한 시민이 범죄자를 처형하는 언덕 위에서 그를 아래로 밀어버렸다. 앞의 두 황제는 각각 근위대에게 암살당하고 자살로 생애를 마쳤는데, 세 번째 황제는 시민들의 칼에 찔리고 절벽에서 떨어져 죽은 것이다.

이 모든 혼란을 종식시킨 시리아 속주의 베스파시아누스 장군이 로마로 귀환하자, 시민들은 이제 다시 그의 주변에 몰려들었다. 그들은 새로운 황제의 이름을 목이 터져라 연호했지만, 그들이 새로운 황제에게 진정으로 요구하는 것은 자신에게 돌아올 이득뿐이었다. 베스파시아누스가 황제로 등극할 수 있었던 이유는 결국 시민들의 이기적인 선택 때문이었다.

> 인간이란 도움을 받는 데 보은하기보다 해 입은 데 보복하는 쪽에 더 쉽

한낮의 콜로세움

사리 기울어진다. 보은을 짐스럽게 여기는 반면, 보복에는 득이 있다고 생
각하는 까닭이다. (…) 로마에서 원로원은 환희와 기대감에 한껏 부풀어
과거 원수들이 관행적으로 누려온 모든 영예를 베스파시아누스에게 부여
했다.**47**

로마 시민들의 환호를 받으며 황제의 자리에 오른 베스파시아누스가
제일 먼저 조치를 취한 행동이 바로 콜로세움의 건축이었다. 콜로세움은
베스파시아누스 황제의 놀라운 정치적 판단력을 보여준다. 그는 로마 시

민들이 무엇을 원하는지 정확히 알고 있었다. 그들은 황제의 거대한 황궁을 아름답게 장식했던 그리스 조각품이 아니라 자신들에게 주어지는 공짜 빵을 바랐고, 반원형 무대에서 펼쳐지는 고상한 그리스의 연극 공연보다 원형 경기장에서 피를 튀기며 싸우는 격투사들의 구경거리를 원했던 것이다.

콜로세움은 로마 제국의 황제가 처했던 냉혹한 현실을 보여준다. 그 거대한 원형 경기장에서 울려 퍼지는 시민의 환호가 멈추는 순간 황제의 권력도 추풍낙엽처럼 바닥으로 내동댕이쳐진다는 사실 말이다. 로마는 콜로세움을 자랑했지만, 그 위대했던 권력도 모래 위에 쌓은 성에 불과했다는 사실을 우리에게 알려주고 있다.

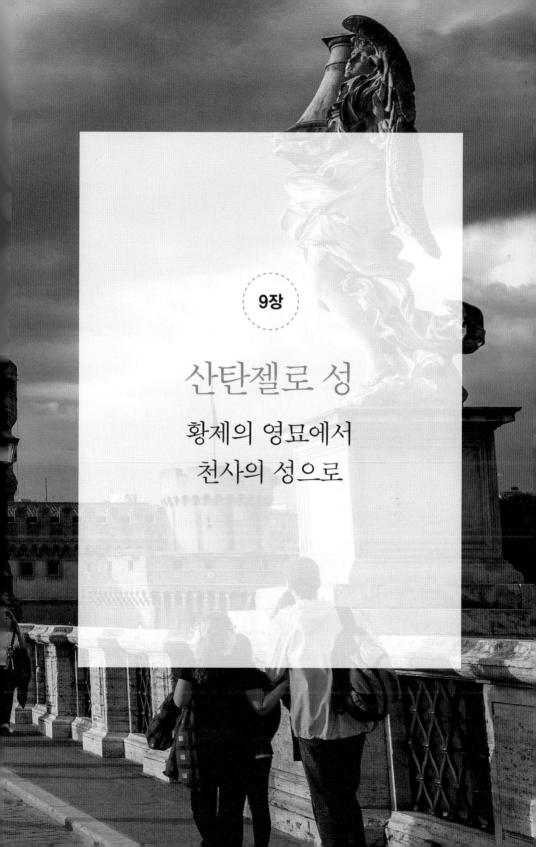

9장

산탄젤로 성
황제의 영묘에서
천사의 성으로

로마는 성지 순례지이기도 하다. 가톨릭 신자들에게 로마는 성 베드로가 순교한 곳이며, 교황님이 계신 곳이기에 지극히 거룩한 곳이다. 가톨릭 교회의 지성소Sancta Sanctorum인 셈인데, 그래서 '영원한 도시Eternal City'라는 별명으로 불린다. 1300년, 교황 보니파키우스 8세Bonifacius VIII(1294~1303년 재위)는 처음으로 대 희년Great Jubilee을 선포해 로마를 가톨릭 교회의 궁극적인 성지순례지로 만들었다. 희년은 매 7년마다 찾아오는 안식년을 일곱 번 지난 그다음 해, 그러니까 50년마다 찾아오는 속죄의 해를 말한다. 그 첫 번째 속죄의 해에 로마를 찾아온 순례자들의 행렬 속에 유명한 인물이 한 명 있었다. 바로 《신곡》의 저자인 단테Dante Alighieri(1265~1321년)다.

35세의 젊은 나이에 피렌체의 최고 통치자의 자리에 오르기도 했던 단테는 1300년에 로마를 방문했고, 그때 처음 시작된 대 희년의 행렬을 《신곡》의 지옥편 제18곡에 기록해놓았다. 살아 있을 때 유혹에 넘어가 지옥의 형벌을 받은 자들이 벌거벗은 채 다리를 건너가는 장면을 묘사하면서 단테는 1300년의 로마에서 보았던 장면을 떠올린다. '산탄젤로 다리'를 건너, 성 베드로 성당으로 걸어가던 순례자 행렬이었다.

이것은 마치 성년(희년)에 군중이 너무 많아

로마 사람들이 그들을 다리 위로

지나가도록 배려했기에

한쪽에는 모두가 이마를 성 쪽으로

돌려 성 베드로 성당으로 가고

다른 쪽에는 산 쪽으로 가는 것과 같았다.**48**

여기서 나오는 '성'은 산탄젤로 성Castel Sant'Angelo, 즉 '천사의 성'을 말한
다. 또 여기서 말하는 '다리'는 지금도 산탄젤로 성과 로마 시내를 연결

단테가 건너갔을 산탄젤로 다리

하는 산탄젤로 다리를 말한다. 그러나 그 성이 사실 처음부터 천사의 성은 아니었다. 그것은 원래 로마 5현제 시대의 위대한 황제 하드리아누스가 만든 황실의 영묘였다. 이미 '건축의 황제'로 소개된 바 있는 하드리아누스는 테베레강 건너편에 있던 아우구스투스 영묘의 매장 공간이 모두 채워지자, 139년에 새로 황실 전용 영묘를 만들었다. 천사의 성은 하드리아누스 황제의 영묘를 개축한 것이다.

하드리아누스는 그리스를 사랑했고, 또 잘생긴 한 남자를 사랑했다. 그는 로마 황제 최초로 수염을 기른 것으로 유명하다. 그리스의 철학자 플라톤이 이상 국가를 건설하기 위해서는 철학자가 왕이 되어야 된다고 주장했는데, 하드리아누스는 수염을 길러 자신이 그 철학자 왕이 되겠다는 다짐을 한다. 후대의 황제들도 하드리아누스의 패션을 따라했다. 그래서 그 뒤를 이은 안토니누스 피우스 황제나 마르쿠스 아우렐리우스 황제 모두 수염을 멋지게 길렀다.

하드리아누스는 건축의 황제답게 직접 건물을 설계하고 건축하는 것을 즐겼다. 제국의 영토 곳곳에 위대한 건축물을 남겼으니, 멀리 북서쪽 스코틀랜드에는 117킬로미터에 달하는 성벽을 세웠고, 동쪽으로는 요르단의 제라시Jerash라는 도시에 거대한 개선문을 건축하기도 했다. 그는 로마 제국 전역에 거대한 발자국처럼 위대한 건축물을 남겼다. 앞에서 살펴보았던 판테온과 베누스-로마 신전도 모두 그의 작품이다.

하드리아누스는 스페인 속주 출신이었지만 양아버지 트라야누스Trajanus(98~117년 통치)가 5현제의 첫 번째 인물인 네르바Nerva(96~98년 통치)에 이어 제위를 계승하게 되면서 단숨에 로마에서 촉망받는 기대주로 부상한다. 트라야누스 황제는 마치 로마의 광개토대왕 같은 인물로, 그가 통치하던 시기에 로마 제국은 최대의 영토를 확보하게 되었다. 전통적인 로마의 귀족 가문 출신일 뿐만 아니라 군인들 사이에서도 인기가 높았던 트라야누스 덕분에 양아들 하드리아누스는 일찍부터 공식 후계자로 인정받았다.

트라야누스 황제는 24살의 양아들 하드리아누스와 자신의 사촌 형제

하드리아누스 황제, 로마 바티칸 박물관 소장

의 딸인 사비나Sabina를 결혼시켜 미래를 도모했다. 물론 이런 정치적으로 계산된 결혼에서 가장 불행한 사람은 결혼의 당사자들일 것이다. 역사가들이 하드리아누스의 결혼은 사랑의 결과가 아니었다고 공언할 만큼 두 사람의 결합은 정치적이었으니, 두 사람은 장차 애정 없는 결혼의 대가를 톡톡히 치르게 된다.

113년에 건축된 이후 로마 도심에 둥근 그림자를 드리우고 있는 트라야누스 황제의 원주는 트라야누스와 그의 양자 하드리아누스가 다키아Dacia를 원정한 기록을 조각으로 표현한 작품이다. 다키아는 지금의 루마니아로, 로마 제국의 변방 국가였다. 12만 명의 대군을 이끌고 실질적으로 다키아 원정을 지휘한 인물은 하드리아누스였다. 기록에 따르면 하드리아누스 장군은 전쟁터에서 절대로 편안한 사륜마차나 황실이 사용하던 이동용 막사를 이용하지 않았고, 항상 걷거나 말을 타고 행군을 해서 로마 군인들의 칭송을 받았다. 또한 투구를 쓰지 않는 것으로 유명했다. 누구든지 자신을 알아볼 수 있도록, 혹독한 추위가 몰아닥치는 게르

만 숲을 지날 때나 작열하는 한낮의 이집트 사막을 행군할 때도 항상 맨얼굴을 드러낸 채였다. 솔선수범하던 장군의 지휘 앞에 수적으로 우세를 유지하던 다키아는 단숨에 무릎을 꿇고 말았다. 트라야누스 황제는 원정을 마치고 개선한 하드리아누스 장군에게 친히 다이아몬드 반지를 손가락에 끼워주면서 그를 공식 후계자로 선포했다.

117년에 황제로 취임한 하드리아누스는 자신이 묻힐 영묘를 미리 준비해야만 했다. 왜냐하면 아우구스투스 황제의 영묘는 네르바 황제가 마지막으로 묻힘으로써 더 이상 매장할 수 있는 공간이 없었기 때문이다. 하드리아누스 황제 시대의 기록이 원로원에 의해 멸실되었기 때문에 영묘 건축에 관한 기록은 자세히 남아 있지 않다. 그는 아우구스투스의 영묘에서 멀지 않은 곳에 새 영묘의 자리를 잡았는데, 테베레강 건너편을 선택해서 로마 시민들의 반감을 무마하려고 한 모양이다. 당시까지만 해

건너편에 보이는 산탄젤로 성

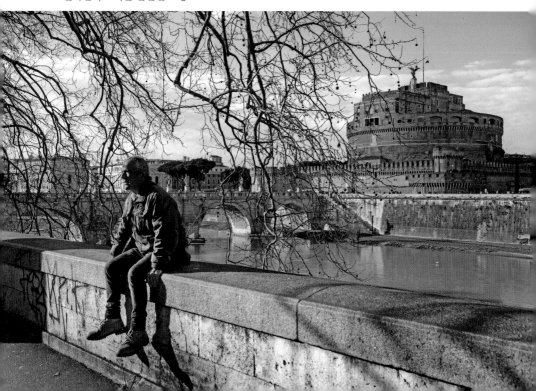

도 로마인들에게 강 건너편은 도심에서 멀리 떨어져 외진 곳으로 인식되어 있었다.

139년에 완공된 이 영묘의 최초의 입주자는 한 해 먼저 죽어 이미 한 줌의 가루로 변한 하드리아누스 황제 자신이었다. 하드리아누스가 건축한 영묘에 최후로 묻힌 황제는 카라칼라였다. 그는 217년에 임종했다. 하드리아누스 황제가 만든 영묘는 78년간 로마 황제의 영면을 위한 곳으로 사용되었다. 그 이후에 하드리아누스 황제의 영묘는 로마 성벽의 부분으로 포함되었고, 성벽 위에서 보초를 서는 군인들의 막사로 사용되기도 했다. 영묘 주변에 적의 공격을 막기 위한 해자垓字가 설치되기도 했다. 그렇다면 로마 황제의 무덤이 왜 천사의 성으로 바뀌어 '산탄젤로'라 불리게 되었을까?

이야기는 590년으로 흘러간다. 당시 로마에는 극심한 전염병이 창궐했고 많은 로마 시민들이 이유도 모른 채 죽어 나갔다. 교황 그레고리우스 대제Gregorius I(590~604년 재위)는 성모자상이 그려진 성화聖畫를 들고 로마 시내를 행진하며 전염병으로 고통받던 시민들을 위로하고 있었다. 그런데 로마 성벽 수비대 건물로 사용되던 황제의 영묘 꼭대기에 칼을 들고 서 있는 대천사장 미카엘이 나타났다고 한다. 교황은 그것을 재난에 빠진 로마를 구해주겠다는 하느님의 계시라 여겼고, 그때부터 천사가 나타난 곳이라 하여 '천사의 성'이라 불리게 되었다. 그레고리우스 대제가 들고 행진했던 성모자상은 지금도 산타 마리아 마조레 성당에 〈로마 시민들의 건강을 지켜주는Salus Populi Romani 성모자상〉이라는 이름으로 보존되어 있다.

산탄젤로 성은 중세 시대에 로마 성벽의 일부로 포함되면서 서서히 역사의 뒤안길로 사라지게 된다. 그러나 중세 말기에 접어들면서, 성 베드

테베레강 건너편에서 바라본 산탄젤로 성

로 대성당과 인접해 있다는 지리적 특징과 튼튼한 건축학적 구조 덕분에
교황청의 건물로 다시 편입되기에 이른다. 초기에는 교황청 감옥으로 사
용되었는데, 이곳에 갇힌 가장 유명한 죄수는 이단 혐의를 뒤집어쓰고
사형을 당했던 조르다노 브루노Giordano Bruno(1548~1600년)다. 그는 산탄
젤로 감옥에 6년간 갇혀 있다가 지동설을 포함한 이단적인 견해를 펼쳤
다는 이유로 목숨을 잃었다.

　1527년에 로마가 신성로마 제국 황제 카를 5세(1519~1556년 통치)로부
터 군사 공격을 당했을 때, 당시 교황 클레멘스 7세Clemens VII(1523~1534년
재위)가 한창 공사가 진행 중이던 성 베드로 대성당을 뒤로하고 급히 도

망쳤던 곳이 바로 산탄젤로 성이었다. 하드리아누스 황제가 워낙 건물을 튼튼하게 지었고, 건물의 안과 밖에 해자가 있어 어떤 외부의 공격도 막아낼 수 있었기 때문에 교황은 이곳을 도피처로 삼았다. 산탄젤로 성의 철통같은 구조 때문에 르네상스 시대 교황들은 그 안에 임시 거처를 마련하기도 했다. 피렌체 메디치 가문 출신의 교황 레오 10세(1513~1521년 재위)는 산탄젤로 성채 안에 작은 성당을 만들었고, 그 뒤를 이었던 교황 바오로 3세(1534~1549년 재위)는 아예 교황의 숙소를 그곳으로 옮기기도 했다.

지금 '산탄젤로 다리'로 불리는 테베레강 위의 다리를 만든 사람도 하드리아누스 황제였다. 단테의 《신곡》에 언급된 바로 그 다리다. 산탄젤로 다리를 건너 로마 시내 쪽으로 가면 비교적 작은 건물들이 모여 마을을 이루고 있다. 이 지역을 '산탄젤로 구역'이라 부르는데, 르네상스 시대에 피렌체 출신 예술가들이 거주했던 곳으로 유명하고, 특별히 미켈란젤로의 공방이 있던 곳으로 더 유명하다.

하드리아누스 황제가 지명한 후계자 마르쿠스 아우렐리우스

5현제 시대의 위대한 통치자 하드리아누스는 후손을 보지 못하고 죽었다. 정략적인 결혼을 해야만 했던 황제는 아내에게 특별한 관심을 보이지 않았고, 무엇보다 그는 남자를 사랑하던 남자였다. 당시 로마의 원로원은 친족 후계자를 보지 못해, '죽고 싶었으나 죽을 수 없었던' 하드리아누스 황제의 말년을 안타까운 마음으로 지켜보았다고 한다. 하드리아누스는 대신 안토니누스 피우스를 후계자로 지정하고, 마르쿠스 아우렐리우스를 양자로 입양하는 조건을 내걸었다. 그러니까 안토니누스 피우스가 황제가 된 이유는 순전히 마르쿠스 아우렐리우스를 황제 감으로 알아본 하드리아누스 황제의 판단 때문이었다. 마르쿠스 아우렐리우스는 어릴 때부터 진리를 탐구하는 정신이 강해, 하드리아누스 황제로부터 "진리를 사랑하는 안니우스"로 불릴 정도로 탁월한 자질을 보였다.

엉겁결에 황제로 등극한 안토니누스 피우스는 사람들의 기대를 뛰어넘는 선정을 펼쳐, 로마 시민들의 찬탄을 한 몸에 받게 된다. 앞에서 설명했듯 그의 이름에 '피우스'라는 별명이 붙게 된 것은, 그가 보여준 양

마르쿠스 아우렐리우스 황제의 기마상이 있는 캄피돌리오 광장

나의 로망, 로마

아버지 하드리아누스 황제에 대한 충성심 때문이었다. 그는 로마의 원로원 의원들이 하드리아누스 신전을 지어 바치고 그를 신의 반열에 올리는 것에 반대하자, 황제의 자리에서 스스로 물러나겠다면서 항의했다. 결국 원로원은 안토니누스 피우스의 의견을 받아들이게 된다. 안토니누스 피우스는 양아버지 하드리아누스의 유언도 잘 받들었다. 자신이 양아들로 입양한 마르쿠스 아우렐리우스를 잘 교육시켜, 장차 로마 제국을 이끌 동량으로 성장시킨 것이다.

마르쿠스 아우렐리우스는 5현제 시대의 마지막 황제로 161년부터 180년까지 로마 제국을 통치했다. 통치기간 내내 마르쿠스 아우렐리우스는 브리타니아, 파르티아, 그리고 다뉴브강 북쪽 게르만 족의 반란을 진압해야만 했다. 결국 그는 지금의 오스트리아와 헝가리 지역인 판노니아의 반란을 진압하기 위해 출전했다가, 180년 3월 비엔나 인근에서 60년을 향유했던 생을 마감했다. 그의 임종으로 로마 역사의 최전성기였던 5현제 시대가 마감된다.

마르쿠스 아우렐리우스 황제가 쓴 《명상록》은 게르마니아 전선에서 그리스어로 쓴 개인 비망록이다. 황제가 자기 자신을 수양하기 위해 쓴 책이기 때문에, 후대 사람들은 마르쿠스 아우렐리우스의 책에 '자기 자신에게ta eis heauton'라는 제목을 붙이기도 했다.

《명상록》 1권의 내용은 모두 같은 문장 구조로 시작되고 끝난다. "나는, 아무개 덕분에, 이런저런 덕목을 갖추게 되었다"라는 문장 구조다. 마르쿠스 아우렐리우스는 자기 자신에게 글을 쓰면서, 지금 자신의 모습을 만들어준 주위 사람들에게 감사를 표시하고 있다. 무엇보다 그는 자신에게 가르침을 베푼 스승들과 양아버지 안토니누스 피우스에게 깊은 감사의 마음을 전하고 있다.

루스티쿠스 스승으로부터 나는 내 성품에 개선될 점이 있다는 것과 훈련이 더 필요하다는 것을 배우게 되었다. 나는 루스티쿠스 스승으로부터 공연한 말재주를 부리지 말아야 한다는 것을 배웠다. 또한 지나치게 주관적인 글을 쓰거나, 겉만 뻔지르르한 연설을 하지 말아야 한다는 것도 배웠다. 교육을 많이 받은 것처럼 행동하는 것과 과시하기 위해서 자선을 베푸는 행동도 하지 말아야 한다는 것도 배웠다. 또한 지나친 변증술을 구사하거나 공허한 시, 기교가 넘치는 글을 쓰는 것을 경계하게 되었다.[49]

양아버지 안토니누스 피우스에 대한 감사를 표하는 부분을 보면, 그 표현 자체로 감동적이다.

나는 내 부친의 모습을 통해서 성품이 더 온화해지는 법을 배웠고, 심사숙고한 후에 내린 결론에 대해서는 어떤 일이 있어도 꼭 그것을 지키는 결단을 배우게 되었다. 그 분은 언제나 자신을 다른 시민들과 동등하게 간주했다. 다른 사람과 식사를 해야 할 때 그들을 강제로 초청하지 않았고, 외국을 여행할 때 무조건 동행하라고 요구하지 않으셨다. 만약 사정이 있어 모임에 참석하지 못한 사람이 있어도 급한 용무 때문이었다면 그를 나무라지 않으셨다. 그 분은 대중의 갈채와 박수, 신하들의 아첨과 아부를 즉각 차단하셨다. 그는 주위 형편이 허락하는 대로 평범한 삶을 영위하셨다. 부가 허락되어도 교만하게 사용하지 않으셨고, 지나친 소비를 하지 않으셨다. 부가 허락된다면 그것에 대한 집착 없이 사용하셨고, 그렇지 않은 경우에는 부를 탐하지도 않으시는 분이었다. 그 분은 특별한 장점을 가진 사람이 있다면 절대로 시기 질투하지 않고 그를 인정해 주셨다. 언변이 뛰어나거나, 경건한 삶을 살아가는 사람들을 특별히 인정해 주셨다. 그 분은

그들에게 기꺼이 도움을 주셨고, 그들의 재능에 걸맞은 명예를 주셨다.**50**

마르쿠스 아우렐리우스는 스토아 철학자였다. 외적인 쾌락의 추구를 멀리하고 금욕과 극기를 통해 마음의 평정을 유지하는 실천적인 삶을 추구했다. 마르쿠스 아우렐리우스는 이런 스토아 철학과 정치를 연결시킨 최초의 황제 철학자였다. 그리스 문화에 심취했던 하드리아누스는 수염을 기르면서 플라톤의 《국가》에서 제시했던 철학자 황제의 모습을 제시했지만, 마르쿠스 아우렐리우스는 말 그대로 '철학자 황제'였던 것이다. 그는 권력의 속성을 스토아 철학자의 시선으로 꿰뚫어보면서 마음의 평정을 유지하는 방법에 대해서 자기 자신에게 속삭이고 있다.

아침이 밝아 오면, 너 자신에게 말하라. 오늘 또 분주한 사람을 만나게 되리라고. 감사할 줄 모르는 사람, 교만한 사람, 나를 속이려 드는 사람, 질투심이 가득한 사람, 그리고 무뚝뚝한 사람들이 오늘 나를 찾아올 것이라고!**51**

철학자 황제 마르쿠스 아우렐리우스는 정치의 본질을 정확하게 꿰뚫어 보고 있었다. 무엇을 해야 하고 무엇을 하지 말아야 한다는 정치적 판단의 유일한 기준은 '공동체의 이익'이다. 황제는 공동체의 이익을 추구하는 것을 본업으로 삼아야 한다. 나머지는 모두 비본질적인 통치행위이기 때문에, 그것에 대해 자세히 논의하는 것조차 불필요하다. 그것은 그저 시간 낭비일 뿐이고, 자칫 권력의 남용으로 이어질 확률이 높기 때문이다.

다른 사람들의 입장을 고려하느라고 너의 삶을 낭비하지 말라. 공공의 이익이 걸린 문제가 아니라면 신경을 쓰지 말라. 그런 공연한 생각을 하느라 너에게 꼭 필요한 기회를 놓치게 될 테니까. 그 사람이 무얼 하는지, 무슨 말을 하는지, 무슨 생각을 하는지, 무슨 일을 꾸미는지, 그런 일에 신경 쓰지 마라. 이런 일에 신경을 쓰기 시작하면 내가 통치해야 할 본분을 소홀히 할 수 있기 때문이다.**52**

마르쿠스 아우렐리우스 황제는 《명상록》을 통해서 자기 자신에게 말을 걸었다. 그는 권력이 주는 만족감이나 황제의 자리가 주는 기쁨을 모두 허망한 것이라 여겼다. 황제인 그에게도 죽음의 그림자가 드리워져 있고, 유한함이라는 인간의 숙명을 황제도 피할 수 없음을 늘 숙지했던 것이다.

얼마나 많은 의사들이 환자들을 보면서 눈살을 찌푸렸지만 그들도 죽음을 맞이했는지, 늘 명심하라. 얼마나 많은 점성술사들이 다른 사람의 죽음을 예언했지만 결국 그들도 죽을 운명이었다는 것을 기억하라.**53**

결국 죽음은 모든 문제의 해결책이다. 어떤 정치적 난관도 죽음 앞에서 풀리지 않는 것은 없다. 죽음은 우리를 모든 난국에서 해방시키고, 눈앞에서 보이는 것들이 결국 환상에 불과하다는 것을 깨닫게 해준다. 욕망은 허망하고, 쾌락은 일시적이며, 인생은 짧기만 하다.

우리 식탁에 놓인 고기를 볼 때, 이것은 고기의 사체이고, 새나 돼지의 죽은 몸이라고 생각하는 것은 얼마나 멋진 일인가? 우리 식탁에 놓인 팔레르누스 산 포도주는 포도를 짠 액즙이라고 생각하고, 멋진 자색 옷은 양털을 조개 피에 물들인 천 조각일 뿐이라고 생각한다면 얼마나 멋진 일인가? 이런 태도를 견지한다면 우리는 사물의 본질을 꿰뚫어 보는 것이다.[54]

만약에 우리가 마주치는 삶의 순간순간을 이런 식으로 생각하고 절제할 수 있다면 우리 삶은 어떻게 펼쳐질까? 그것은 행복한 삶일까? 아니면 지나친 금욕으로 인한, 또 다른 허무를 만드는 일이 될까? 마르쿠스 아우렐리우스는 인생의 방향을 잃게 만드는 감정의 소용돌이에서 벗어나는 법을《명상록》에서 제시하고 있다. 그는 이렇게 말한다.

오이가 너무 써요. 그러면 던져버려라. 가시덤불이 길을 막고 있어요. 그럼 비켜가라. 그것으로 충분할 것이다. 왜 이런 일이 세상에서 벌어지는지 묻지 말라.[55]

배우지 못한 사람이 그런 잘못된 행동을 하는 것이 뭐가 이상하고, 또 어떤 해악을 끼쳤단 말인가? 그런 사람들이 그런 잘못을 저지를 것이라고 예상하지 못한 너 자신이 잘못한 것이 아닌가?[56]

마르쿠스 아우렐리우스의《명상록》은 결국 죽음의 문제를 정직하게 대면하는 황제의 다짐으로 끝을 맺는다. 죽음의 그림자는 모든 인간에게 운명처럼 드리워져 있다. 황제도 인간이다. 따라서 마르쿠스 아우렐리우스도 죽음의 운명을 비껴갈 수 없다.

산탄젤로 성의 야경

　너에게 연극 무대를 맡긴 자가 너를 그 무대에서 퇴장시키는 것이다. 너는 '제게 맡겨진 무대는 총 5막인데, 이제 겨우 3막을 끝냈을 뿐입니다'라고 말하지 않았는가? 네 말이 맞다. 그러나 인생의 무대에서는 3막으로 충분할지 모른다. 너에게 무대를 맡긴 자가 그렇게 계획하고 있었던 것이다. 그 계획을 세운 자가 자기 뜻대로 하는 것이다. 네가 그 운명을 바꿀 수 없다. 그러니 지금의 무대에 만족하고 기쁜 마음으로 떠나라. 너를 무대에서 떠나게 한 자는 예의 바르고 친절한 자이다.**57**

　마르쿠스 아우렐리우스 황제가 쓴 《명상록》은 이렇게 끝난다. 스토아 철학자 황제 마르쿠스 아우렐리우스도 결국 죽었고, 양아버지 안토니누스 피우스가 묻혔던 하드리아누스 황제의 영묘에 나란히 묻혔다. 그 옆에는 하드리아누스가 묻혀 있었다. 누구든 주어진 삶에 최선을 다했다면, 후회 없이 떠나야 한다. 아무런 미련을 남기지 말아야 한다. 마르쿠스 아우렐리우스는 그 죽음의 의미를 명상했고, 하드리아누스는 죽음의 전당을 만들었다. 영묘 위에 나타나 전염병으로 죽어가던 로마 시민들을 위로했다는 천사도 사실, '모든 사람은 죽는다'는 말을 하고 싶었는지 모른다.

10장

디오클레티아누스 욕장과 카라칼라 욕장

로마 제국의 쇠퇴

마르쿠스 아우렐리우스가 임종한 후부터 로마는 쇠망의 길로 들어섰다. 영국의 역사가 에드워드 기번Edward Gibbon이 섬세한 관찰과 위트 넘치는 문장으로 파헤쳤던 《로마 제국 쇠망사The History of the Decline and Fall of the Roman Empire》가 실제로 펼쳐지게 된 것이다. 북방 야만족의 로마 침공을 예견한 아우렐리아누스Aurelianus(270~275년 통치) 황제가 3세기 후반에 주도한 '아우렐리아누스 황제의 성벽' 공사는 세계를 주름잡던 로마의 체면을 손상시키기에 충분했다. 이 성벽은 적의 공격으로부터 로마를 지키기 위해 기존의 건축물을 연결하는 날림공사로 완성되었는데, 판테온과 콜로세움을 건축했던 로마의 명성에 오점을 남기는 사건이었다.

275년 아우렐리아누스 황제가 암살로 목숨을 잃은 이후, 로마는 대 혼란기에 접어들었다. 수많은 황제가 잠시 권좌에 올랐다가 독살당하거나, 최측근의 칼에 찔려 목숨을 잃었다. 이런 혼란기에 등장한 황제가 바로 284년부터 305년까지 통치한 디오클레티아누스다. 출신 배경도 독특했고, 행적도 특이했으며, 최후의 모습까지도 다른 황제들과는 완전히 달랐던 인물이다.

디오클레티아누스 황제의 욕장 내부

    디오클레티아누스는 달마티아(지금의 발칸반도) 출신으로, 해방노예의 집안에서 태어났다. 그가 갈리아 지역에서 군인으로 복무하고 있을 때, 유럽의 토속종교인 드루이드교Druid 여사제가 "당신은 언젠가 멧돼지를 죽이고 황제가 될 것"이라고 예언했다고 한다. 실제로 그는 284년에 전임 황제를 살해했던 근위대장 아페르를 처형하고 황제 자리에 오르게 된다. 그가 죽인 아페르가 바로 '멧돼지'라는 이름의 뜻을 가지고 있다.

    그는 황제로 취임한 다음 파격적인 통치의 행보를 이어갔다. 먼저 종신제였던 황제의 임기를 20년으로 제한했고, 본인 스스로 그 약속을 지키기 위해 20년의 임기 후에 은퇴를 결행했다. 또한 제국의 수도를 밀라노와 소아시아의 니코메디아 두 곳으로 나눠버렸다. 로마 제국의 수도가 두 개가 되었다는 것은 로마 제국 자체를 동서로 양분했다는 것이다. 또한 디오클레티아누스 황제는 행정의 달인이었다. 앞에서 보았듯 거대한 로마 제국의 영토를 사등분해 '사두정치' 체제를 시행함으로써, 그동안 쌓여갔던 행정의 비효율을 적극적으로 개선해나갔다.

그는 로마 제국이 당면하고 있는 위기의 핵심은 엉망이 된 화폐 제도와 세금 징수의 비효율성 때문이라고 보았다. 그저 인기를 얻으려는 전임 황제들의 선심 정책은 화폐의 무분별한 발행을 부추겼다. 무조건 화폐를 찍어내기에 급급했던 황제들은 이른바 '3세기의 위기'를 촉발했다. 결국 로마 화폐의 기준점이 되었던 데나리우스Denarius는 점점 그 가치를 잃어갔다. 국가 재정의 수요 때문에 황제들은 은의 순도를 떨어뜨리면서 더 많은 은화를 계속 찍어냈고, 결국 화폐 가치가 떨어지면서 물가는 반등했으며, 로마 시민들의 삶은 도탄에 빠져들게 된다.

그래서 디오클레티아누스 황제는 과감한 화폐 개혁을 실시했다. 301년, 그는 100데나리우스를 1아르젠테우스Argenteus로 교환하는 화폐 개혁을 전격적으로 발표했다. 기존 화폐와 새 화폐를 100대 1로 교환하는 것이다. 또한 약 1,000개 물품의 최고 가격을 공시함으로써, 무분별한 물가 상승과 가격 담합을 금지시켰다. 그래서 디오클레티아누스가 반포한 301년의 이 칙령을 '물가 제한 칙령Edictum de Pretiis Rerum Venalium'이라고 부른다.

디오클레티아누스 황제의 전격적인 화폐 개혁과 강제적인 물가 조절 정책은 결국 실패로 돌아갔다. 우선 상인들이 터무니없이 낮게 책정된 물품의 가격을 맞추지 못해 아예 생산을 포기하기에 이르렀고, 새로운 화폐가 기존 화폐와 함께 사용되면서 인플레이션을 부추겼기 때문이다. 무엇보다 로마 군인들이 받을 수 있는 최고 임금에 제한을 두면서 군인들의 엄청난 반발을 불러일으켰다. 경제학자 애덤 스미스Adam Smith는 '보이지 않는 손'에 의해 통제될 때 경제가 활력을 얻는다고 했지만, 디오클레티아누스 황제의 손은 너무 잘 보였고, 로마 시민들은 황제의 손이 자신들의 멱살을 쥐고 흔든다고 생각했다.

당황한 디오클레티아누스 황제는 시민들과 군인들의 시선을 엉뚱한 방향으로 돌리는 노회한 정치적 역량을 보여준다. 그리스도교에 대한 대대적인 박해를 통해 불만 세력을 잠재우는 책략이었다. 그는 황제인 자신을 유피테르에 비유하고 부제를 헤라클레스의 이미지로 승격시키면서 모든 로마 시민들에게 유피테르와 헤라클레스를 섬기라고 명령했다. 그러나 이러한 황제 신격화에 반발하는 집단이 있었으니, 바로 예수의 십자가와 부활을 믿는 그리스도교 교인들이었다. 디오클레티아누스는 그

티볼리 지역에서 로마로 풍부한 수자원을 공급했던 클라우디우스 수도교.
거대한 욕장과 수많은 분수의 물을 공급하기 위해 로마 황제들은
앞다투어 수도교를 건축했다.

들의 모든 법적 권리를 박탈하고, 의무적으로 유피테르와 헤라클레스 경배 의식에 참여하라고 명령했다. 이를 어기는 자들에게는 무자비한 폭력이 가해졌다. 특히 황제가 직접 통치하던 제국의 동쪽 지역에서 대대적인 박해가 가해졌다. 303년부터 312년까지 이어진 그리스도교 대 박해는 313년 콘스탄티누스의 '밀라노 칙령Edictum Mediolanense'으로 종결될 때까지 줄기차게 지속되었다.

본인을 유피테르 신에 비유했던 디오클레티아누스 황제는 로마 시민들을 압도할 수 있는 거대한 건축물이 필요했다. 그래서 거대한 욕장을 지었는데 이것이 바로 로마의 테르미니 역 앞에 서 있는 '디오클레티아누스 욕장'이다. 박해를 받던 그리스도교 교인 1만여 명이 강제 동원되어 건축한 이 거대한 욕장은 로마 최고의 크기와 화려한 내부 장식을 자랑했다. 현재 남아 있는 유적지는 원래 욕장의 일부분에 불과하다. 지금 로마 최고급 호텔 중의 하나인 팔라초 나이아디 호텔을 끼고 있는 레푸블리카Reppublica 광장 전체가 원래는 욕장의 내부였을 정도다. 디오클레티아누스 욕장은 무려 3,000명이 한꺼번에 목욕을 할 수 있는 엄청난 규모를 자랑했다.

이 욕장은 로마 제국이 붕괴된 후 폐허로 남아 있다가, 1561년 교황 피우스 4세Pius IV(1559~1565년 재위)의 지시에 의해 미켈란젤로가 성당으로 복원시켰다. 86세의 노인 미켈란젤로가 마지막으로 심혈을 기울인 작품 중의 하나로, 이곳에서 황제의 욕장을 짓기 위해 강제 동원되었던 그리스도교 교인들의 영혼을 위로하기 위해 성당 이름을 '천사와 순교자들의 산타 마리아 성당Santa Maria degli Angeli e dei Martiri'이라고 붙였다.

한편 디오클레티아누스 황제는 본인이 정한 법률대로 20년의 황제 임기를 마친 후에 고향으로 돌아갔다. 지금의 크로아티아 해변에 있는 스

팔라툼(현재 스플리트)에 별장을 짓고, 마지막 여생을 그곳에서 보내다가 313년에 조용히 임종했다. 로마 제국 황제들의 역사에 보기 드문 해피엔 딩이었다.

카라칼라 황제는 왜 욕장을 세웠을까

디오클레티아누스만 거대한 욕장을 세운 건 아니다. 레오나르도 다빈 치 공항에서 기차를 타고 로마 시내로 들어오는 사람들이 처음 보게 되 는 유적지가 디오클레티아누스의 욕장이라면, 택시나 버스를 타고 로마 로 입성하는 사람들이 제일 먼저 보게 되는 유적지는 카라칼라 황제의 욕장Terme di Caracalla이다. 로마 시내로 진입하자마자 거대한 벽돌 건물들 이 조명을 받으며 서 있는데, 이것이 디오클레티아누스의 욕장에 이어 두 번째로 큰 카라칼라의 욕장이다. 비록 크기는 두 번째지만 역사로 따 지면 카라칼라 욕장이 더 오래되었다. 디오클레티아누스는 216년에 완 성된 카라칼라의 욕장을 참고해 자신의 욕장을 건설했다.

카라칼라가 아버지 셉티미우스 세베루스 황제의 명을 받고 이 거대한 욕장을 건축한 이유는 디오클레티아누스의 의도와 동일하다. 로마 시민 들의 환심을 사고 싶었기 때문이었다. 디오클레티아누스처럼 세베루스 가문도 정통 로마인이 아니었다. 디오클레티아누스가 지금의 크로아티 아 출신이었다면 세베루스는 북아프리카의 리비아 출신이었다. 셉티미 우스 세베루스 황제는 다섯 명의 황제가 교체되던 193년의 대 혼란기를 수습하고 황제의 자리에 등극했던 입지전적인 인물이다. 그는 자신의 정 권을 안정시키기 위해서 외부의 영토 확장 정책을 고수했고, 197년에는 티그리스Tigris강까지 진출하여 페르시아 제국을 굴복시키는 공을 세웠

카라칼라 황제의 흉상, 나폴리 국립 고고학
박물관 소장

다. 세베루스 가문의 위용은 포로 로마노 끝에 자리 잡고 있는 거대한 '셉티무스 세베루스 황제의 개선문'을 통해서 확인할 수 있다.

셉티미우스 세베루스 황제는 영국에 원정 갔다가 그곳에서 사망했고(211년), 권력은 큰아들 카라칼라에게로 이어졌다. 그러나 카라칼라 황제의 통치는 순탄치 않게 출발했다. 현존하는 카라칼라의 흉상을 보면, 그의 난폭한 성격이 그대로 드러나 있다. 수염을 기른 철학자의 모습을 선호하던 선대 황제들과는 달리 카라칼라는 강인한 정신을 가진 군인으로 묘사되는 것을 선호했다. 마케도니아의 알렉산드로스 대왕을 지나치게 흠모해 자신의 로마 군단을 그리스의 창기병 체제로 전환하기까지 하면서, 강력한 군대를 수하에 거느린 '군인 대왕'의 모습을 추구했다. 그의 폭정은 공동 황제였던 동생 게타를 죽이면서 절정에 달했다. 동생을 죽이고 권력을 독점하게 된 그는 앞에서 본 것처럼 모든 로마의 공공 기록에서 게타에 대한 언급과 이미지를 삭제하도록 명령했고, 2만 명에 달하던 동생의 추종자들을 한꺼번에 처형해버렸다.

카라칼라는 자신의 권력 기반인 로마 군인들의 환심을 사기 위해 두 가지 특단의 조치를 감행했다. 먼저 212년에는 제국의 영토 안에 거주하던 모든 자유민에게 로마 시민권을 부여했다. 그때까지 로마의 시민권은 이탈리아반도에 사는 자유민에게만 선택적으로 주어졌는데, 카라칼라는 그 대상을 제국 영토 내의 모든 자유민에게로 확대시킨 것이다. 이는 로마 군인들에게 더 많은 보수를 주려는 고육지책이었다. 로마 군인에게 지급하던 보수를 50퍼센트 인상시키기 위해, 세금을 납부할 수 있는 시민의 숫자를 인위적으로 늘린 것이다.

카라칼라의 부친 셉티미우스 세베루스 황제는 죽기 전에 "군사들의 기분을 잘 맞춰주고, 나머지는 신경 쓰지 마라"라는 마지막 유언을 남겼다. 카라칼라는 아버지의 유언을 받들어 로마 군사들에게 지나친 호의를 베풀었다. 또한 후대의 디오클레티아누스처럼 카라칼라 황제도 화폐 개혁

콜로세움에
전시되어 있는
카라칼라 황제의 사진

카라칼라 욕장의 모습

을 단행했지만, 데나리우스의 은 순도가 계속 떨어짐으로써 결국 실패로
끝나고 만다. 로마 시민들이 은의 순도가 조금이라도 더 높았던 이전의
화폐를 고집했기 때문이다.

　카라칼라 황제가 시도했던 두 번째 인기 정책은 거대한 욕장의 건설이
었다. 216년에 개장한 카라칼라의 욕장은 1,600명이 동시에 입장할 수
있었으며, 모든 사람이 무료로 이용할 수 있었다. 일반 시민들까지도 아
무런 제한 없이 목욕과 독서, 스포츠를 즐길 수 있었지만, 실내 장식은
로마 최고 수준을 자랑했다. 현재 나폴리 국립 고고학 박물관에 소장되
어 있는 거대한 〈파르네세 황소Toro Farnese〉와 〈파르네세 헤라클레스Farnese
Hercules〉는 모두 카라칼라 욕장의 내부를 장식하던 거대한 예술품이었다.
피렌체의 산타 트리니타Santa Trinita 광장 한복판을 차지하고 있는 〈정의의 기둥la Colonna della Giustizia)도 원래 카라칼라 욕장을 떠받들던 250여 개 기둥 중에 하나를 옮겨 놓은 것이다.

그러나 카라칼라 황제의 최후는 비참했다. 그는 파르티아와의 전쟁을 종결시키기 위해 터키 남부 지역에서 지리멸렬한 전투를 치르고 있었다. 카라칼라는 부근에 있는 유명한 신전을 방문하러 갔다가, 잠시 소변을 보기 위해 혼자 한적한 곳을 찾고 있었다. 이때 승진에서 제외된 한 로마 군사가 원한의 칼로 카라칼라의 급소를 찔러버렸다. 결국 그는 그토록 환심을 사려고 했던 로마 군인의 칼에 찔려 목숨을 잃게 되었다.

디오클레티아누스 욕장에서 만나는 세네카

현재 디오클레티아누스 욕장은 미켈란젤로가 보수한 '천사와 순교자

디오클레티아누스 황제의 욕장에 걸려 있는 그노티 세아우톤(너 자신을 알라) 벽화

들의 산타 마리아 성당'과 박물관으로 사용되고 있다. 테르미니 역에서 3분 거리에 있기 때문에 쉽게 방문할 수 있는 곳이다. 박물관으로 사용되고 있다고 하지만, 실내에는 장식이나 전시물이 거의 없다. 텅 비어 있기 때문에, 우리는 박물관에서 욕장의 원래 크기를 가늠해볼 수 있다. 3,000명이 한꺼번에 사용할 수 있었다는 거대한 욕장에는 이제 침묵만이 흐르고 있다. 로마 시민들이 주고받았던 그 수다스러운 대화는 잦아들었고, 이제는 바늘이 떨어지는 소리도 들릴 것 같은 적막감이 욕장을 가득 채우고 있다.

이 디오클레티아누스 욕장 박물관의 한 벽면에는 인상적인 모자이크화가 덩그러니 전시되어 있다. 해골이 풀밭에 누워 있고, 그 밑에 "그노티 세아우톤Gnothi seauton", 즉 '너 자신을 알라'는 고대 그리스의 표준 신탁이 모자이크화로 그려져 있다. 디오클레티아누스 황제 시대의 욕장 벽면에 이런 그림이 걸려 있었다는 것은 로마 사회의 또 다른 단면을 보여준다. 욕장이 만들어진 이유가 단순히 육체를 아름답게 꾸미고 환락을 즐기기 위해서만은 아님을 보여주는 작품이다.

목욕하기 위해 욕장에서 옷을 벗고 알몸이 되었던 로마 시민들은 햇볕에 그을려 구릿빛으로 변한 자신들의 튼튼한 육체가 결국 저렇게 풀밭에 누워 있는 해골이 된다는 것을 늘 상기했다. 지금 내가 가진 이 튼튼하고 아름다운 육체도 결국에는 땅으로 돌아가리라는 사실을 기억했던 것이다. 로마인들은 외면적으로는 쾌락을 추구했지만, 내면적으로는 스토아적으로 살았다. 쾌락을 추구하면서도 금욕과 절제의 삶이 더 가치 있는 것이라 여겼던 것이다. 스토아적인 삶이란 자기 자신을 아는 것이다. 그래서 모든 사람은 죽는다는 인간의 정해진 운명을 기억하기 위해 디오클레티아누스 욕장의 벽면에 '그노티 세아우톤'이라는 모자이크화가 걸려

에두아르도 바론 곤잘레스, 〈네로 황제와 스승 세네카〉(1904년), 프라도 미술관

있었던 것이다.

로마에서 '그노티 세아우톤'은 스토아 철학의 핵심으로 이해되었다. 원래 그리스로 표현되었던 이 문장이 라틴어 'nosce te ipsum'으로 번역되면서, 그리스의 소크라테스가 강조했던 '숙고하는 삶'의 의미는 로마의 세네카가 강조했던 '잘 죽기 위한 삶'으로 확장된다. '너 자신을 알라'는 그리스에서 숙고하는 삶을 살라는 뜻이었지만, 로마에서 이른바 웰-다잉Well-Dying의 철학으로 발전했다. 그리스에 소크라테스가 있었다면, 로마에는 세네카가 있었다. 이 두 사람은 마치 동전의 양면처럼, 서로 뒤통수를 맞대고 있는 모습으로 함께 조각되기도 했다.

로마를 대표하는 철학자 세네카는 스페인 코르도바에서 출생했지만 로마에서 소년 시절을 보냈고, 스토아 철학의 수련을 받았다. 34세의 늦은 나이에 재무관으로 출세했으나, 41년 클라우디우스 황제의 아내가 선대 황제 칼리굴라의 여동생 율리아 리빌라Julia Livilla(18~41/42년)와 세네카가 간통했다고 고발하는 바람에 인생의 거친 역풍을 맞게 된다. 황실 여성과 불륜을 저질렀다는 혐의를 뒤집어쓴 세네카는 41년부터 49년까지 나폴레옹의 고향으로 유명한 코르시카Corsica섬에서 8년간 유배를 당한다. 척박한 유배지로 쫓겨난 세네카는 그곳에서 스토아 철학의 명저로 꼽히는 여러 글을 남겼다.58

그중에서 가장 애절한 글은 어머니 헬비아Helvia에게 쓴 서한일 것이다. 헬비아는 자랑스러운 아들이 억울한 누명을 쓰고 코르시카섬에 갇혀 지내는 것에 크게 절망하고 있었다. 유배지의 아들은 슬픔에 잠겨 있는 어머니를 이렇게 위로한다.

각자는 각자의 이유로, 살던 고향에서 유리됩니다. 모두에게서 분명한 것은, 태어난 장소에 그대로 머물고 있는 사람은 없다는 것입니다. 인간 종족의 방랑은 멈추지 않습니다. (…) 사실 로마 제국은 망명자를 개국자로 모십니다.59

인간은 태어난 후 언젠가 고향을 떠나기 마련이다. 석가모니는 룸비니Lumbini 꽃동산을 떠나 사르나트Sarnath에서 불법을 설파했고, 예수도 고향 나사렛을 떠나 예루살렘에서 최후를 맞이했다. 로마를 창건했던 아이네아스와 그의 가족들은 불타는 고향 트로이를 떠나왔기에 라티움Latium 땅에 새로 정착할 수 있었다. 세네카 자신도 지금 다른 사람들처럼 고향을 떠나 코르시카에 와 있을 뿐이란 것이다. 세네카는 슬퍼하는 어머니에게 이런 위로의 글을 썼다.

그러므로 활기차게, 똑바로 몸을 세우고, 세상일이 우리를 데려가는 곳이면 어디든지, 흔들림 없는 발걸음으로 걸어갑시다. 어떤 땅이든지 가로질러 가봅시다. 세계 속에 유배지라고 할 수 있는 곳은 없습니다. (…) 태양과 달을 쳐다보는 것이 가능한 한, 그 밖에 별자리들을 응시할 수 있는 한, 별들의 뜨고 짐을, 별들의 주기를, 때로는 좀 더 빠르게, 때로는 좀 더 느리게 운행하는 이유를 조사하고, (…) 별들을 관찰하는 것이 가능한 한, 제가 이런 별들과 함께 있으며 인간에게 허락될 때까지 천상의 것들과 소통할 수 있는 한, (…) 제가 어떤 땅을 밟는 것이 무슨 대수이겠습니까?**60**

세네카가 집필한 '위로 편지 연작' 중, 〈마르키아 여사에게 보내는 위로De Consolatione ad Marciam〉는 죽음을 마주하는 로마인들의 스토아 철학을 대표하는 글이다. 당대 최고의 역사가를 배출했고, 큰 사회적 영향력을 가지고 있던 로마의 명문가 여성 마르키아Marcia 여사는 아들을 잃고 슬픔에서 헤어나지 못한 채 3년을 보냈다. 어머니의 친구이기도 했던 마르키아 여사에게 세네카는 이런 위로의 편지를 보낸다.

울음으로 운명을 극복할 수 있다면 그렇게 합시다. 온종일 통곡하며 지냅시다. 찢어진 가슴을 주먹으로 때리고, 얼굴을 마구 할퀴고, 만약 도움이 된다면 온갖 잔혹한 행위로 슬픔을 가중시킵시다. 하지만 어떤 통곡으로도 망자가 돌아오지 않는다면, 숙명은 불변하여 영원히 고정된 것으로 어떤 탄식으로도 바뀌지 않으며, 죽음이 일단 앗아간 것을 내놓지 않는다면, 쓸데없는 괴로움은 접어둡시다. 그러므로 우리는 자신을 다스립시다.**61**

세네카는 모든 인간에게 확고하게 주어진 운명은 '죽음'이라고 설득한다. 우리가 태어나는 순간 주위 사람들은 함박웃음으로 새로운 생명의 탄생을 기뻐하지만, 정작 태어나는 아기는 울음을 터트린다. 태어난 그 순간이 바로 죽음의 카운트다운이 시작되는 순간이기 때문이다. 세네카의 주옥같은 편지를 계속 읽어보자.

> 그대가 아들의 죽음을 슬퍼한다면, 그 원인은 그가 태어난 순간에 발생했습니다. 죽음은 이미 태어난 순간 선고되었으며, 이 법칙에 따라 그는 태어났고 이 운명은 태중에서부터 그에게 따라붙었습니다. (…) 삶의 일부 때문에 통곡하는 것은 무슨 의미가 있겠습니까? 삶 전체가 통곡의 대상인데 말입니다.**62**

삶 전체가 통곡의 대상이라는 세네카의 이 명문장은 로마의 스토아 철학을 대표하는 글이다. 그렇다면 아들을 잃은 슬픔을 극복하는 방법은 없을까? 삶 전체가 통곡의 대상이라면, 아들의 잃은 슬픔은 극복의 대상이 아니란 말인가? 3년간이나 상복을 입고 아들의 죽음을 애도하던 마르키아 여사에게 세네카는 자신을 속이라고, 연기를 하라고 조언한다. 그것이 바로 아들을 잃은 슬픔을 극복하는 유일한 방법이라고.

> 따라서 치료는 우리에게 달려 있습니다. 망자를 부재자로 생각하여 우리 자신을 속입시다. 우리는 그들을 멀리 떠나보냈으며, 이는 곧 우리도 따라갈 마음으로 앞서 보낸 것입니다.**63**

죽은 아들이 멀리 출타했다고 생각하면서 슬픔을 속이는 방법을 택하란 것이다. 방에 빈 의자를 마련해놓고 언젠가 먼 길을 떠났던 아들이 돌아와 저 의자에 앉으리라는 생각으로 자식을 잃은 슬픔을 속이자는 것이다. 이렇게 망자는 그저 먼 길을 떠난 부재자에 불과하고 우리도 그를 따라서 먼 길로 갈 운명이라고 생각한다면, 우리는 죽음이 주는 이별과 상실의 아픔에서 벗어날 수 있을 것이다. 세네카는 죽음을 슬퍼할 이유가 없다고 단언한다.

> 그러므로 그대는 아들의 무덤으로 달려갈 필요가 없습니다. 무덤에 누워 있는 것은 그의 가장 저열한 부분, 그를 가장 많이 괴롭히던 부분, 뼈와 잿가루, 그의 진정한 부분이 아니라, 의복과 몸을 가리는 덮개입니다. 그는 이미 온전한 모습으로, 자신의 어떤 것도 이 땅에 남기지 않고, 어떤 것도 잃지 않고 떠나갔습니다.**64**

코르시카섬에서 유배의 고통을 견디고 있던 세네카에게 새로운 인생의 전기가 마련되었다. 어린 네로의 모친 아그리피나Agrippina(15~59년)가 세네카를 코르시카에서 석방시키고 장차 황제로 성장하게 될 어린 네로의 가정교사로 임명했기 때문이다. 세네카는 네로 황제의 개인 가정교사이자 정치 참모로 활동하면서 흔치 않은 궁정 경험을 하게 된다. 로마 제국 초기의 황실에서 벌어지는 격동의 세월을 직접 두 눈으로 목격하게 된 것이다.

54년, 클라우디우스가 살해당하고 네로가 로마 제국의 5대 황제로 임명되었다. 세네카는 그때부터 62년까지 네로 황제의 개인 정치 자문관으로 봉직했다. 네로 황제는 65년에 일어난 '피소의 반란' 이전까지는 그래도 비교적 선정을 펼쳤는데, 철학자 세네카의 지도와 정치적 조언이 있었기 때문이었다.

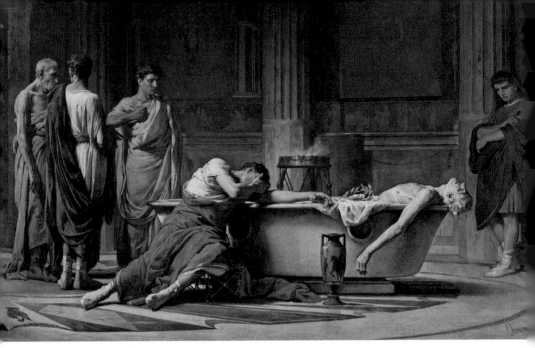

마누엘 도밍게스 산체스, 〈세네카의 자결〉(1871년), 프라도 미술관

세네카의 대표적인 저서는 《도덕서한집》이다. 이 책은 시칠리아의 정치인 루킬리우스Lucilius에게 쓴 124개의 편지로 구성되어 있는데, 스토아 철학자 세네카가 생의 마지막에 쓴 작품이다. 세네카는 루킬리우스를 향해 자신에게로 돌아갈 것을 촉구한다.

가능한 한 자네 자신 속에 침잠해야 하네. 누군가를 사귄다면 자네를 좀 더 나아지게 해주는 사람들을, 집에 초대한다면 자네가 향상시켜 줄 수 있는 사람들을 고르게. (…) 실제로 자네를 이해할 수 있는 사람은 아무도 없다네. (…) "그렇다면 누구를 목표로 나는 이제까지 공부해왔단 말인가?" 이렇게 자네는 묻겠지. 헛되이 노력한 것은 아닌가 하고 걱정할 필요가 없네. 자네는 스스로를 위해 공부한 것이니까.65

세네카는 빛난다고 해서 다 금이 아니듯, 참다운 빛을 발산하는 진정한 인간이 될 것을 촉구한다. 진정한 인간은 무엇을 반사해서 빛나는 것이 아니라 스스로 빛나는 존재가 되어야 한다. 세네카는 주어진 삶에 자족하고, 스스로 물러나 삶을 관조하는 것이 스스로 빛나는 길이라고 보았다.

> 자네야말로 자네 자신에게 골치 아픈 사람일세. (…) 걱정으로부터 자유로워진 삶을 목표로 삼아, 그곳으로 옮겨가려고 하지만 그때마다 지금의 좋은 생활이 자네를 붙드는 것이지. 은퇴를 하려고 해도 마치 진흙투성이 어둠으로 떨어지는 것만 같아서라네. 루킬리우스여, 지금의 생활로부터 그 삶으로 나아가는 일은 향상일세. 빛나는 것과 빛에는 분명 그 차이가 있다네. 빛은 확실한 그 자체의 근원을 가지지만, 빛나는 것은 다른 것으로부터 무언가를 빌리고 나서야 빛날 수 있다네.[66]

피소의 반란이 일어나자 네로 황제의 눈은 뒤집혔고, 주위의 모든 사람들을 잠재적인 황제 암살자로 취급했다. 최측근 참모이자 스승이었던 세네카도 예외가 될 수 없었다. 네로 황제는 세네카가 피소의 반란에 동참했다는 의심을 거두지 않았고, 결국 손목의 혈관을 끊어 자결하라는 명령을 내렸다. 평소 죽음을 두려워하지 않고 죽음을 인생의 한 부분으로 받아들이겠다고 공언했던 세네카는 황제의 명령을 순순히 따랐다. 그러나 워낙 연로한 몸이라 피의 순환이 느렸고, 고대하던 죽음이 찾아오지 않자, 세네카는 다시 독을 마셨다. 그러나 독을 입에 부어넣었는데도 여전히 죽음의 발걸음은 그를 찾아오지 않았다.

결국 세네카는 마지막으로 목욕을 한다. 따뜻한 물에 몸을 담그면 피의 순환이 촉진되기 때문이었다. 세네카는 따뜻한 물로 목욕을 하면서 임종을 맞이했다. 디오클레티아누스 황제의 욕장에 걸려 있던 그림처럼, 인생이라는 것이 결국 풀밭에 누워 있는 해골 같다는 것을 절감하면서 그렇게 최후를 맞이했다. 마지막 숨을 거두던 세네카는 '너 자신을 알라' 는 스토아 철학의 명구를 떠올렸을 것이다.

3부

중세 로마와 제국의 부활, 르네상스

11장

콘스탄티누스 황제의 개선문

제국의 종교

포로 로마노의 '성스러운 길Via Sacra'과 '승리의 길Via Triumphalis'이 만나는 지점, 그러니까 콜로세움과 팔라티노 언덕 사이에 거대한 개선문이 우뚝 솟아 있다. 바로 312년, 막센티우스 황제를 밀비오 다리Ponte Milvio 전투에서 무찌르고 로마의 황제 자리에 오른 '콘스탄티누스의 개선문'이다.

앞에서 우리는 디오클레티아누스 황제가 시작한 사두정치에 대해 알아보았다. 로마 제국을 동서로 나누고, 또 양쪽을 황제와 부제의 통치 지역으로 나눔으로써 거대한 제국을 네 개 지역으로 분할하여 통치하는 방식이다. 이런 제도는 행정과 통치의 효율성을 증대시키기는 했지만, 적지 않은 정치적 혼란과 불확실성을 야기했다. 네 명의 통치자들이 벌이는 권력 경쟁이 가장 심각한 문제였지만, 후계자 선정을 둘러싼 정치적인 불투명성도 큰 혼란을 초래했다. 사두정치로 인해 발생한 정치적 혼란을 일시에 정리하고 로마 제국을 다시 하나로 통일했던 황제가 바로 콘스탄티누스(306~337년 통치)다. 제국을 통일한 황제였기 때문에 그는 특별히 '콘스탄티누스 대제'로 불리는 영광을 얻게 된다.

그는 서로마 제국의 부제였던 콘스탄티우스의 아들로 태어났다. 어릴 때부터 살벌한 로마의 정치판에서 생존 본능을 키워왔기 때문인지, 겉으로 드러난 행적을 통해 콘스탄티누스 대제의 본심을 판단하는 것은 쉽지 않은 일이다. 그는 이른바 '밀라노 칙령(313년)'을 통해 그리스도교를 로마의 국교로 공인한 황제로 알려져 있지만, 본인의 개종 후에도 여전히 태양신 솔Sol을 숭배했던 인물이다. 집권 초기에는 그리스도교를 박해했다는 기록마저 보일 정도로 수수께끼와 같은 행적을 보여준다. 그렇다면 그가 그리스도교를 로마의 국교로 공인한 이유는 무엇일까?

네 개의 지역으로 분할되어 있던 로마 제국은 패권을 장악한 막센티우스 황제와 북유럽에서 반란을 일으키고 로마로 출병한 콘스탄티누스 황제의 대결을 앞두고 있었다. 막센티우스는 막강한 콘스탄티누스의 전력을 익히 알고 있었기 때문에 로마에서 배수진을 치고, 장기전에 대비하고 있었다. 막센티우스는 로마로 진입할 수 있는 모든 테베레강의 다리를 파괴한 후 이탈리아반도를 남하하고 있던 콘스탄티누스 황제의 군대를 기다렸다. 그런데 로마의 미래를 알려주던 《시빌레의 예언서》를 읽고, 자신이 집권한 지 정확하게 6년째 되는 날 로마의 적이 괴멸하게 될 것이라는 확신을 얻게 된다. 그는 로마 북쪽 지역에 있던 밀비오 다리를 파괴시킨 것을 후회하며, 다가오고 있는 로마의 적에 대한 직접 공격을 감행하기 위해 임시 부교를 만들었다.

한편 밀비오 다리 부근에 도착한 콘스탄티누스는 최후의 결전을 앞둔 대낮에 환상을 보게 된다, 하늘에서 "이 표시를 들고 싸우면, 너는 승리하리라In Hoc Signo Vinces"라는 문구를 목격한 것이다. 콘스탄티누스는 이 표시가 그리스도를 상징하는 '카이로Chi-Rho' 사인이라는 것을 깨닫고, 이 사인이 새겨져 있는 군기를 앞세우고 전투에 나선다. 이때의 전투가 그 유명한 밀비오 다리의 전투이다. 그런데 임시로 만든 부교가 무너지면서 막센티우스의 군대는 큰 전력의 손실을 보게 되었고, 카이로 사인을 들고 싸웠던 콘스탄티누스의 군대는 승리를 거두었다. 이날은 312년 10월 28일, 막센티우스가 황제로 취임한 지 정확하게 6년이 되는 날이었다. 결국 괴멸된 '로마의 적'은 콘스탄티누스가 아니라 막센티우스 자신이었던 것이다.

 콘스탄티누스 개선문은 이 전투의 승리를 기념하기 위해 세워진 것으로, 그가 황제로 취임한 지 10년이 되는 해인 315년에 완공되었다. 이 개선문은 현재 로마에 남아 있는 개선문 중에서 가장 크고, 보존 상태도 가장 양호하다. 그러나 이 개선문 장식에 사용된 많은 부조와 조각 작품들

콘스탄티누스 황제의 개선문

나의 로망, 로마

은 다른 황제의 개선문이나 유적지에서 가져온 것으로, 독창성은 좀 떨어진다는 평가를 받고 있다. 특히 개선문 상단을 장식하고 있는 사각형 부조들은 마르쿠스 아우렐리우스 황제의 모습을 담고 있고, 중앙의 원형 부조는 하드리아누스 황제 시대의 작품을 재활용한 것이다. 두 황제는 모두 수염을 길러 그리스풍 철학자 왕의 모습을 표방했는데, 콘스탄티누스는 수염을 기르지 않았던 터라, 기존 작품 속 인물의 수염을 모두 밀어낸 뒤 재활용해야만 했다. 개선문의 상단에 배치되어 있는 여덟 명의 다키아 출신 포로 조각상도 콘스탄티누스와 아무 상관이 없다. 지금의 루마니아인 다키아를 정벌한 황제는 콘스탄티누스가 아니라 트라야누스였다.

최근의 고고학 연구 결과에 의하면, 콘스탄티누스의 개선문은 원래 그곳에 있었던 개선문의 크기를 확장해서 셉티미우스 세베루스의 개선문처럼 만든 것이라고 한다. 그렇다면 아예 콘스탄티누스 개선문 자체가 재활용품이라는 뜻이 된다. 원래 그 자리를 차지하고 있는 개선문은 안토니누스 피우스 황제를 위한 것으로 추정되고 있다.

왜 이런 일이 벌어진 것일까? 로마는 이제 더 이상 뛰어난 예술 작품을 만들 수 없게 된 것일까? 왜 4세기의 콘스탄티누스 황제는 2세기 로마 황제들의 조각 작품을 재활용해야 했을까? 콘스탄티누스는 네 조각으로 갈라져 있던 로마 제국을 하나로 통합했지만, 이미 3세기 말부터 시작된 로마의 사회적 붕괴 현상을 막을 수 없었다. 새로운 하나의 황실이 탄생하긴 했지만, 같은 피를 나눈 동족 사이의 내전이 발발하면서 제국은 또 다시 혼란기에 접어들었다. 제국 통일을 성공시키기는 했지만, 반란을 일으키고 권력을 잡았던 콘스탄티누스에게는 정통성 시비가 늘 붙어 다녔다. 결국 새로운 황제는 로마 제국의 수도를 자기 이름을 단 콘스탄티노플Constantinople로 옮기는 엄청난 결정을 내리게 된다. 그는 서쪽의 로마를 버리고 동쪽의 콘스탄티노플을 선택했다. 그의 천도 결정은 장차 서로마 제국의 멸망(476년)이라는 역사의 분수령과 연결된다. 콘스탄티누스가 이런 천도의 결단을 내릴 수밖에 없었던 이유는 그를 끊임없이 괴롭히던 정통성 시비와 연관이 있다. 새 술은 새 부대에 담는 것이 낫다는 생각으로, 그는 새로운 제국의 수도에서 새로운 출발을 하고 싶었을 것이다.

콘스탄티누스 황제의 개선문에 트라야누스, 하드리아누스, 마르쿠스 아우렐리우스 황제와 같은 5현제의 모습이 적극적으로 재활용된 이유는 아마 이런 정통성 위기와 연관이 있었을 것이다. 로마의 성군이라 칭송받는 황제들의 모습을 자신의 이미지와 겹치게 만듦으로써, 콘스탄티누스는 자신의 정통성을 확보하려 했다.

어쨌든 콘스탄티누스의 개선문은 로마 제국의 새로운 도약을 보여준다. 서로마 제국은 결국 붕괴되고, 로마의 정신은 알프스산맥을 넘어 게르만 족이 주도하는 유럽으로 넘어간다. 유럽의 중세가 펼쳐지기 시작하는 시점, 즉 그리스도교 문명이 지배하는 시대의 출발점을 알리는 건축물이 바로 콘스탄티누스의 개선문이다. 콘스탄티누스의 개선문 앞에 서서 보면 그 뒤쪽에 폐허로 변한 베누스-로마 신전의 유적지가 눈에 들어온다. 베누스 여신의 가호를 받으며 로마를 창건했던 아이네아스의 여정이 왕정, 공화정, 그리고 로마 제국의 제정으로 이어졌다. 이제 그리스도의 가호를 받으며 권력을 잡은 콘스탄티누스 황제가 유럽을 중세의 세계로 인도하고 있다. 이런 점에서 콘스탄티누스의 개선문은 중세로 가는 개선문인 셈이 된다.

실제로 콘스탄티누스는 새로운 시대를 열었다. 그가 그리스도교를 로마의 국교로 승인한 순간부터 로마인들은 새로운 종교의 가치관에 노출

되기 시작했고, 에드워드 기번이 《로마 제국 쇠망사》에서 분석했던 '내면화된 로마'의 시대로 진입하게 된다. 살아 있는 사람들의 지금 이 세상이 아닌, 죽음 이후에 가게 될 세상에 대한 지대한 관심을 촉발시켰던 그리스도교 신앙은 로마 제국을 내면화하기에 이르렀다. 피안의 세계에 몰두했던 로마인들은 북방 게르만 족의 침공에 속수무책으로 당할 수밖에 없었다는 것이 에드워드 기번의 핵심 주장이다. 그 이유 때문에 로마가 쇠망한 것이다. 에드워드 기번의 분석을 받아들인다면 이제 로마인들은 세계를 호령하던 전사에서 내면의 세계에 몰두하는 신앙인이 된 것이다. 그들에게 이상적인 인간은 더 이상 장군이나 황제가 아니라, 사제나 주교로 살아가는 사람을 의미하게 되었다.

그런 시대를 살았던 밀라노의 대주교 암브로시우스Ambrosius(340~397년)는 이런 말을 남겼다. "로마에서는 로마의 방식대로 살아야 한다. 로마가 아닌 다른 곳에서는 그곳 방식대로 살면 된다." 로마에서는 로마의 법을 따라야 한다는 말이 여기서 나온 것이다. 그리고 이제 로마인들이 따라야 할 법은 신앙의 법이 되었다. 황제가 그들의 지도자가 아니라 교황이 그들의 지도자가 된다. 그런 점에서 콘스탄티누스 황제의 개선문은 황제의 개선문이 아니라 중세의 유럽을 이끌고 가게 될 교황의 개선문이기도 하다.

콘스탄티누스 개선문 아래에서 《고백록》을 읽다

다시 강조하거니와 콘스탄티누스의 개선문은 단순히 포로 로마노로 들어가는 입구가 아니다. 그것은 새로운 시대, 즉 중세 그리스도교 사회를 향해 입을 벌린 거대한 역사의 문이었다. 콘스탄티누스의 개선문이 연 새로운 세상에는 그리스도교 신앙이라는 새로운 세상이 기다리고 있었다.

물론 콘스탄티누스 황제 이전의 로마에도 신앙은 엄연히 존재하고 있었다. 그들은 그리스의 신들을 적극적으로 받아들였을 뿐 아니라, 멀리 동방과 이집트의 종교에 대해서도 관용적인 태도를 보였다. 그러나 콘스탄티누스가 그리스도교를 로마의 국교로 인정한 이후부터 로마의 신앙은 완전히 달라졌다. 유일한 절대자의 은총을 강조하는 그리스도교의 신앙은 로마인들이 이전에 한 번도 경험하지 못한 것이었다. 로마에도 유피테르라는 신이 있었지만, 그는 유일한 절대자가 아니었고 무한한 은총을 베푸는 신도 아니었다. 그리스의 제우스가 로마에 와서 유피테르로 이름만 바꾸었을 뿐, 바람둥이이자 번개를 내려치는 황제와 같은 신이 로마인들의 마음을 사로잡고 있었던 것이다.

그런데 콘스탄티누스 황제가 예수 그리스도의 십자가를 앞세우고 로마로 개선한 이후, 로마의 수많은 신들은 모두 데우스Deus라는 유일한 절대자로 대체되었고, 그 신은 인간에게 죄 사함과 구원의 은총을 베푸는 사랑의 신으로 알려지게 되었다. 로마 제국은 이제 거대한 사랑의 교회로 변해갔다. 철학은 신학에게 모든 권위를 양보했고, 기사들은 황제가 아닌 교황에게 충성을 맹세했으며, 로마 시민들은 황제에게 세금을 납부하는 대신 교회에 헌금을 바쳤다. 성경에서는 "황제에게 바치는 세금은 황제에게 바치고, 하느님께 바치는 헌금은 하느님께 바치라"고 가르쳤지만(마가복음서 12장 17절), 이제 황제에게 바치는 세금은 급격히 줄어들었고 교회에 바치는 헌금은 기하급수적으로 늘어나게 되었다.

북아프리카의 신학자 아우구스티누스(354~430년)는 이 새로운 종교의 이론적 토대를 마련한 사람이다. 그리스도교 신앙은 그리스-로마 문명과 함께 서구 정신의 양대 축을 이루고 있다. 즉 아우구스티누스는 서구 정신의 한 축, 아니 서구 문명의 특징을 부여한 가장 중요한 인물이라고 해도 무방할 정도다. 그의 신학에 의해 인간의 본성이 처음으로 본래 모습을 드러내기 시작했고, 서구인들은 아직도 이런 인간 이해를 바탕으로 세상을 보고 있다.

그리스와 로마에서 태동했던 서구의 철학은 인간 이성의 가능성에 대한 위대한 긍정으로 출발했다. 서구의 철학 전통은 이성을 가진 인간이 내릴 수 있는 합리적 판단의 가능성을 높이 평가했다. 사유하는 인간은 만물의 영장이 되었고, 합리적인 사고를 하는 인간만이 세상을 지배할 수 있었다. 그러나 북아프리카의 신학자 아우구스티누스가 수립한 서구의 신앙적 전통은 인간의 약함과 악함을 조명하고, 삶의 고통과 인간의 한계를 드러낸다. 인간은 위대하지 않다는 그의 주장은 인간은 이성을 가졌기 때문에 위대하다는 플라톤과 아리스토텔레스의 철학과 정면으로 충돌한다. 그러나 아우구스투스의 신학 때문에 우리는 인간의 참모습을 발견할 수 있게 되었다. 그는 이성을 가진 이상적인 인간이 아닌, 실재하는 내면의 고통에 시달리는 인간을 성찰함으로써 우리 모두로 하여금 진정한 자아를 만날 수 있도록 해주었다.

아우구스티누스가 발견한 참된 인간의 모습에는 희망의 여지를 찾아볼 수 없었다. 모든 인간은 본성적으로 악하고 후천적으로 약하다. 이런 인간에게는 끝내 구원의 희망이 있을 수 없다. 오직 신의 사랑과 은총을 통해서만 인간은 구원을 받을 수 있다. 아우구스티누스에 의해 인간은 약한 본성의 모습을 처음으로 드러내게 되었고, 죽음이 주는 공포를 극복하고 참된 구원의 기쁨을 누릴 수 있는 길은 오직 신에게로 돌아가는 길뿐이라는 가르침을 얻게 된 것이다.

아우구스티누스의 《고백록》은 그런 점에서 인류의 처절한 자기 고백이다. 아우구스티누스는 이 책을 통해서 개인의 용서받지 못할 죄와 잘못을 고백한 것이 아니다. 오히려 아우구스투스는 이 책을 통해 인간의 본성을 성찰하려고 했다. 저자

필립 드 샹파뉴, 〈성 아우구스티누스〉(1650년경), 로스앤젤레스 카운티 미술관 소장

아우구스티누스는 모든 인간이 태어날 때부터 선천적으로 이기적이라는 사실을 냉정하게 적시한다.

> 저는 일찍이 어린아이가 질투하는 것을 보고 알게 되었습니다. 아직 말도 할 줄 모르는 아이가 제 젖을 먹는 다른 아이를 보자, 새파랗게 질린 얼굴을 하고 있었습니다.**67**

어린 젖먹이 아기가 다른 아이가 젖 먹는 것을 보고 질투와 욕심을 부리는 모습을 어떻게 설명할 것인가? 질투와 욕심이 이처럼 타고난 것이라면, 인간의 이런 악한 본성은 원래 타고난 것이 아닐까? 아우구스티누스가 《고백록》을 썼을 때, 그는 이미 북아프리카의 대주교로 활동하고 있었다. 경건해야 할 대주교, 신도들 앞에서 체면을 차려야 할 교회의 대표인데도 아우구스티누스는 자신의 어린 시절을 이렇게 회상한다.

> 나는 내 자신이 싫을 정도로 거짓말을 많이 하여 나의 가정교사, 학교 선생님들, 부모님을 속였습니다. 놀고 싶었고, 쓸데없는 구경을 하고 싶었으며, (…) 부모님이 쓰는 창고에서 또는 식탁에서 좀도둑질을 했습니다. (…) 나는 놀이에서도 다른 아이들을 다 이기고 싶은 헛된 욕망에 사로잡혀 남을 속이기까지 하면서 부정직한 승리를 추구했습니다.**68**

아우구스티누스는 자신이 죄 중에 태어났음을 고백하고 있다. 가장 충격적인 고백은 어린 시절, 친구들과 장난삼아 했던 배 서리였다. 10대 시절의 철없던 아우구스티누스는 친구들과 어울려 다니면서 도둑질을 했다. 다른 사람 소유의 배나무에서 탐스럽게 익은 배를 땄는데, 그저 재미삼아 한 행동이었을 뿐이다. 그것은 죄를 짓고 싶은 충동의 결과였을 뿐이란 것이다.

> 내가 도둑질을 하게 된 것은 배가 고파서도 아니요, 궁핍해서도 아니요, 다만 착한 일을 무시하고 싶고 또한 죄를 짓고자 하는 강한 충동에 어찌할 수 없어 범한 것입니다. (…) 내가 즐기고 싶었던 것은 훔친 물건이 아니라, 도둑질 자체, 죄 그 자체였나 봅니다.**69**

겉으로 드러난 아우구스티누스의 삶은 전형적인 모범생이었다. 학교에서 수석을 놓치지 않았고, 카르타고에서 수사학을 가르치는 교사로 활동하면서 주위 사람들의 칭찬을 받았다. 그러나 밖으로 드러나지 않던 그의 내면 세계는 죄 자체를 즐기는 '혼돈' 그 자체였다.

> 그때쯤 나는 수사학을 가르치고 있었습니다. 명성을 얻고 싶은 욕망에 나는 말로써 다른 사람을 굴복시키는 재주를 팔고 있었던 것입니다. (…) 나는 그들에게 속임 없이 다른 사람들을 속이는 재주를 가르쳐 주었습니다. (…) 그 즈음에 내겐 한 여자 친구가 있었습니다. 그 여자는 정식 결혼으로 나와 맺어진 사람이 아니고, 생각 없이 이리저리 헤매는 정욕이 찾아낸 자였습니다.**70**

아우구스티누스는 자신의 이중성이 죽도록 미웠다. 그리스 철학을 섭렵하고 주변 사람들이 신봉하던 이단 종교에도 심취해보았지만 내면의 혼돈은 정리되지 않았고, 무엇보다 마음의 평화가 찾아오지 않았다. 그는 어머니 모니카Monica의 기도를 떠올린다. 아들의 영혼을 위해 인내로

기도하던 모니카는 아들에게 그리스도교 신앙에 귀의하라고 호소한다. 어머니의 간절한 기도를 끝까지 외면할 수 있는 아들은 없다. 아우구스티누스의 고뇌와 번민은 계속 깊어만 가고, 결단을 내려야 할 순간은 점점 다가오고 있었다.

> 내 자신을 살피기 싫어서 이때까지 내 등뒤에 놓아두었던 나를, 당신은 잡아떼어 내 얼굴 앞에 갖다 세워 놓으셨습니다. 그리하여 당신은 나로 하여금 내가 얼마나 보기 흉하고, 비뚤어지고, 더럽고, 얽었고, 종기투성이 인지 보게 하셨습니다. 나는 나 자신이 보기 싫어서 나를 피해 어디론가 가고 싶었으나, 갈 곳은 없었습니다.**71**

결국 아우구스티누스는 무화과나무 밑으로 간다. 마치 에덴동산에서 아담과 이브가 선과 악을 알게 하는 나무 밑으로 갔듯이. 그는 자신의 이때 심정을 "실컷 소리라도 내어 울어보려고, (…) 어느 무화과나무 밑에 쓰러져 흘러나오는 눈물을 마음껏 흐르도록 했다"고 기록했다.**72** 그때 옆집 정원에서 동네 아이들이 놀고 있었는데, 그 노는 소리가 마치 "집어서 읽으라tolle lege"는 말처럼 들렸다. 무화과나무 밑에서 슬피 울고 있던 아우구스티누스는 성경책을 집어 들고, 처음 펼쳐진 곳을 읽었다. 동네 아이들의 노는 소리를 하느님의 음성으로 받아들인 것이다. 그가 무화과 나무 아래에서 읽었던 성경 구절은 이것이다.

> 밤이 깊고 낮이 가까웠으니 그러므로 우리가 어둠의 일을 벗고 빛의 갑옷을 입자. 낮에와 같이 단정히 행하고 방탕하거나 술 취하지 말며 음란하거나 호색하지 말며 다투거나 시기하지 말고 오직 주 예수 그리스도로 옷

프라 안젤리코, 〈무화과나무 아래의 성 아우구스티누스〉(1430년대 초반), 토마앙리 미술관

입고 정욕을 위하여 육신의 일을 도모하지 말라.

아우구스티누스는 이 성경 구절을 읽고 이른바 회심의 경험을 한다. 그는 이제 예수 그리스도에게로 돌아선 것이다. 플라톤과 아리스토텔레스의 철학을 통해 우리는 놀라운 인간 사고의 가능성을 발견하게 되는데, 이것은 인간의 무한한 가능성을 드러낸다. 그러나 그리스도교 신앙이 제시하는 인간의 모습은 약하고 악한 것이다. 아우구스티누스는 서구 철학적 전통의 한계를 발견했다. 이성적 판단을 훈련받은 사람들이 왜 비이성적인 행동을 하는 것일까? 왜 인간은 이 행동이 잘못되었다는 것을 알면서도 그 행동을 반복하는 것일까? 왜 사람들은 담배를 피우면 건강에 해롭다는 것을 분명히 알면서도 담배를 계속 피우는 것일까? 인간이 이성적인 존재라면 이런 일이 일어나지 않아야 되지 않는가? 또 인간은 과연 합리적 사고의 결과를 토대로 항상 합리적인 의사결정을 내리고 있는가?

> 나는 내가 중요하게 희망했던 그 한 가지 일도 하지 않았습니다. 내가 그것을 하려고 하는 뜻만 있었다면 나는 그것을 했을 것입니다. (…) 무엇을 원한다는 것은 그것을 행한다는 것을 의미합니다. 그러나 나에게는 그렇게 되지 않았습니다. 내 몸은 마음이 원하는 대로 그의 손발을 움직여 쉽게 따랐지만, 내 마음은 마음이 하라는 바를 수행해 나가는 데서 그것을 따라 주지 않았습니다. (…) 이런 이상한 현상이 어디서 오는 것일까요? 왜 그런 이상한 현상이 일어납니까?**73**

아우구스티누스가 받아들인 그리스도교 신앙의 핵심은 악하고 약한 인간을 사랑하는 유일한 절대자의 존재에서 출발한다. 인간은 악한 동시에 약하기 때문에, 절대 타자인 신의 도움이 필요하다. 그것은 인간을 향한 신의 절대적인 사랑이며, 그 사랑을 받아들일 때 그것은 '신의 은총'이 된다. '은총'은 선물이란 뜻이다. 결국 아우구스투스는 무화과나무 아래에서 자신의 약하고 악한 본성을 스스로 인정하고, 신의 은총을 받아들이게 된다.

> 그러므로 나는 내 자신에 대하여 알고 있는 것뿐만 아니라, 모르고 있는 것도 함께 고백하려고 합니다. 내가 나 자신에 대하여 알게 된 것은 당신의 빛이 나를 조명해주시기 때문입니다.**74**

중세 신앙의 세계로 인도하는 콘스탄티누스의 개선문

이성을 가지고 주체적으로 행동했던 인간은 이제 신의 조명을 은총으로 받아들이는 존재로 변모하게 된다. 아우구스티누스의 《고백록》은 콘스탄티누스의 개선문 입구에 걸려 있는 문설주와 같은 책이다. 콘스탄티누스의 개선문 아래에서 그 책을 펼쳐든 사람은 이제 새로운 세계로 진입하게 되었다. 그것은 황제가 아닌 교황이 통치하는 로마였다. 이 새로운 시대를 우리는 '중세 시대Middle Age'라 부르기도 한다.

혹자는 그 중세 시대를 '암흑의 시대Dark Age'라 불렀다. 그러나 비록 그 시대가 암흑처럼 어두웠던 시대였다 할지라도 그 밤하늘에도 여전히 찬란한 별이 빛나고 있었다. 중세의 칠흑 같은 밤을 밝혔던 아우구스티누스라는 별은, 스스로 빛난 것이 아니라 신의 은총을 받아 빛났다. 아우구스티누스라는 중세의 빛은 태양처럼 밝게 빛나지는 않았으나, 어둠을 밝히기에는 충분했다. 고대 로마 제국의 마지막 황제이자 중세 로마 제국의 첫 번째 황제가 된 콘스탄티누스 대제는 그리스도교를 제국의 국교로 공인했지만 여전히 죽을 때까지 태양신 솔Sol을 숭배했다. 옛 시대가 가고 새 시대가 온다는 것이 그렇게 쉬운 일은 아님을 콘스탄티누스의 개선문 아래에서 깨닫게 된다. 인간은 본성적으로 악하고 또 약하기 때문이다.

개선문을 통해 새 시대를 열었던 콘스탄티누스 대제의 믿음은 여전히 복고적이었고, 로마 시민들에게 새로운 종교를 강요하면서 정작 본인은 옛 시대의 편안한 신을 찾았다. 그 태양신 솔의 생일이 바로 예수의 생일인 크리스마스(12월 25일)가 된다. 태양신 솔을 대신해 로마의 수호신이 된 예수 그리스도는 유대 땅 베들레헴이 아니라 로마에서 탄생한 것이다.

12장

성 베드로 대성당

브라만테의 다리, 미켈란젤로의 머리, 베르니니의 벌린 팔

1506년 4월 18일은 역사적인 날이었다. 교황 율리우스 2세Julius II (1503~1513년 재위)는 당대의 유명 인사들과 함께 나란히 서서 성 베드로 대성당 신축공사 기공식을 흐뭇한 마음으로 지켜보고 있었다. 추기경 조반니 데 메디치Giovanni de' Medici와 추기경 알레산드로 파르네세Alessandro Farnese가 그 행렬 가운데 서 있었고, 뒤쪽에는 니콜로 마키아벨리가 일반 청중의 틈에 끼여 그 광경을 지켜보고 있었을 것이다. 추기경 두 명은 장차 레오 10세와 바오로 3세 교황이 될 인물들이었다. 교황 율리우스 2세가 성 베드로 대성당 신축공사의 책임자로 임명한 도나토 브라만테 옆에는 로마에서 가장 부유한 은행가 아고스티노 키지Agostino Chigi가 앞으로 공사에 투입될 공사 비용을 짐작하면서 내심 혀를 차고 있었을 것이다.

　1506년의 성 베드로 대성당 기공식은 로마 가톨릭 교회 역사에서 중요한 분기점을 이룬다. 476년 서로마 제국이 붕괴된 후 로마 가톨릭 교회는 중세 유럽의 역사를 주도하게 되었고, 역사가들은 400년부터 1400년까지의 그 시대를 '중세'라 부른다. 합리적 사고와 이성적 판단의 우월성을 강조했던 근대인들은 종교를 비합리적인 사고와 행동의 결정체라 믿었기 때문에, '암흑의 시대'라는 표현으로 이 시대를 폄하하기도 한다.

　나의 로망, 로마

오라스 베르네, 〈성 베드로 성당 공사를 지시하는 교황 율리우스 2세〉(1827년),
루브르 박물관 소장. 성 베드로 성당의 신축 도면을 들고 있는 브라만테와
그 옆에 서 있는 미켈란젤로가 보인다.

로마 가톨릭 교회가 주도했던 중세의 마지막 100년이 더 암울했던 것은 부인할 수 없는 사실이다. 1309년, 와인의 산지로 유명한 프랑스 보르도 출신의 대주교가 교황으로 선출되었지만 그는 로마로 가지 않고 대신 프랑스 남부의 아비뇽Avignon이란 도시에 교황청을 설치한 후 그곳에서 교황의 임무를 수행하겠노라고 고집을 부렸다. 1309년부터 1376년까지 이어진 아비뇽 교황청 시기를 '로마 가톨릭 교회의 바빌론 포로기'라 표현하기도 한다. 유대인들이 바빌론으로 끌려가서 예루살렘 성전의 정통성을 훼손당했던 것을 빗대어 하는 표현이다.

그러나 1447년에 이르러 로마를 중심으로 하는 가톨릭 교회의 부활을 알리는 신호탄이 쏘아 올려졌다. 바로 당대 최고의 인문학자 중 하나였으며 한때 메디치 가문의 도서관장을 역임하기도 했던 니콜라우스 5세Nicolaus V(1447~1455년 재위)가 교황으로 선출되면서 로마 가톨릭 교회는 새로운 국면을 맞는다. 그는 성 베드로의 무덤이 있는 바티칸 지역으로 교황의 거주지를 이전하겠다고 선포했다. 콘스탄티누스 대제가 건축한 성 베드로 성당이 로마 교황청의 본부로 지정된 것이다. 그 이전까지 중세의 교황들은 테베레강 건너편에 있는 성 요한 라테란 성당San Giovanni in Laterano에 주로 머물렀다.

니콜라우스 5세가 구체적으로 어떤 모습으로 바티칸의 성 베드로 대성당 공사를 계획했는지는 정확하게 알려지지 않았다. 분명한 것은 처음부터 열띤 찬반 논쟁이 전개되었다는 것이다. 교황의 야심찬 계획에 반대했던 인물은 15세기의 위대한 예술 이론가, 레온 바티스타 알베르티(1404~1472년)였다. 1443년부터 1452년까지 로마에 체류했던 알베르티는 인문주의 교황의 새 성전 건축을 맹렬히 반대했는데, 여기에는 두 가지 이유가 있었다. 첫째, 새로 계획하고 있는 니콜라우스 5세의 성 베드로 대성당의 건축 계획이 고대 로마의 건축양식인 바실리카^{Basilica}를 모방하고 있기 때문이었다. 알베르티는 열주가 일렬로 배치되는 로마 공공건물의 바실리카 양식이 이미 한물간 옛 시대의 유행이라고 생각했다. 새로운 인간의 시대가 도래할 것을 예감했던 알베르티는 교황 니콜라우스 5세가 임종하던 1452년에 새로운 건축의 이상을 담은 《건축에 대하여^{De Re aedificatoria}》라는 책을 헌정하면서, 반대의 두 번째 이유를 제시했다. 건축이란 건축가가 혼자서 처음부터 끝까지 모두 완성해야만 그 건물의 정신을 오롯이 후대에 전수할 수 있는데, 성 베드로 대성당 공사는 한 명의 계획과 실행으로 완수될 수 없는 거대한 공사이기 때문에, 차라리 공사를 하지 않는 것이 낫다는 것이다. 어쨌든 니콜라우스 5세의 때 이른 임종 때문에 그의 신축 계획은 수포로 돌아갔다.

그 후 약 50여 년의 세월이 흘렀다. 1503년, 교황으로 선출된 율리우스 2세는 다시 성 베드로 대성당 신축공사를 추진하게 된다. 1506년에 야심찬 기공식을 열었던 바로 그 교황이다. 그러나 율리우스 2세에 의해 주도된 성 베드로 대성당 공사의 진척 과정을 설명하기 전에 먼저 언급해두어야 할 인물이 있다. 바로 그의 삼촌이었던 교황 식스투스 4세^{Sixtus IV}(1471~1484년 재위)다. 이 인물은 미켈란젤로의 대형 천장화가 그려진 시스티나 성당과 바티칸 도서관을 세운 인물이다. 삼촌 교황이 시스티나 성당을 건축하고 조카 교황이 성 베드로 대성당의 건축을 시작했으니, 델레 로베레^{Delle Rovere} 가문 출신의 두 교황이 로마에 남긴 건축사적 의미는 실로 지대하다 할 것이다.

율리우스 2세는 1503년 교황으로 즉위하자마자, 신예 조각가로 명성을 떨치던 미켈란젤로를 불러 새로 신축할 성 베드로 대성당 내부에 자신의 영묘를 미리 지으라고 명령했다. 무려 40개에 달하는 거대

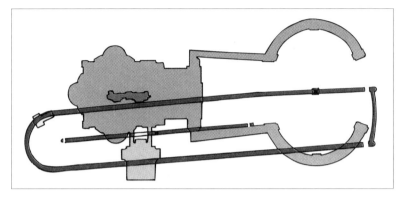

성 베드로가 순교당했던 네로 황제의 경기장 터 위에 최초의 성 베드로 대성당이 건축되었다. 브라만테는 그 건물을 허물고 지금의 성 베드로 대성당을 지었다. 붉은 선이 네로의 경기장, 초록 도형이 최초의 성 베드로 대성당이다.

한 신체 조각상이 압도적인 위용을 드러내게 될, 로마 역사상 최대 규모의 영묘 건축을 계획했던 것이다. 그러나 콘스탄티누스 황제가 만든 옛 성 베드로 대성당의 한쪽 벽면 전체를 할애한다고 해도, 조각상 40개가 장식될 수 있는 거대한 영묘를 만든다는 건 불가능해 보였다. 율리우스 2세와 미켈란젤로의 친구였던 건축가 줄리아노 다 상갈로Giuliano da Sangallo(1445~1516년 추정)는 기존 성 베드로 대성당 옆에 건물을 추가로 지어 건물 자체를 확장하는 방안을 대안으로 제시했다. 율리우스 2세는 기존의 성당을 허물고 새로운 성당을 건축할 것인지, 아니면 콘스탄티누스 황제가 지은 옛 성당을 유지한 채 건물을 확장할 것인지를 놓고 고민에 고민을 거듭하고 있었다.

교황 율리우스 2세는 다른 건축가들에게도 조언을 구했는데, 그중 도나토 브라만테라는 건축가가 도발적인 아이디어를 제시했다. 326년에 건축되어 이미 1,200년이나 사용된 기존의 성 베드로 대성당을 철거하고, 완전히 새로운 대성당을 건설하자는 과감한 제안이었다. 상갈로와 브라만테의 상이한 제안은 두 사람 사이의 치열했던 경쟁 관계를 드러낼 뿐만 아니라 피렌체파와 밀라노파 사이의 경쟁을 대변하는 듯했다. 상갈로는 미켈란젤로와 가까운 사이였고, 그들은 피렌체의 미학을 대표하는 예술가들이었다. 반면 브라만테는 함께 밀라노에서 일했던 다빈치와 더 가까운 사이였기 때문에 밀라노파로 분류되었다.

1505년 10월, 교황 율리우스 2세는 결국 밀라노파인 브라만테의 제안을 받아들였다. 교황과 건축가가 같은 고향 우르비노Urbino 출신이었기 때문에 이런 결정을 내린 것이 아니다. 율리우스 2세는 보통 사람의 기대와 상상력을 뛰어넘는 거대한 건축물을 원했다. 그는 기존의 성 베드로 대성당을 완전히 허물고 새로운 성 베드로 대성당을 건축할 수 있을 만큼 배포가 큰 사람이기도 했다.

브라만테가 영감을 받은 고대 건물은 거대한 규모를 자랑하던 막센티우스 바실리카와 아그리파가 건축하고 하드리아누스 황제가 재건축했던 판테온이었다. 로마 제국 시대의 건축물에서 영감을 받았으니, 성 베드로 대성당 공사는 그야말로 르네상스, 즉 '재탄생'이 일어난 사건이었다. 브라만테가 제안한 더 획기적인 제안은 그리스 형 십자가의 형태로 성 베드로 대성당을 신축하겠다는 것이었다. 기존의 성 베드로 대성당은 라틴 형 십자가 형태였다. 그리스 형 십자가는 가로와 세로의 길이가 같은 형태를, 그리고 라틴 형 십자가는 세로가 가로보다 긴 형태를 말한다. 브라만테는 판테온 돔에 막센티우스 바실리카가 어깨동무를 한 모습을 염두에 두고 성 베드로 대성당의 설계 도면을 그렸다.

성 베드로 대성당을 건축하기 위해서는 엄청난 경비가 필요했다. 율리우스 2세는 교황이 되기 전까지만 해도 돈을 흥청망청 쓰는 인심 좋은

브라만테가 성 베드로 대성당 신축 공사를 위해 영감을 구했던 막센티우스 바실리카

사람으로 알려졌지만, 일단 교황의 자리에 오른 다음에는 매우 인색한 구두쇠로 돌변했다. 마키아벨리는 《군주론》에서 권력을 잡기 위해서는 관대한 성품을 보여주어야 하지만, 일단 권력을 손에 넣은 다음에는 인색한 면모를 보여주어야 한다고 주장했는데, 그 구체적인 사례로 율리우스 2세를 제시한 바 있다. 마키아벨리의 분석대로 "인색했던" 율리우스 2세는 성 베드로 대성당 건축을 위해서 다른 불필요한 예산을 모두 삭감

나의 로망, 로마

했다. 심지어 자신의 영묘를 짓기로 했던 미켈란젤로와의 계약도 단숨에 파기해버렸다. 자린고비처럼 인색하기만 했던 교황이 정해준 빠듯한 예산에 맞추기 위해서 브라만테는 대리석으로 장식해야 할 벽을 가짜 대리석 그림으로 대신하기도 했다. 그러나 천정부지로 올라가는 공사 대금과 인건비를 긴축재정만으로 충당하는 것은 처음부터 불가능했다.

시에나 출신의 은행가 아고스티노 키지는 교황의 총애를 한 몸에 받고 있던 교황청의 막후 실력자였다. 교황과의 은밀한 금전 거래를 통해 막대한 수익을 올리고 있던 그는 궁색해져 가는 교황청 재정을 일시에 해결할 묘안을 제시했다. 바로 '면죄부'를 발급해서 성 베드로 대성당 건축 예산으로 사용하자는 것이었다. 율리우스 2세는 임종 직전까지 면죄부 판매를 허용하지 않고 버티다, 결국 생애 말년에 이를 허용하게 된다. 더 이상의 재정적자를 버텨낼 수 없었기 때문이다. 널리 알려진 대로 이 면죄부의 판매는 알프스산맥 이북에서 큰 반향을 일으켰고, 1517년부터 독일 비텐베르크 대학의 교수였던 마르틴 루터Martin Luther가 종교개혁을 일으키는 데 결정적인 역할을 하게 된다.

율리우스 2세가 새로운 대성당 건축을 위하여 기존의 콘스탄티누스 대성당을 완전히 허물었을 때, 로마는 찬성과 반대 의견으로 완전히 나뉘었다. 기존의 대성당을 허물도록 제안했던 브라만테는 죽고 난 후에 천국의 입구를 지키고 있던 성 베드로에 의해 천국 입장이 거절되었다는 반 익살조의 문서가 나돌 정도였다. 그러나 일부 추기경들과 인문학자들은 율리우스 2세를 새로운 예루살렘 성전을 건축하는 제2의 솔로몬이라 추켜세우기도 했다. 솔로몬은 구약성경에 기원전 1000년경 예루살렘 성전을 세운 이스라엘의 왕으로 등장하는 인물이다.

그러나 율리우스 2세와 브라만테의 야심찬 공사는 준비 단계에서 끝나고 말았다. 두 사람의 연이은 임종 때문에 공사가 중단되었고, 장차 위용을 드러내게 될 중앙 돔 하단부의 기둥까지밖에 설치하지 못했다. 비록 성당 건물 전체를 완성하지는 못했지만 브라만테는 베드로의 무덤을 둘러싼 거대한 네 개의 기둥을 설치하는 초기의 업적을 이루었다. 이는 베드로(바위라는 뜻)의 믿음 위에 교회의 기둥을 쌓겠다는 원래 계획이 있었기 때문에 가능한 일이었고, 지금도 성 베드로 대성당의 핵심 구조는 브라만테의 중앙 기둥 네 개에서 출발한다. 미켈란젤로와 후대 건축가들이 완성하게 될 거대한 돔도 사실 브라만테가 건축한 네 개의 기둥이 튼튼히 받쳐준 덕분에 가능하게 된다. 그러니까 미켈란젤로의 돔이 머리라면, 브라만테의 네 개 기둥은 다리였다. 다리가 튼튼해야 몸이 균형을 유지할 수 있는 것처럼 브라만테의 다리가 있었기 때문에 미켈란젤로의 머리가 세워질 수 있었던 것이다.

율리우스 2세의 임종 이후 차례로 교황으로 선임된 레오 10세(1513~1521년 재위), 하드리아누스 6세Hadrianus VI(1522~1523년 재위), 클레멘트 7세 Clement VII(1523~1534년 재위)는 새로운 교황청 건물을 짓는 것보다, 허물어져 가는 가톨릭 교회의 운명을 지켜보는 데 더 많은 시간을 허비했다. 특별히 성 베드로 대성당 신축 공사에 메디치 가문의 교황 두 명(레오 10세와 클레멘트 7세)이 미친 부정적인 영향력은 치명적이다. 사촌간인 이 두 교황은 원래 성직과는 거리가 먼 부잣집 도련님들이었다. 딱히 교황이 되겠다는 꿈도 없었던 이들이 연달아 교황의 자리에 오를 수 있게 된 이유는, 선대 알렉산데르 6세의 끔찍했던 타락과 율리우스 2세의 호전적인 성격 때문이었다.

알렉산데르 6세 교황은 그 유명한 보르자 가문 출신으로 축첩과 부정, 그리고 방만한 바티칸 운영으로 가톨릭 교회의 흑역사를 만든 장본인이었다. 성 베드로 대성당 공사를 시작한 율리우스 2세 역시 전쟁을 불사하는 호전적 태도 때문에 '무서운 교황Il papa terribile'으로 불리던 인물이었다. 로마 가톨릭 교회는 이런 괴짜 인간들에게 질려버렸다. 이제 그들은 정치적 야망을 가진 교황 대신 유순한 사람을 원했다. 그렇다고 메디치 가문 자제들이 대단히 부드러운 성품을 지녔던 건 아니었지만, 너무 강한 성격을 가진 이전 교황들에게 시달리다 보니 비교적 부드러운 성품을 가진 그들이 선택받게 된 것이다. 그러나 그 선택의 결과는 심각했다. 레오 10세는 부드러운 성품을 가진 것은 좋았으나 결단력이 부족해 어느 것 하나 제대로 추진하지 못했고, 클레멘트 7세는 말을 유창하게 잘해서 탁월한 식견을 가진 것처럼 보였으나, 막상 내리는 결정마다 최악이어서 로마 가톨릭 교회를 일대 위기로 몰아넣는 장본인이 된다.

레오 10세는 성 베드로 대성당 공사가 어떻게 진행되는지 별 관심이 없었다. 그저 당대 최고라고 하는 라파엘로를 건축 책임자로 임명한 다음, 작업에 별 관심을 보이지 않았다. 결국 이런 교황의 무관심 때문에 성 베드로 대성당 공사판은 아수라장이 되었고, 책임을 맡은 중간 관리들은 공사비 횡령에 열을 올렸고, 라파엘로는 잘생긴 외모 탓이었는지 공사장보다는 연회장에 모습을 더 자주 드러냈다. 그러다 1520년, 건축 책임자였던 라파엘로의 갑작스러운 죽음으로 인해 성 베드로 대성당 공사는 또 다른 위기를 맞는다.

교황 레오 10세는 줄리아노 다 상갈로의 조카 안토니오 다 상갈로를 라파엘로를 대신할 건축 책임자로 임명했고, 교황 자리도 레오 10세에게서 사촌인 클레멘트 7세에게로 넘어갔다. 새로 교황으로 취임한 클레멘트 7세는 1527년, 로마 대 함락 사건Sack of Rome(카를 5세가 이끈 신성로마 제국 군대가 로마를 무차별적으로 약탈하고 파괴한 사건)의 주인공이었기에, 성

바티칸의 성 베드로 대성당

베드로 대성당 신축 공사장은 거의 폐허로 변해갔다. 클레멘트 7세 교황은 카를 5세의 군대가 바티칸을 공격하자, 폐허로 변한 성 베드로 성당을 뒤로하고 튼튼한 군사 요새로 여겨지던 산탄젤로 성으로 피신했다.

　클레멘트 7세는 메디치 가문의 귀공자답게 로마보다는 가문의 터전이 있는 피렌체에 더 신경을 썼다. 그는 당대 최고의 예술가였던 미켈란젤로에게 자기 가문의 영묘, 메디치 도서관, 그리고 가문 전용 성당인 산로렌초 성당의 정면 파사드 공사를 맡겼다. 로마와 피렌체를 오가면서 남긴 미켈란젤로의 메디치 가문의 영묘(신 성구실)와 메디치 도서관은 건축의 걸작으로 남게 된다. 그러나 클레멘트 7세 교황은 폐허로 변해버린 로마의 성 베드로 대성당 공사장에는 어떤 관심도 보이지 않았다.

미켈란젤로, 브라만테의 계획으로 돌아가다

클레멘트 7세의 미온적인 태도에 불만을 품었던 건축 책임자 줄리아노 다 상갈로는 1534년 알레산드로 파르네세가 교황 바오로 3세로 취임했을 때 쾌재를 불렀을 것이다. 로마의 유력 가문이었던 파르네세 저택 공사를 통해 일찍부터 신임을 받고 있던 상갈로는 새 교황의 취임과 더불어 성 베드로 대성당 공사를 재개할 수 있었다.

바오로 3세는 상갈로가 임종했던 1546년까지 그를 절대적으로 신임했다. 1537년에는 바오로 3세의 단독 건물이라고 할 수 있는 바오로 성당이 상갈로에 의해 건축되었다. 바오로 3세는 교황의 성구실로 사용되는 바오로 성당의 양쪽 벽면에 미켈란젤로의 두 작품을 남기게 했다. 미켈란젤로의 마지막 회화 작품인 〈베드로의 순교〉와 〈성 바오로의 회심〉이다. 율리우스 2세에게 시스티나 성당이 있었다면 바오로 3세에게는 바오로 성당이 있었다. 지금도 두 교황의 건물에 모두 미켈란젤로의 프레스코화가 위용을 드러내고 있다.

1546년, 상갈로가 사망하자마자 교황 바오로 3세는 미켈란젤로를 성 베드로 대성당 공사 책임자로 선정했다. 미켈란젤로는 성 베드로 대성당이라면 제일 먼저 고개를 가로젓던 사람이었다. 이른바 '영묘의 저주'가 시작된 곳이 바로 성 베드로 대성당 신축 공사장이었기 때문이었다. 율리우스 교황의 영묘를 성 베드로 대성당 벽면에 설치하려 했지만 교황의 변덕으로 작품 제작이 취소가 된 사건은 미켈란젤로에게 큰 상처로 남아 있었다. 미켈란젤로는 애증을 불러일으키던 건물의 건축 책임자가 된 후, 전임자 상갈로의 건축 계획안을 조목조목 비판했다. 심지어 성당 건축 관계자 전원을 새로운 인물로 교체해버렸다. 미켈란젤로는 건축위원회의 상임위원들에게 당신들의 임무는 재정적인 지원을 원활하게 하는 것뿐이며, 자신의 건축계획에 대해서 일언반구도 하지 말 것을 요구했다. 성 베드로 대성당 건축에 관해서는 오직 교황과만 상의하겠다고 천명했던 것이다. 건축위원회의 상임위원들은 반발했지만, 미켈란젤로는 그들을 거들떠보지도 않았다. 교황은 상임위원들의 빗발치는 반대에도 불구하고 미켈란젤로 편에 굳건히 서 있었다.

미켈란젤로의 일관된 건축 미학은 '브라만테로 돌아가자'였다. 성 베드로의 유해가 안치되어 있는 가운데 무덤을 중심으로 네 개의 거대한 기둥이 떠받치고 있고, 그 위를 웅장한 돔이 지배하는 모습을 염두에 두고 있었다. 그는 상갈로의 라틴 형 십자가 건축 계획을 폐기하고 브라만테의 그리스 형 십자가 형태로 돌아갈 것을 천명했다. 미켈란젤로는 상갈로의 조급함을 비판했다. 자기 세대에 모든 것을 완결 지으려는 그의 과욕을 비판하면서, 미켈란젤로는 자신의 표현대로 "앞으로 300년 동안 계속될 공사"를 위한 청사진을 제시하는 것에 주력했다.

상갈로와 미켈란젤로의 차이는 건축과 조각의 차이에 있다. 건축가였던 상갈로가 성 베드로 대성당을 하나의 거대한 건물로 생각했다면 조각가인 미켈란젤로는 성 베드로 대성당을 하나의 거대한 조각 작품으로 이해했다. 상갈로는 로마 건축의 특징인 아치를 3층으로 쌓아 올리는 성 베드로 대성당의 내부를 설계했다. 콜로세움이 성당 내부에 들어와 있다고 생각하면 이해가 빠를 것이다. 그러나 미켈란젤로는 건축적인 장식보다 조각적인 아름다움을 표현하려고 했다. 그래서 그는 상갈로의 벽면

계획을 완전히 폐기하고 오늘날 우리에게 보이는 대로 성 베드로 대성당의 실내 공간을 설계하게 된다. 두 개의 기둥이 반복적으로 간격을 이루며 서 있는 웅장한 실내 내부의 모습이다. 하부 구조를 이루는 다리 부분은 브라만테의 네 개 기둥을 그대로 살렸다. 머리에 해당하는 웅장한 돔에도 두 개의 기둥이 반복적으로 상승하는 디자인을 선택해 자신의 미학을 끝까지 고집했다.

미켈란젤로에게 그리스 형 십자가 형태의 성 베드로 대성당은 하나의 유기적인 몸이었고, 그 몸을 조각한 거대한 작품이었다. 우리는 지금도 성 베드로 대성당 내부에서 하나의 거대한 유기적인 몸을 만나게 된다. 건물로서 죽어 있는 것이 아니라, 브라만테의 두 다리를 가지고 이리저리 돌아다닐 수 있는, 살아 있는 하나의 유기적인 신체를 만나게 되는 것이다.

미켈란젤로에게 성 베드로 대성당은 인체를 닮은 조각 작품이었다.

미켈란젤로가 성 베드로 성당에서 추구한 아름다움의 결정체는 '돔'이다. 그는 피렌체에 살고 있던 사촌에게 산타 마리아 델 피오레Santa Maria del Fiore 성당, 즉 피렌체 두오모의 돔을 자세하게 측량해달라고 부탁했다. 건축가 브루넬레스키Filippo Brunelleschi(1377~1446년)가 한 세기 전에 만든 피렌체 두오모의 돔으로부터 영감을 얻기 위해서였다. 어릴 때부터 봐왔던 피렌체 돔의 형태에 익숙했던 미켈란젤로는 브루넬레스키처럼 이중벽으로 되어 있는 성 베드로 대성당의 돔을 설계한다. 그러니까 대성당 내부에서 올려다보는 돔과 외부에서 바라보는 돔의 곡선이 다르다는 것이다. 외부에서 돔을 보면 거의 완벽한 반원형처럼 보이지만 내부에서 보면 약간 평평한 반원형으로 보인다. 이렇게 다른 형태의 두 개의 돔을 겹쳐 설치하면 돔의 하중을 서로 분산시켜 줄 뿐 아니라, 두 벽면 사이에 계단을 만들어 꼭대기로 올라갈 수 있는 부수적인 효과도 얻을 수 있었다.

미켈란젤로는 돔 내부의 곡선을 이루는 면에 두 개의 기둥(총 16쌍)을 뻗어 올라가게 만드는 독특한 디자인을 채택했다. 그리고 돔의 하단 기단부에 과감히 창문을 뚫어, 외부의 빛이 내부로 쏟아져 들어오게 만들었다. 천상의 지혜가 빛나는 하늘에서부터 성당 내부로 쏟아져 들어오는 모습을 재현한 것이다. 결국 초월적인 외부의 힘에 의해서만 역동적인 몸과 유기적인 교회가 생명력을 얻을 수 있다는 것을 상징한다. 지금도 우리는 성 베드로 대성당의 돔 아래에 서서 그 찬란한 빛의 유입을 목격하며 신비로운 감정을 느끼게 된다. 미켈란젤로의 제자였던 지아코모 델라 포르타Giacomo della Porta와 도메니코 폰타나Domenico Fontana가 스승의 설계와 계획에 따라 이 돔을 1590년에 완공했다.

조금 아쉬운 것은 미켈란젤로의 걸작인 성 베드로 대성당의 돔이 건물 정면에서 잘 보이지 않는다는 것이다. 교황 바오로 5세가 17세기 초

미켈란젤로의 명작 〈피에타〉를 바라보는 관람객

반에 대성당 내부를 라틴 형 십자가 형태로 다시 개조하고 정면 파사드를 더 크게 지어 올리면서 미켈란젤로의 돔을 가려버렸기 때문이다. 이 작업을 마무리한 건축가는 카를로 모데르노Carlo Moderno로, 미켈란젤로의 돔을 최종 완성시켰던 지아코모 델라 포르타의 조카였다. 그는 1612년에 성 베드로 대성당의 외곽 공사를 마감하면서 정면 파사드에 교황 바오로 5세의 업적을 찬하하는 라틴어 문장을 새겨 넣었다.

이렇게 해서 1506년 4월 18일, 교황 율리우스 2세의 지시를 받은 도나토 브라만테에 의해 공사가 시작된 성 베드로 대성당은 1612년, 교황 바오로 5세의 지시를 받은 카를로 모데르노에 의해 완성되었다. 당대 최고의 예술가들이 총동원된 대공사였다. 그러나 성 베드로 대성당의 공사는 여기서 멈추지 않는다. 이미 대성당 내부에는 미켈란젤로의 〈피에타〉가 절제의 미학을 과시하고 있었는데, 그의 뒤를 이었던 17세의 위대한 조각가 베르니니 또한 여러 교황의 영묘를 더해, 성 베드로 대성당의 내부를 경건한 신앙의 지성소로 바꾸어놓았다.

특히 바로크 양식으로 조각된 돔 아래의 발다키노Baldacchino(하늘 덮개라는 뜻)는 미켈란젤로의 건축 미학을 정확하게 이해했던 후배 조각가 베르니니가 선배에게 보내는 역동적인 오마주Hommage라 할 것이다. 건물을 살아 있는 몸으로 표현했던 미켈란젤로의 역동적인 공간에서 베르니니의 발다키노는 살아서 꿈틀거리는 생명체처럼 보인다. 성 베드로의 영묘 바로 위에 자리한 유일한 제단인 발다키노는 2,000여 년 전에 그곳에서 순교당한 성자의 영혼이 살아 있음을 상징하듯이 오늘도 역동적인 모습으로 대성당의 내부를 압도하고 있다. 베르니니는 예루살렘 성전의 기둥을 모방해 꿈틀거리는 청동 기둥을 조각했다.

높이가 무려 40미터에 달하는 거대한 오벨리스크가 중앙을 차지하고 있는 성 베드로 광장 역시 베르니니가 만들었다. 1667년에 완성된 이 거대한 광장의 정중앙을 지키고 있는 오벨리스크는 이집트에서 가져온 원석으로, 원래 37년부터 네로 황제의 경기장에 세워져 있었다. 가톨릭 교회의 총본산이 있는 광장에 이교도의 상징인 오벨리스크가 세워져 있는 까닭은 이 거대한 대리석이 성 베드로의 순교 장면을 목격했기 때문이다. 성 베드로가 네로 황제의 경기장에서 순교를 당했고, 그 광경을 오벨리스크가 지켜보았다고 해서 '목격자'란 별명을 가지고 있다.

베르니니는 광장의 중심에 '목격자'를 세우고 그 주위를 네 개의 기둥이 일렬로 서서 감싸고 있도록 설계했다. 브라만테와 미켈란젤로가 르네상스의 시대정신에 따라 성 베드로 대성당을 고립된 자급자족의 생명체로 규정했다면 바로크 시대의 거장 베르니니는 성 베드로 광장을 통해 개방적이고 역동적인 환영의 공간을 연출해냈다. 베르니니는 성 베드로 광장 전체를 열주의 숲으로 막아버리지 않고 테베레강과 로마 시내 쪽을 열어두었다. 누구든지 성 베드로의 순교 현장으로 찾아오는 사람은 환영받을 것이라는 의미다. 베르니니의 베드로 광장은 두 팔을 벌리고 바티칸을 찾아오는 사람을 모두 환영하고 있다. 바로 이런 이유 때문에 이번 장의 제목이 '브라만테의 다리, 미켈란젤로의 머리, 베르니니의 벌린 팔'이 된 것이다.

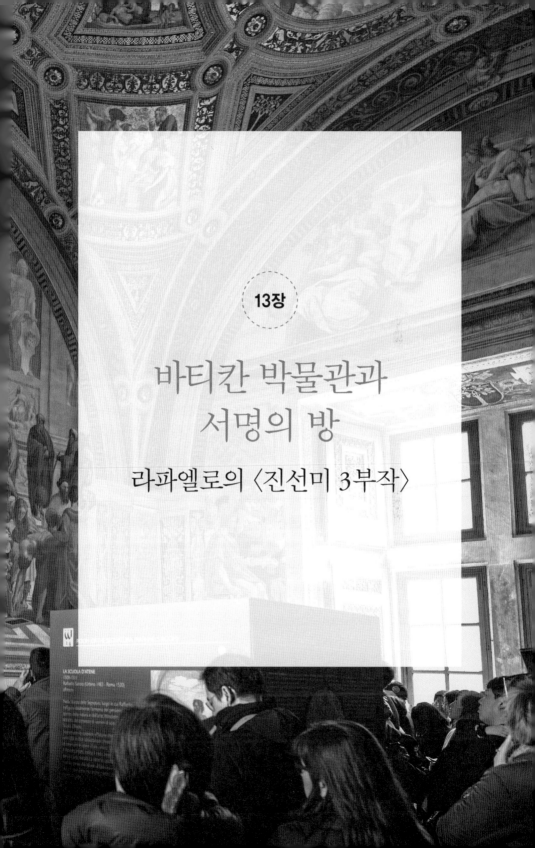

13장

바티칸 박물관과
서명의 방

라파엘로의 〈진선미 3부작〉

우리 한국 사람들이 바티칸 박물관을 먹여 살린다고 해도 과언이 아닐 지경이다. 아침부터 박물관 입구에서 줄을 서 있는 관람객들 중 한국 사람이 유독 많아 보인다. 바티칸 박물관 내부에서도 안내 깃발을 들고 무리지어 이동하는 사람들 사이에서 친숙한 한국말이 자주 들려온다. 왜 이렇게 많은 한국 사람들이 바티칸 박물관을 방문하는 것일까? 하지만 로마의 다른 박물관, 예컨대 캄피돌리오 박물관이나 보르게세 미술관에 가면 한국 사람들은 거의 찾아보기 힘들다. 예술적 취향 때문에 바티칸 박물관을 방문하는 것은 아니라는 뜻이다.

　수요와 공급의 차원에서 본다면, 로마에서 한국인을 위한 관광 서비스가 바티칸에 너무 제한되어 있는 것은 아닌가 짐작도 해본다. 우리에게는 '로마=바티칸'이라는 등식이 자리 잡고 있는 것은 아닌지 모르겠다. 한 해에 몇 명의 한국 관광객들이 바티칸을 찾는지는 확인할 수 없지만, 매년 600만 명에 달하는 전체 바티칸 관람객 숫자에서 큰 부분을 차지하는 것만은 분명하다. 이탈리아 관광은 3월부터 10월까지를 '정기 시즌'이라 부르고 이 시기에 관광객 숫자가 최고점을 찍는데, 한국 관광객의 경우에는 겨울 기간에도 인산인해를 이룬다. 방학을 맞이한 학생들과 경제력을 가진 베이비부머 세대의 은퇴가 결합되어 나타나는 현상이 아닐까 싶다. 어쨌든 세계적인 수준의 컬렉션을 자랑하는 바티칸 박물관에서 많은 한국 관람객들이 예술을 음미하는 행복한 시간을 보낸다는 것은 정말 자랑스러운 일이다.

'바티칸'이란 이름은 '시인, 예언자' 등을 뜻하는 라틴어 '바테스vātēs'에서 파생한 명사이다. 고대 로마 때 이런 음유시인들이 테베레강 건너편에 있던 '바테스의 언덕'에 살고 있었기에 이 지역이 바티칸으로 불리게

바티칸 박물관의 내부

된 것이다. 네로 황제는 이곳에 경기장을 설치했는데, 성 베드로가 그곳에서 순교를 당함으로써 바티칸은 가톨릭 교회의 중요한 성지가 되었다. 원래 바티칸에는 콘스탄티누스 대제가 건축한 성 베드로 대성당만 있었는데, 13세기부터 교황의 숙소와 집무실이 더해져서 오늘날의 '세계에서 제일 작은 나라' 바티칸이 만들어졌다.

1929년 라테란 협약에 의해 '바티칸 도시 국가Vatican City State'란 공식 명칭으로 독립된 이 작은 나라에, 제일 많은 것은 박물관이다. 미켈란젤로의 명작이 있는 시스티나 성당Cappella Sistina뿐 아니라, 피나코테카Pinacoteca Vaticana(회화관), 이집트 박물관Museo Gregoriano Egiziano, 에트루리아 박물관Museo Gregoriano Etrusco, 피오-클레멘티노 박물관Museo Pio-Clementino, 키아라몬티 박물관Museo Chiaramonti, 선교 민속 박물관 등의 여러 박물관이 전체 바티칸 박물관에 포함되어 있다.

입장권을 구매하면 이중나선형으로 된 일명 '브라만테의 계단'을 옆으로 끼고 에스컬레이터를 이용해서 입장할 수 있는데, 이 계단은 위로 올라가는 사람과 밑으로 내려가는 사람이 서로 마주치지 않도록 설계되었다. 브라만테의 계단은 실제 브라만테가 만든 것이 아니지만, 16세기 초에 교황 율리우스 2세를 위해 만들었던 브라만테의 계단에서 영감을 받은 것이라 이런 이름이 붙었다. 진짜 브라만테의 계단은 특별한 예약을 통해서만 관람할 수 있다.

바티칸 박물관의 입구와 출구는 같은 곳에 있다. 출구 벽면에는 미켈란젤로와 라파엘로의 모습이 조각되어 있는 박물관 표지가 보인다. 한국 사람들이 자신들의 작품을 보기 위해 시즌을 불문하고 찾아오고 있다는 사실을 안다면 두 명의 이탈리아 천재 화가들도 놀란 표정을 숨기지 못할 것이다.

바티칸 박물관 입구를 장식하고 있는 두 사람은 미켈란젤로와 라파엘로다.

　　바티칸 박물관의 관람 요령은 길을 잃는 것이다. 대개 미켈란젤로의 시스티나 천장을 목적지로 삼고 가다가 관람객 인파에 묻혀 길을 잃게 되는데, 이것은 지극히 자연스러운 일이기 때문에 절대로 당황할 필요가 없다. 바티칸에서는 모든 사람이 길을 잃게 된다. 그러니 이럴 때는 그냥 마음을 비우고, 행렬의 흐름에 몸을 맡기면 된다. 그러면 자연스럽게 〈라오콘 군상〉을, 라파엘로를, 결국에는 미켈란젤로를 만나게 될 것이다. 특히 처음 바티칸을 방문하는 사람은 큰 기대를 품지 말아야 한다. 워낙 많은 사람들이 한꺼번에 몰려들기 때문에 호젓한 작품 감상의 기회는 좀처럼 찾아오지 않을 것이다. 가능하면 오후 늦은 시간에 입장할 것을 권한다. 아침 개장 시간에 맞추어 입장하려 한다면 최악을 자초하는 것이다.

바티칸 박물관에서 어떤 난관에 봉착하더라도 꼭 보아야 할 작품을 10·8·3·1로 정리해보았다. 바티칸 박물관에서 보아야 할 고대 유물 중심의 유적과 작품 10점, 피나코테카(회화관)에서 꼭 보아야 할 그림 8점, '서명의 방'에서 보아야 할 라파엘로의 명작 3점, 마지막으로 시스티나 성당에서 만나야 하는 단 한 명의 인물, 미켈란젤로다. 물론 이것은 최소한의 리스트이다. 수천수만의 작품과 유물이 세계 최대 규모의 박물관을 가득 채우고 있지만, 바티칸의 '10·8·3·1 목록'은 인류가 남긴 가장 중요한 유산에 속한다.

독일의 대문호 괴테는 1787년 8월 23일에 바티칸 박물관을 방문했다. 다른 사람들처럼 괴테도 미켈란젤로의 작품이 있는 시스티나 성당을 찾아갔다. 괴테는 미켈란젤로를 만난 그날의 감동을 이렇게 회상한다.

시스티나 예배당을 보지 않고는 한 인간이 무엇을 할 수 있는가에 대한 개념을 가질 수가 없습니다. 많은 위대하고 용감한 사람들에 대한 이야기를 듣고 또 읽곤 하지만, 여기서는 그것을 아주 생생하게 머리 위에, 또 눈앞에 (미켈란젤로가 그린 천장화와 제단화를) 두고 있으니까요.[75]

그렇다. 바티칸 박물관에 들어선다는 것은 괴테의 표현대로 "인간이 무엇을 할 수 있는가?"에 대한 해답을 찾는 과정이다. 아래에 제시하는 '10·8·3·1 목록'은 단순한 고대 로마의 유적이나 르네상스 시대의 예술 작품이 아니다. 인간이 도달할 수 있는 가능성의 끝을 보여주는 것들이다. 이번 장에서는 먼저 바티칸 박물관의 유적과 작품 10점, 피나코테카의 명작 8점, 라파엘로의 명작 3점이 전시되어 있는 '서명의 방'을 방문 키로 한다.

바티칸 박물관의 10대 유적과 작품

1. 라오콘 군상

1506년, 〈라오콘 군상〉이 산타 마리아 마조레 성당 부근 포도밭에서 처음 발굴되었을 때 로마 사람들은 큰 충격을 받았다. 로마 시대의 역사가 대 플리니우스의 기록으로만 전해져 내려오던 티투스 황제 시대의 조각가 아테노도로스Athenodorus, 아게산데르Agesander, 폴리도로스Polydorus의 명작이 발굴됨으로써 로마 시대의 위대한 걸작이 실제로 존재했었다는

사실을 확인했기 때문이다. 이 위대한 고대의 유물은 한 농부가 포도원 땅을 파다가 우연히 발견했는데, 교황 율리우스 2세는 즉각 이 유물이 교황청의 소유라고 발표했다.

아폴론 신의 사제였던 라오콘은 트로이를 위해 복무하던 중, 그리스 연합군의 침공을 맞게 되었다. 그리스 군은 10년의 포위 공격을 견뎌내고 있던 트로이를 속이기 위해 거대한 목마를 성 앞에 남겨 놓았는데, 트로이인들은 이를 전리품으로 생각하고 성 안으로 끌고 들어간다. 사제 라오콘은 트로이인들에게 그것은 속임수이며, 만약 목마를 성 안으로 끌고 가면 큰 재앙이 닥칠 것이라 예언한다. 그리스 연합군의 승리를 지원하고 있던 바다의 신 포세이돈은 이에 격분하여 거대한 뱀을 보내 라오콘과 두 아들을 물어 죽이게 한다.

〈라오콘 군상〉은 중앙에 배치되어 있는 라오콘의 옆구리를 뱀이 무는 순간을 포착하고 있다. 고통 속에 몸부림치는 아버지를 지켜보고 있는 한 아들도 이미 뱀에 물려 죽어가고 있고, 다른 아들은 앞으로 자신에게도 닥칠 고통과 죽음을 예상하며 처연한 표정을 짓고 있다. 로마의 건국 신화를 쓴 베르길리우스는 《아이네이스》에서 이 장면을 생동감 넘치게 묘사하고 있다.

그들은 라오콘에게 곧장 나아갔습니다. 뱀은 라오콘의 두 아들의 몸을 칭칭 감고 날카로운 이빨로 그들의 가련한 몸을 뜯어 먹기 시작했습니다. 라오콘이 두 아들을 구하려고 달려오자, 뱀은 다시 그의 몸을 휘감았습니다. 뱀은 비늘이 있는 긴 몸으로 라오콘의 허리와 등을 목까지 두 번 휘감았고, 머리와 목을 높이 치켜세웠습니다. 라오콘은 두 손으로 뱀의 몸을 풀어헤치려 했지만, 검은 독을 뿜어낸 뱀을 들어 올리려 하다가 끔찍한 비

명을 질러 댔습니다.**76**

작품을 자세히 관찰해보면 라오콘 사제의 오른쪽 어깨에 금이 가 있고, 안으로 굽히고 있는 오른팔의 색깔이 다른 몸통 부분의 대리석 색깔과 다르다. 원래 이 작품이 1506년에 처음 발굴되었을 때, 라오콘의 몸통은 오른쪽 팔이 없는 상태였다. 고대의 위대한 작품을 교황청 소유로 확정했던 율리우스 2세는 유물 발굴과 복원의 책임을 맡겼던 라파엘로에게 라오콘의 사라진 팔을 복원하라는 지시를 내렸다. 라파엘로는 베르길리우스의 《아이네이스》를 참고해 라오콘이 하늘을 향해 팔을 뻗고 있는 모습으로 추정하고 곧게 편 오른팔을 만들어 붙였다. 마침 그 부근을 지나가고 있던 미켈란젤로를 보고, 라파엘로는 질문을 던졌다.

"선생님, 라오콘의 오른팔을 이런 모습으로 조각해서 붙이려고 하는데, 어떻게 생각하십니까? 이렇게 쭉 뻗어 있었겠지요?"

미켈란젤로는 이미 10대 시절에 여러 구의 시체를 직접 해부해보면서 인체의 근육과 뼈의 상관관계를 조사한 바가 있었기 때문에 신체 조각의 최고 권위자로 알려져 있었다. 미켈란젤로는 라파엘로가 붙이려고 하는 라오콘의 쭉 뻗은 오른팔 모습을 보더니, 아주 차가운 말투로 이렇게 쏘아붙였다.

"이것 보게, 라파엘로. 라오콘의 어깨와 배의 근육을 자세히 보게. 자네가 만든 것처럼 라오콘이 팔을 곧게 뻗고 있었다면, 어깨와 배의 근육은 저런 모습이 아닐걸세. 아마 팔을 안쪽으로 굽히고 있는 모습일 거야. 그리고 지금 라오콘은 얼굴을 뒤쪽으로 젖히고 있지 않은가? 팔이 안쪽으로 굽어 있다는 또 다른 증거지."

자존심이 상한 라파엘로는 베르길리우스의 《아이네이스》에 나오는 문헌적 증거를 들면서 라오콘의 오른팔이 하늘을 향해 곧게 뻗어 있을 것이라는 주장을 굽히지 않았다. 결국 교황의 총애를 받고 있던 라파엘로의 제안대로, 1532년에 그 문제의 팔이 복원되었다. 재미있는 것은 그 하늘을 향해 쭉 뻗어 있는 오른팔을 조각한 사람은 미켈란젤로의 조수였던 조반니 몬토르솔리Giovanni Montorsoli(1507~1563년)였다는 사실이다. 이렇게 해서 라오콘은 400여 년 동안 바티칸 박물관에서 하늘을 향해 오른팔을 뻗고 있는 모습으로 보존·전시되었다.

1905년, 고고학자인 루드비히 폴락Ludwig Pollak(1868~1943년)은 우연한 기회에 대리석 더미에 버려져 있던 팔 조각을 발견하게 되는데, 그 조각의 양식이나 크기가 〈라오콘 군상〉과 연관이 있을 것이라 생각하게 된다. 라오콘의 실종된 오른팔이 드디어 발견된 것이다. 또한 미켈란젤로의 판단이 옳았다는 것이 함께 입증되었다. 라오콘은 안쪽으로 오른팔을 굽히고 있었던 것이다. 폴락은 이 문제의 팔을 교황청에 기증했고, 이후 복원 작업을 거쳐 1950년대에 라오콘의 팔이 원래 모습으로 다시 복원되었다.

〈라오콘 군상〉은 18세기에 들어 치열한 미학 논쟁을 촉발시킨 작품으로도 유명하다. 독일의 미술사가인 요한 빙켈만Johann Winckelmann(1717~1768년)의 《고대 예술사Geschichte der Kunst des Altertums》와 고트홀트 레싱Gotthold Lessing(1729~1781년)의 《라오콘》은 각각 상이한 입장에서 〈라오콘 군상〉을 평가하며, 예술의 근본정신과 이상적인 표현 방식에 대해 치열한 논쟁을 벌이게 된다.

빙켈만은 〈라오콘 군상〉이 보여주고 있는 "절제와 균형의 미"는 고전 예술의 미학을 완벽하게 재현하고 있다고 주장하면서, 고통 속에서도 신음을 내뱉지 않고 있는 라오콘의 절제된 모습이야말로 자연 속의 아픔을 고요한 정신으로 극복하려는 인간의 위대함을 잘 표현하고 있다고 분석했다. 포세이돈이 보낸 뱀에 물려 엄청난 고통을 받고 죽어가면서도 자신의 운명을 담담히 받아들이고 있는 라오콘의 의연한 태도는 '육체에 대한 정신의 승리'를 강조하는 고전 예술의 미학을 대표하고 있다고 보았다. 반면 빙켈만은 베르길리우스의 《아이네이스》에서 문학적으로 표현되어 있는 라오콘의 모습에는 실망을 드러낸다. 목이 잘린 황소가 고통 속에 울부짖는 것처럼, 라오콘이 비명을 질렀다는 문학적 표현은 고전 예술이 추구하던 정신의 고귀함과는 거리가 먼 것이었다고 비판을 가한 것이다.

그러나 레싱은 빙켈만의 견해에 대해 반박하는 글을 발표했다. 빙켈만이 문학과 조각예술을 단편적으로 비교했다는 것이다. 레싱의 책 《라오콘》이 가지고 있는 부제는 '미술과 문학의 경계에 대하여'였다. 레싱은 조각과 문학작품은 각각 다른 순간을 포착하고 있기 때문에, 빙켈만의 단순 비교는 잘못된 것이라고 주장한다. 예술은 현상을 포착하는 기술인데, 그 예술에 속하는 '조각'은 한 공간에서 펼쳐진 한순간을, 또 '문학'은 지속적으로 흘러가는 시간의 결과를 형상화하는 작업이라는 차이가 있다. 따라서 베르길리우스의 문학 작품 속에 나타난 라오콘과 〈라오콘 군상〉이라는 조각 작품 속에 나타난 라오콘이 다를 수밖에 없다는 것이다. 또한 베르길리우스가 묘사했던 고통의 비명을 지르는 라오콘이야말로 진정한 삶의 모습을 드러내고 있다고 주장한다. 고통 속에서 울부짖는 인간의 모습이 훨씬 더 자연스러운데, 이런 '자연스러움'이야말로 근대 시민들의 진정한 미학적 가치가 되어야 한다는 것이다.

사실 레싱의 '자연스러움'을 높이 평가하는 주장은 미켈란젤로와 라파엘로의 생각을 동시에 포함하고 있다고 할 수 있다. 미켈란젤로는 팔이 없는 상태의 라오콘이 가지고 있는 근육의 자연스러움에 주목했고, 라파엘로는 《아이네이스》라는 문학 작품에서 강조하고 있던 자연스러운 고통의 손동작을 강조했는데, 둘 다 '자연스러움'을 우선시했다는 공통점을 가지고 있다. 다만 미켈란젤로는 대리석 조각 자체의 자연스러움을, 라파엘로는 고전에서 추구했던 고통의 자연스러운 문학적 표현을 더 강조했다는 차이가 있을 뿐이다.

2. 벨베데레의 아폴론

건축가 도나토 브라만테는 교황 율리우스 2세의 지시를 받고 바티칸 시국 안에 '가장 전망이 좋은 건물'을 신축했다. 이 '전망 좋은'이란 단어 자체가 건물의 이름이 되었으니 벨베데레Belvedere라 부른다. 율리우스 2세는 시스티나 성당과 지금 바티칸 박물관으로 사용되고 있는 건물을 연결하기 위해 벨베데레를 건축하도록 했다. 브라만테가 벨베데레를 건축하면서 가장 먼저 고려했던 것은 〈벨베데레의 아폴론〉의 전시 위치였다. 〈라오콘 군상〉과 더불어 바티칸 박물관을 대표하는 고대의 유물이기 때문이다. 1489년, 로마 인근에서 발굴된 이래 〈벨베데레의 아폴론〉은 작품의 완벽한 조형미로 인해 로마 시대를 대표하는 최고의 걸작으로 간주되고 있다.

아폴론은 예술의 신이며 미래를 예지하는 능력을 가진 신이기도 하지만, 사냥의 신이기도 하다. 프리드리히 니체Friedrich Nietzsche(1844~1900년)의 철학에서 디오니소스Dionysus와 비교되면서, 이성과 조화를 상징하기도 한다. 〈벨베데레의 아폴론〉에서 표현되어 있는 사냥의 신 아폴론은 이런 이성과 조화를 상징한다. 지금 아폴론은 화살을 쏘려고 힘껏 팔에 힘을 주고 있는 것이 아니다. 이미 화살은 팽팽했던 활시위를 떠나, 먼

창공으로 포물선을 그으며 날아가고 있다. 〈벨베데레의 아폴론〉은 원했던 과녁을 향해 날아가고 있는 화살을 담담하게 바라보고 있는 아폴론을 조각한 것이다. 매사에 일희일비하지 않고 평정심을 유지하며 사물을 지극한 시선으로 바라보는 관조의 미학이 돋보이는 작품이다.

1760년, 신생국가로 발돋움하던 미국의 화가 벤자민 웨스트Benjamin West(1738~1820년)가 로마를 방문했다. 그는 교황청의 초청으로 벨베데레 정원을 둘러보던 중, 그 유명한 〈벨베데레의 아폴론〉을 처음 보게 되었다. 유명한 화가의 반응이 궁금했던 로마 사람들 틈에서 웨스트는 "맙소사, 젊은 모호크Mohawk 인디언과 꼭 닮았네!"라고 탄식을 질러 많은 사람들을 실망시켰다는 이야기가 전해져 온다. 예술작품을 본다는 것은 결국 자기 자신이 보고 싶은 것을 본다는 것을 깨닫게 만드는 일화이다. 그래서 '아는 것만큼 보인다'는 말이 틀린 말이 아닌 것이다.

3. 벨베데레의 토르소

바티칸 박물관에 포함되어 있는 피오-클레멘티노 박물관의 걸작 〈벨베데레의 토르소〉는 '미켈란젤로의 학교'로 불릴 만큼 르네상스 조각가에게 많은 영향을 미친 고대의 작품이다. 15세기 중엽부터 〈벨베데레의 토르소〉의 존재에 대한 언급이 문헌에서 확인되고 있으며, 16세기 중엽에는 벨베데레 정원에서 전시되었다는 기록이 남아 있다. 지금은 보존을 위해서 실내에서 전시하고 있다. 작품 하단에 '아테네의 조각가 아폴로니우스'라는 작가 이름이 새겨져 있지만, 고대 로마 시대의 어느 기록에

도 등장하지 않는 무명의 조각가이기 때문에 작품에 대한 자세한 정보가 없는 상태이다.

　머리 부분과 팔다리가 유실된 상태이기 때문에 확증할 수 없지만, 잘 발달된 근육질 몸과 왼쪽 무릎 위에 놓여 있는 표범의 털로 유추해, 헤라클레스를 조각한 작품이라는 설이 초기에 회자되었다. 그러나 최근의 연구에 의하면, 호메로스의 《일리아스》에 등장하는 아이아스Aias/Ajax가 자결을 고민하고 있는 모습으로 설이 더 설득력을 얻고 있다. 그리스의 전사 아이아스는 트로이 전쟁에서 혁혁한 공을 세웠음에도 불구하고 전사한 아킬레우스의 무구를 차지하지 못하게 된다. 현란한 수사법으로 사람을 설득하는 것으로 유명했던 오디세우스의 말재주를 당해낼 수 없었기 때문이다. 결국 그는 '정복되지 않는 자'라는 자기 이름의 뜻 그대로 전쟁에서는 정복되지 않았으나, 자결로 생을 마침으로써 스스로 정복된 자가 되는 비극을 맞이한다. 기원전 1세기의 대리석 조각인 〈벨베데레의 토르소〉는 한 세기 전에 그리스에서 만들어진 같은 제목의 청동 작품을 참고해 다시 만든 것이다.

4. 헬레나와 콘스탄티나의 포피리 영묘

　자주색은 로마 황실의 권위를 상징하던 색이다. 그래서 로마 황제와 그 가족들만이 자주색 옷을 입을 수 있었다. 그런데 18년 이집트의 사막 한가운데서 자주색 돌(포피리)이 묻혀 있는 채석장이 발견되었고, 그때부터 로마 황제들은 이집트의 자주색 돌을 채굴해서 황실 전용 석관 재료로 사용했다. 이집트 사막의 채석장에서부터 로마까지 이어지는 가도를 아예 '포피리의 길'이라고 명명할 만큼, 로마 황실에서는 이 자주색 돌을 소중하게 여겼다. 화강암인 이 자주색 돌은 너무 단단해서 조각하기에

쉽지 않지만 로마 황실은 이 단단하고 희귀한 자주색 돌로 황제와 황실 가족을 위한 석관을 만들었다.

피오-클레멘티노 박물관에는 두 개의 거대한 자주색 포피리 석관이 전시되어 있다. 하나는 그리스도교를 로마 제국의 국교로 승인했던 콘스탄티누스 대제의 어머니 헬레나Helena(246~330년 추정)의 석관이고, 그 맞은편에 전시되어 있는 것은 콘스탄티누스 대제의 딸 콘스탄티나Constantina(307/317~354년 추정)의 석관이다. 그러니까 할머니와 손녀의 포피리 석관이 서로 마주보고 있는 것이다. 원래 이 두 개의 자주색 포피리 석관은 성 아그네스 성당의 묘실에 있었는데, 황제의 딸 콘스탄티나는 로마를 대표하는 순교자 성 아그네스St. Agnes를 추모하는 성당을 건축했고, 그곳에 황실 가족의 영묘도 만들었다. 콘스탄티나의 영어 이름은 콘스탄차다. 성녀로 추대되어 성 콘스탄차로 불리기는 했지만 역사가들의 평가에 의하면 "피에 굶주린 권력의 화신"이었다고 한다. 자신의 정적이 살해를 당해 피를 흘릴 때마다 기념으로 진주목걸이를 하나씩 걸쳤다는 이야기가 전해지고 있다. 그래서인지 그녀의 자주색 석관이 피 색깔처럼 보이기도 한다.

5. 프리마 포르타의 아우구스투스 황제

로마 제국의 창건자인 아우구스투스 황제를 대리석으로 조각한 이 작품은 1796년에 로마를 침공한 나폴레옹이 프랑스로 훔쳐갔던 500여 점 이상의 고대 유물과 걸작을 대표했던 것으로 유명하다. 나폴레옹은 스스로 아우구스투스 황제처럼 새로운 제국을 만들기를 원했기 때문에 이 동상을 제일 먼저 훔쳐갔던 것이다. 나폴레옹이 약탈해 갔던 문화재들은 나폴레옹 박물관(지금의 루브르 박물관)에 전시되어 있다가 겨우 250점 정

도만이 이탈리아로 회수되었고, 그중에 이 동상이 포함되어 있었다. 바티칸은 이때 회수된 조각 작품을 전시하기 위해서 브라초 누오보Braccio Nuovo를 건축했고 현재 〈프리마 포르타의 아우구스투스 황제〉는 여기에 전시되어 있다. 실제 인체 사이즈대로 조각된 이 대리석 작품은 원래 기원전 20년경에 제작된 같은 크기의 청동상을 그대로 대리석으로 조각한 것인데, 그리스 조각가가 만들었던 원래 청동상은 유실되고 없다.

이 대리석 동상은 로마 북쪽의 출입 성문이 있던 프리마 포르타 인근의 리비아 드루실라Livia Drusilla 별장에서 발굴되었다. 로마의 두 번째 황제였던 티베리우스가 양아버지였던 초대 황제 아우구스투스의 대리석 조각을 만들어 자신의 친모 리비아에게 선물했던 것으로 추정된다. 대리석으로 조각된 아우구스투스의 군복에는 독수리 군기를 앞세운 로마 군대가 기원전 20년의 파르티아를 정벌하는 장면을 묘사하고 있는데, 티베리우스도 이 원정에 참가했기 때문에 이를 알리기 위해 이런 장면을 포함시켰을 것이다.

이 작품은 조각의 역사에서도 매우 중요한 가치를 지니고 있다. 기원전 5세기 그리스의 조각가 폴리클레이토스Polykleitos는 최초의 예술 이론가이기도 한데, 《카논Canon》이라는 책을 통해 전체 신장의 7분의 1이 얼굴 길이가 될 때가 가장 이상적인 묘사라 할 수 있다고 주장했다. 그는 이러한 아름다움에 대한 비율의 원칙을 바탕으로 〈창을 든 남자Doryphoros〉(바티칸 박물관 소장)와 〈머리띠를 매는 남자Diadumenos〉(아테네 국립 고고학 박물관 소장) 등의 명작을 남겼다. 〈프리마 포르타의 아우구스투스 황제〉는 폴리클레이토스의 이론에 따라 아우구스투스의 얼굴 길이를 전체 신장의 7분의 1로 만들었다. 기원전 5세기의 그리스 예술 이론에 따라 로마 황제의 조각이 제작되었다는 것이 흥미롭다.

6. 올리브기름을 긁어내는 남자

〈프리마 포르타의 아우구스투스 황제〉가 전시되어 있는 브라초 누오보Braccio Nuovo(새로운 팔이라는 뜻) 건물에서 나와서 다시 피오-클레멘티노 박물관으로 돌아가면, 역시 대리석으로 제작된 〈올리브기름을 긁어내는 남자Apoxyomenos〉가 서 있다. 이 동상은 올리브기름을 가는 모래에 섞어 몸에 바른 다음, 그것을 무딘 나무칼로 벗겨냈던 고대 로마인들의 목욕하는 모습을 재현한 것이다. 그리스의 조각가 리시푸스Lysippus(기원전 390~300년 추정)가 기원전 320년경에 청동으로 제작한 것을 1세기 중반에 대리석으로 다시 제작한 것이다.

1849년, '테베레강 건너편 마을'이란 뜻의 트라스테베레Trastevere 유역에서 발굴된 이 작품에는 〈프리마 포르타의 아우구스투스 황제〉의 7등신 비율의 법칙을 한 단계 더 발전시킨 리시푸스의 미학 이론이 반영되어 있다. 기원전 4세기의 그리스 조각가였던 리시푸스는 얼굴 길이가 전체 신장의 8분의 1이 되어야 한다는 주장을 펼치면서, 폴리클레이토스의 7등신 비율 이론에 도전장을 던졌다. 로마 제국시대의 조각가들은 폴리클레이토스의 이론을 따랐지만, 후대에 가면 갈수록 특히 르네상스의 예술가들은 리시푸스의 이론을 따르게 된다. '아름다운 몸은 8등신 비율을 가진 사람'이라는 서양의 표준 미학

이 이 과정을 통해 확립되었다. 현실적으로 8등신의 비율이 완벽한 아름다움인가에 대한 의문과 반성이 없는 것은 아니지만, 우리는 〈올리브기름을 긁어내는 남자〉를 통해서 서구의 이상적 인간의 아름다움에 대한 결론을 발견하게 된다.

7. 성 바오로의 회심

바티칸 내부에 있는 성 바오로 성당은 교황의 전용 성구실Sacristy이다. 교황의 법복과 관, 성례전에서 사용되는 성물聖物 등이 보관되어 있는 곳이므로 일반인의 출입은 엄격히 통제된다. 교황이 아닌 사람에게 개방되는 유일한 시간은 새로 선출된 교황이 성 바오로 성당으로 들어와서 교황의 법복으로 갈아입고 첫 번째 기도를 드리는 때다. 이때 성 바오로 성당이 개방되긴 하지만 주로 교황 선출에 참석했던 추기경들이 좌석을 모두 차지하는 경우가 많아 여전히 일반인들에게는 관람의 기회가 주어지지 않는 바티칸의 비밀스러운 장소다. 이 성구실은 1540년에 교황 바오로 3세의 주문을 받은 안토니오 다 상갈로가 건축했다.

미켈란젤로는 바오로 3세 교황 재위 기간에 시스티나 성당의 제단화인 〈최후의 심판〉을 완성했다. 교황은 상갈로에게 지시해 성구실로 사용될 작은 성당을 추가로 건축했고, 〈최후의 심판〉을 완성시킨 미켈란젤로를 동원해, 성구실 내부를 장식토록 했다. 오직 교황만이 드나들 수 있는 성당에 그려지는 그림이니만큼 미켈란젤로는 그 작품을 통해서 후대의 교황들에게 어떤 강력한 메시지를 전달하려고 했을 것이다.

새로 건축한 성구실의 이름은 교황 자신의 이름을 따 '바오로 성당'이라 부르기로 했으니, 미켈란젤로가 〈성 바오로의 회심〉을 먼저 그리는 것이 당연한 순서였을 것이다. 미켈란젤로는 이 그림에 자신의 회한과 반성, 특유의 멜랑콜리를 과감하게 그려 넣었다. 유대인 중에 예수를 추종하는 무리를 색출하기 위해 다마스쿠스(한글 성경에는 다메섹)로 가던 사울Saul이 예수 그리스도를 만나는 장면을 그린 것이다. 이 기적적인 만남을 통해 예수를 박해하던 사울은 예수를 전하는 바오로Paul로 변하게 된다. 당시의 장면을 성서의 한 구절은 이렇게 묘사하고 있다.

> 사울이 길을 가다가 다메섹에 가까이 이르더니 홀연히 하늘로부터 빛이 그를 둘러 비추는지라. 땅에 엎드러져 들으매 소리가 있어 이르시되 사울아, 사울아 네가 어찌하여 나를 박해하느냐 하시거늘, 대답하되 주여 누구시나이까? 이르시되 나는 네가 박해하는 예수라. 너는 일어나 시내로 들어가라. 네가 행할 것을 네게 이를 자가 있느니라 하시니 같이 가던 사람들은 소리만 듣고 아무도 보지 못하여 말을 못하고 서 있더라. 사울이 땅에서 일어나 눈은 떴으나 아무 것도 보지 못하고 사람의 손에 끌려 다메섹으로 들어가서 사흘 동안 보지 못하고 먹지도 마시지도 아니하니라.77

미켈란젤로는 말에서 떨어져 "주여, 누구시나이까?"를 외치는 바오로의 얼굴에 자신의 얼굴을 그려 넣었다. 이제 70세 노인이 된 미켈란젤로는 이 그림에서 자신의 믿음에 대한 진솔한 의문을 제기하고 있는 것이다. 당신이 누구냐는 질문은 결국 그 질문을 제기하고 있는 자신이 누군가란 질문일지 모른다. 노년의 거장 미켈란젤로는 이 작품을 통해 '나는 누구인가'에 대한 근본적인 질문을 던지고 있는 것이다.

이 작품의 주인공은 사울(바오로)을 땅바닥으로 내동댕이친 말馬이다. 그 말은 고개를 뒤로 꺾어 인간적인 시선으로 관람객을 응시하고 있다. 미켈란젤로의 얼굴로 표현된 사울은 땅바닥의 한쪽 구석으로 밀려나 있

나의 로망, 로마

다. 심지어 제우스처럼 번개를 내려치는 천상의 예수도 작품 왼쪽으로 밀려나 있을 정도다. 화면 정중앙을 차지하고 있는 말은 자연을 상징한다. 말 못 하는 짐승이나 말 못 하는 사울, 아니 '말 못 하고 서 있던' 주변의 사람들도 전혀 다를 바가 없다. 두 앞발을 높이 치켜세우고 있는 말은 언제라도 사울과 주위 사람들을 발로 밟을 것 같은 위협적인 자세를 취하고 있다. 우리 운명은 자연의 전적인 판단과 심판에 맡겨져 있다는 뜻일까?

8. 성 베드로의 순교

원래 교황 바오로 3세가 미켈란젤로에게 주문했던 나머지 한 작품의 제목은 〈베드로를 제자로 부르시는 예수〉였다. 그러나 미켈란젤로는 교황의 제안을 받아들이지 않고 〈성 베드로의 순교〉를 그리겠다고 고집했다. 노년으로 접어든 미켈란젤로는 필연적인 죽음이 드리우는 삶의 무의미함에 대해 늘 성찰을 하고 있었으므로, 〈성 베드로의 순교〉를 통해 교황의 삶과 죽음에 대한 성찰을 표현하게 된다. 이 작품은 미켈란젤로가 생애 마지막으로 그린 것이다.

작품 속에 등장하는 초대 교황 베드로는 고개를 뒤로 꺾어 관람객을 응시하고 있다. 자기 스승인 예수께서 십자가에 달려 죽었으니 자신은 거꾸로 달려 죽겠다고 주장했는데, 미켈란젤로는 바로 이 장면을 포착하고 있다. 자신의 소원대로 거꾸로 십자가에 달리던 베드로는 아직 할 말을 다하지 못했다는 듯, 고개를 뒤로 꺾어 관람객을 노려보고 있다. 성 바오로 성당에 들어올 수 있는 사람은 교황뿐이다. 결국 지금 미켈란젤로는 이 그림을 통해서 작품을 주문한 교황 바오로 3세와 그 후대의 교황들에게 강력한 메시지를 보내고 있는 것이다. "나, 초대 교황 베드로

는 이렇게 죽었다!" 미켈란젤로의 작품 속에 등장하는 베드로는 미켈란
젤로의 마지막 절규를 대신 말하고 있다. 미켈란젤로는 16세기 로마 교
황청의 타락에 대해서 매우 부정적인 생각을 가지고 있었고, 실제로 가
톨릭 교회의 개혁을 요구하는 지성인 집단에 소속되어 있기도 했다. 미
켈란젤로는 지금 가톨릭 교회와 후대의 교황들에게, 초대 교황이자 참된
순교자였던 성 베드로의 뒤를 따르라고 촉구하고 있는 것이다.

70대 노인이 된 미켈란젤로는 이 작품을 마지막으로 더 이상 그림을
그리지 않았다. 89세까지 장수를 누렸던 미켈란젤로의 마지막 10년은

새로운 예술 장르에 대한 도전으로 이어진다. 성 베드로 대성당의 건축 책임자로 임명되었고 지금 바티칸을 상징하는 성 베드로 대성당의 웅장한 돔을 만든 사람이 바로 80대의 노인, 미켈란젤로였다.

성 바오로 성당에 그려진 미켈란젤로의 두 그림은 일반인들에게는 널리 알려져 있지 않다. 그러나 16세기 말, 밀라노 출신의 한 화가가 로마로 내려와 일대 충격을 일으키게 되는데, 바로 카라바조(1571~1610년)라는 인물이다. 카라바조는 미켈란젤로를 능가해보려는 도전적 야심을 평생 품고 살았던 인물이다. 그는 산타 마리아 델 포폴로Santa Maria del Popolo 성당으로부터 중앙 제단화 두 점을 주문받았을 때, 미켈란젤로가 그린 〈성 바오로의 회심〉과 〈성 베드로의 순교〉를 따라서 그렸다. 말이 화면의 중심을 차지하고 있던 〈성 바오로의 회심〉처럼, 카라바조도 말 잔등에 떨어지는 은총의 빛을 강조하는 동명의 작품을 그렸다. 미켈란젤로는 베드로의 십자가를 거꾸로 세우기 위해 고개를 숙이고 십자가를 받치고 있는 인물을 그렸는데, 카라바조도 동일한 자세를 취하고 있는 사람을 자신의 작품 속에 포함시켜 자신의 경쟁자에 대한 존경심을 표현했다.

1564년에 죽은 미켈란젤로는 그냥 죽지 않았다. 그의 호흡은 멈추었지만 그의 예술혼은 많은 예술가들의 마음속에 그대로 살아 숨 쉬고 있었다. 카라바조도 그런 사람이었다. 미켈란젤로가 있었기 때문에, 카라바조라는 인물이 탄생하게 된다. 미켈란젤로가 르네상스 시대를 마감한 최후의 예술가였다면, 그의 예술혼을 따라가려 했던 카라바조는 바로크를 탄생시킨 위대한 예술가가 된다.

9. 아킬레우스와 아이아스의 흑상 토기

바티칸 박물관에 속한 에트루리아 예술 박물관에 소장되어 있는 기원전 530년의 흑상 토기로, 아킬레우스Achilleus와 아이아스가 보드 게임을 하는 장면을 묘사하고 있다. 이 작품을 만든 엑세키아스Exekias라는 아테네 출신의 도공은 자신의 이름을 처음으로 작품 속에 적어 넣어, 이미 기원전 6세기부터 작가주의가 등장하고 있음을 알려주는 서양 미술사의 선구자가 된다.

트로이 전쟁에 참전 중이던 아킬레우스와 아이아스는 전투가 결말 없이 지연되자 심심풀이로 보드 게임을 한다. 주사위를 던져 승부를 가리는 게임으로 추정되는데, 작품 속에 아킬레우스가 던진 주사위에는 점 네 개가, 아이아스가 던진 주사위에는 점 세 개가 보인다. 보드 게임을 하던 두 사람은 자기 입으로 그 숫자를 말하고 있는데, 마치 인물과 대화가 함께 등장하는 만화처럼 표현되어 있다. 두 사람 다 창을 왼손에 잡고 게임에 열중하고 있는 것을 보아, 언제라도 전쟁이 다시 시작될 수 있음

을 보여주고 있다.

차이가 있다면 아킬레우스는 투구를 쓰고 있고, 아이아스는 뒤에 놓아 둔 방패에 자기 투구를 걸쳐놓았다. 전쟁에 임하는 두 사람의 다른 자세를 보여준다. 아이아스의 오른쪽 발뒤꿈치는 살짝 들려 있는데, 아마 아킬레우스의 존재에 약간의 두려움을 가지고 있다는 뜻일 것이다. 그들이 걸친 옷의 문양까지 섬세하기 이를 데 없는 작품이다.

10. 바티칸 솔방울 정원

앞에서 살펴보았듯이 로마 시내에는 이집트의 신을 모셨던 이시스 신전이 있었고, 이 신전은 중세 시대에 로마의 미네르바 신전으로 잘못 이해되었다가, 결국 '미네르바 신전 위에 세워진 산타 마리아 성당'으로 바뀌게 된다. 이집트 여신을 모신 이시스 신전 옆에는 청동으로 제작한 큰 솔방울 분수가 있었는데, 이 솔방울 윗부분에 물이 솟아나는 홈이 파여 있었다. 중세 시대에 이시스 신전이 성당으로 바뀌는 과정에서 이 청동 솔방울은 성 베드로 대성당의 중앙 광장으로 옮겨지게 된다. 이 청동 솔방울 분수가 네로 황제의 경기장에 전시되어 있었고, 그래서 성 베드로 광장으로 옮겨졌다는 설도 있다. 그렇다면 이 솔방울도 초대 교황의 순교 장면을 목격한 셈이다.

브라만테와 미켈란젤로 등에 의해 새로운 성 베드로 대성당이 건설되면서 광장에 있던 솔방울은 지금의 바티칸 안뜰로 다시 옮겨지게 되었다. 성 베드로 대성당의 초기 공사와 바티칸 내부의 벨베데레 건축을 책임졌던 도나토 브라만테가 이전 작업을 주도했다. 그때부터 이 솔방울이 전시되어 있는 정원을 '솔방울 정원Cortile della Pigna'이라 부르게 되었다. 청동 솔방울 앞에 전시되어 있는 청동 공작 두 마리는 하드리아누스 황제

의 영묘에서 황제를 위한 장식품으로 사용되다가 산탄젤로 성으로 이름을 바꾼 중세 시대의 교황청 건물에서 발굴된 것이다. 그러나 전시되어 있는 청동 공작 두 마리는 진품이 아니다. 나폴레옹이 프랑스로 약탈해 갔던 청동 공작새 진품은 회수된 다음 청동 솔방울이 마주보고 있는 브라초 누오보 박물관에 전시되어 있다.

피나코테카의 8대 명작

바티칸의 회화 전용 미술관인 피나코테카Pinacoteca는 바티칸 박물관에서 절대로 놓치지 말아야 할 명작의 보물창고이다. 르네상스와 바로크를 대표하는 예술가 조토, 라파엘로, 다빈치, 카라바조의 명작이 소장되어 있는 피나코테카는 총 18개의 방에 460여 점 이상의 작품을 상설 전시하고 있다. 바티칸의 여러 건물에 흩어져 있는 회화 작품들은 1932년에 교황 피우스 11세Pius XI의 결정으로 피나코테카에 모두 모였다. 우열을 가릴 수 없는 수많은 명작들 중에서 교과서적인 중요성을 가지고 있는 8점만 선별해서 소개토록 한다.

1. 스테파네시 삼단제단화

피나코테카의 문을 열고 실내로 들어가면 첫 번째 방에서 조토Giotto di Bondone(1267~1337년 추정)의 명작 〈스테파네시 삼단제단화Stefaneschi Triptych〉가 관람객을 맞이하고 있다. 미술관에서는 첫 번째 방과 마지막 방이 중요한데, 그 미술관이 소장하고 있는 작품들의 시대를 가늠할 수 있기 때문이다. 첫 번째 작품이 조토라는 것은 바티칸 피나코테카 소장품의 역사가 르네상스 시대부터 시작한다는 뜻이다. 널리 알려진 대로 피렌체 출신인 조토는 1305년에 완성한 스크로베니Scrovegni 성당의 프레스코화 등을 통해 '르네상스 미술의 아버지'로 불리는 인물이다.

성 베드로 대성당 소속의 고위 성직자이자 참사원Canon으로 활동했던 야코포 스테파네시Jacopo Stefaneschi는 당대 최고의 화가였던 조토에게 성 베드로 대성당의 중앙 제단화를 주문했다. 가톨릭 교회와 교황청을 대표하는 성 베드로 대성당의 중앙 제단화답게, 3단으로 된 작품의 전면에는 초대 교황 성 베드로가 보좌에 앉아 있고, 천국의 열쇠를 손에 쥐고 있다. 하단에는 이 작품의 주문자인 스테파네시 추기경이 작게 그려진 삼단제단화를 성 베드로에게 헌정하는 모습이 보인다. 그 옆에서 역시 무릎을 꿇고 있는 사람은 스테파네시 추기경 시대의 교황 셀레스티노 5세

전면

Celestino V다. 제단화의 전면은 일반 신도들이 보는 곳이므로, 정식 성직자 옷을 차려입은 교황과 추기경으로 묘사되어 있다.

〈스테파네시 삼단제단화〉 후면은 교황을 포함한 주요 성직자들만이 볼 수 있는 그림이다. 따라서 성 베드로가 작품의 주인공이 아니라, 예수 그리스도가 중앙의 보좌에 앉아 있는 모습으로 표현되어 있다. 후면에 다시 한 번 등장하는 스테파네시 추기경이 평상복을 입고 있는 것도 특이해 보인다. 좌우 패널에 등장하는 인물은 성 베드로와 성 바오로다. 십자가에 거꾸로 달려 순교한 성 베드로의 모습과 로마 외곽에서 참수를 당했던 바오로의 최후 모습을 그렸다. 두 성자의 순교지였던 로마가 이제 예수 그리스도의 보좌가 되었음을 상징하고 있다

후면

지금 거대한 규모의 성 베드로 대성당의 사이즈를 생각해보면 〈스테파네시 삼단제단화〉가 너무 작게 그려졌다는 느낌이 들 것이다. 그러나 조토 당시의 성 베드로 대성당은 지금의 대성당이 아니라 콘스탄티누스 대제가 만들었던 작은 사이즈의 옛 성당이었다. 이런 설명에 동의하지 못하는 학자들은 이 작품이 성 베드로 대성당의 참사원 제단Canon's Altar에 전시되었을 것이라 추정하기도 한다.

2. 성 니콜라스의 생애 연작

르네상스는 15세기 전반에 걸쳐 피렌체에서 발생한 문예부흥을 말하는데, 젠틸레 다 파브리아노Gentile da Fabriano(1370~1427년 추정)와 프라 안젤리코Fra Angelico(1395~1455년 추정)는 그 시기의 화가들이다. 조토의 르네상스 정신을 계승한 피렌체의 화가들로, 뛰어난 작품 실력 덕분에 로마에서도 여러 작품을 남긴 작가들이다. 이들은 후기 고딕 양식의 그림과 르네상스 양식의 그림을 동시에 그렸는데, 피나코테카의 두 번째와 세 번째 방에서 똑같은 주제로 그림을 그린 두 사람의 작품을 만나볼 수 있다.

두 사람이 모두 그린 작품의 주인공은 성 니콜라스Saint Nicholas(270~342년 추정), 흔히 '산타클로스'라 알려진 크리스마스와 연관된 성자다. 3세기 후반 지금의 터키에서 태어난 니콜라스는 디오클레티아누스 황제의 그리스도교 박해 기간 동안 큰 어려움을 겪었으나, 콘스탄티누스 황제가 그리스도교를 제국의 국교로 선포하면서 다시 주교로 활동했던 인물이다. 태어날 때부터 조숙했던 그는 아기에 불과한 어린 나이에도 스스로 걸어서 욕조에 들어가 목욕을 할 정도였고, 난해한 주교의 설교를 정확하게 이해하는 놀라운 지적 능력을 가지고 있었다고 전해진다. 그는 부

젠틸레 다 파브리아노, 〈성 니콜라스의 기적〉

잣집 도련님으로 태어났는데, 가난 때문에 딸 세 명이 매춘부로 팔려갈 처지에 놓인 딱한 이웃을 위해 밤에 몰래 황금 공 세 개를 그 집 안으로 던져 넣어 그들을 구제했다는 이야기도 전해진다.

바로 이런 연관성 때문에 성 니콜라스는 산타클로스라는 이름으로 성탄절 전야에 착한 어린이들에게 몰래 선물을 갖다 주는 성자로 탈바꿈한다. 자기 고향에서 극심한 기근이 발생하자 아무리 퍼내도 곡식이 화수분처럼 다시 채워지는 기적을 일으키고, 기근 때문에 한 악당이 세 명의 어린이를 납치해 인육으로 팔려는 시도를 했을 때 그들을 구출해주기도 했다는 전설이 전해진다. 또 성 니콜라스는 항해의 수호성자이기도 하다. 바다에서 큰 풍랑을 만났을 때 파도를 잠잠케 해 위기에 빠진 배와 선원을 구해주는 성자로도 추앙받게 된다. 결국 항해와 해상 무역을 통해 세계를 주름잡던 네덜란드 선원들이 그를 수호성자로 모시게 되었는데, 미국으로 간 네덜란드계 이민자들이 성 니콜라스를 산타클로스라고 부르면서 크리스마스와 산타클로스의 이야기가 결합된 것이다.

피나코테카의 전시실에는 이런 여러 가지 기적을 일으켰던 성 니콜라스의 모습이 작은 사이즈의 그림으로 표현되어 있다. 스스로 목욕을 하는 조숙한 모습, 황금 공으로 소녀들을 구하는 모습, 세 명의 어린이를 악당으로부터 구하는 장면, 풍랑을 잠잠케 하는 기적을 일으키는 모습들이다. 같은 주제의 그림을 각각 다르게 표현했던 젠틸레 다 파브리아노와 프라 안젤리코의 화풍을 서로 비교하면서 관람하는 것도 보는 재미를 더할 것이다.

3. 식스투스 4세와 플라티나

바티칸에서 제일 중요한 건물 두 곳을 지명하라면 누구든 성 베드로 대성당과 시스티나 성당을 들 것이다. 바티칸을 대표하는 이 두 건물은, 한 가문에서 배출된 두 명의 교황에 의해 건축된 것이다. 이탈리아 동부 산악 지역에 있는 우르비노 출신의 델레 로베레 가문은 두 명의 교황을 배출했는데, 삼촌 식스투스 4세는 시스티나 성당을, 조카 율리우스 2세는 성 베드로 대성당의 건축을 시작했다.

멜로초 다 포를리Melozzo da Forli(1438~1494년 추정)가 프레스코로 그린 〈식스투스 4세와 플라티나〉에는 삼촌과 조카 사이인 두 교황이 한꺼번에 등장한다. 오른쪽 의자에 앉아 있는 인물이 삼촌 식스투스 4세이고, 가운데 자줏빛 성직자 옷을 입고 서 있는 인물이 장차 율리우스 2세가 되는 줄리아노 델레 로베레 추기경이다. 그 앞에 무릎을 꿇고 있는 사람은 바티칸 도서관의 관장으로 임명받고 있는 바르톨로메오 사키Bartolomeo Sacchi, 일명 '일 플라티나Il Platina'다.

델레 로베레 가문의 문장에는 떡갈나무가 그려져 있었다. 델레 로베레라는 이름 자체가 '떡갈나무의'라는 뜻이다. 원래 이 가문의 출발지는 우르비노가 아니라 지금의 남프랑스와 서북이탈리아의 해안가인 리구리아 Liguria였는데, 그곳에 떡갈나무가 많았기 때문에 이런 가문의 이름이 붙여졌다. 멜로초 다 포를리의 〈식스투스 4세와 플라티나〉 좌우 기둥에 떡

갈나무가 그려져 있는 것도 그런 이유 때문이다.

4. 성 히에로니무스

바티칸 피나코테카에는 작품의 탁월함보다 이름의 중요성 때문에 한 전시 공간을 차지하고 있는 작품이 있다. 바로 레오나르도 다빈치의 〈성 히에로니무스〉다. 1482년경에 제작된 것으로 추정되는 이 작품은, 다빈치의 다른 많은 작품들처럼 미완성 상태로 남아 있다. 스위스 출신이지만 런던과 로마에서 주로 활동했던 여성 화가 안젤리카 카우프만Angelica Kauffmann(1741~1807년)의 소장 목록에서 이 작품이 잠시 그 모습을 드러

냈다가 종적을 감추었는데, 나폴레옹의 삼촌이자 외교관이었던 조세프 페슈Joseph Fesch(1763~1839년) 추기경이 우연히 로마의 잡동사니 가게에서 상자 뚜껑으로 사용되고 있던 아랫부분을 발견하게 된다. 몇 년이 지난 다음, 한 구두 수선공의 작업장에서 작은 의자의 덮개로 사용되고 있던 작품의 윗부분이 발견되었다. 우연히 발견된 이 두 부분을 합쳤을 때, 이 작품이 그동안 사라졌던 레오나르도 다빈치의 〈성 히에로니무스〉란 사실을 확인하게 되었다. 지금도 작품을 자세히 보면 두 부분을 이어 붙인 이음새가 보인다.

성 히에로니무스Hieronymus(347~420년)는 392년 교황청의 지시를 받아 그리스어로 되어 있는 성경을 라틴어로 번역한 중세 초기의 신학자였다. 정교한 라틴어로 번역된 성 히에로니무스의 성경은 불가타Vulgate 번역본이라 불리는데, 이는 모든 사람들이 대부분 사용하는 성경이란 뜻이다. 성 히에로니무스는 그리스어, 라틴어, 히브리어에 모두 능통한 학자였고, 로마 귀족 여성들의 자비로운 재정 지원을 받으며 라틴어 번역을 완수하게 된다.

예수가 탄생한 베들레헴에서 이 번역 작업을 마무리 지었던 그는 그리스어에서 라틴어로 신약성경을 번역했을 뿐만 아니라, 구약성경도 바로 히브리어에서 라틴어로 번역하는 실력을 보여주었다. 성 히에로니무스 이전의 구약성경은 모두 그리스어로 번역된 것을 다시 라틴어로 번역한 것이었는데 그가 히브리어에서 바로 라틴어로 번역함으로써 성경의 정확한 의미를 이해할 수 있게 되었다. 그는 대 학자였을 뿐만 아니라 뛰어난 영성을 가진 종교 지도자이기도 했다. 그가 안티옥의 산악 지대나 이집트의 사막을 찾아 나선 것도 모두 이런 명상과 고행의 길을 걸어가고자 하는 개인적인 열망 때문이었다.

미완성으로 남은 레오나르도 다빈치의 작품에는 작은 돌로 가슴을 치며 통회의 눈물을 흘리고 있는 성자의 모습이 담겨져 있다. 앞에 앉아 있는 사자는 성자의 친구로 등장한다. 성 히에로니무스가 사자의 발톱에 박힌 가시를 뽑아주고 난 다음, 그 사자는 성자의 곁을 떠나지 않았다는 중세의 전설을 반영하고 있는 것이다.

5. 폴리뇨의 성모

페루자Perugia에서 아시시Assisi까지는 지척의 거리다. 성 프란체스코의 유해가 모셔져 있는 순례 도시 아시시를 떠나 로마로 가는 국도에서 첫 번째 만나는 도시가 바로 폴리뇨Foligno인데, 라파엘로의 〈폴리뇨의 성모〉는 이 도시에서 일어났던 사건을 배경으로 한다.

식스투스 4세와 율리우스 2세 재위 기간 중에 활동했던 인문학자이자 고위 성직자였던 시지스몬도 데이 콘티Sigismondo dei Conti(1432~1512년)는 막강한 교황의 지지를 받으며 자기 고향이었던 폴리뇨를 실질적으로 통치했던 인물이다. 어느 날 그는 자기 고향에서 큰 재난을 당해 거의 목숨을 잃을 뻔했다. 엄청난 폭우가 폴리뇨에 쏟아졌고, 하늘에서는 유성이 떨어져 적지 않은 인명사고가 발생했다. 이 엄청난 자연재해 앞에서 시지스몬도는 인간의 무력함을 절감했고, 자신을 위기에서 구해준 성모에게 감사를 드리기 위해 이 제단화를 주문했다. 이 작품을 주문받은 사람은 다음 장에서 주인공으로 등장할 라파엘로였다. 바티칸 피나코테카에는 라파엘로의 명작이 다수 소장되어 있는데, 〈폴리뇨의 성모〉도 그 작품들 중의 하나다.

작품 하단의 오른쪽에 붉은 융단으로 된 성직자 옷을 입고 있는 사람이 바로 작품의 주문자인 시지스몬도 데이 콘티다. 그는 라파엘로의 열

렬한 후원자이기도 했다. 이 작품의 배경에는 폭우가 내리면서 아예 푸른색을 띠고 있는 작은 마을 폴리뇨의 모습이 보이고, 그 하늘에서 떨어지고 있는 유성의 꼬리가 길게 드리워져 있다. 모든 재앙이 끝내고 시지스몬도의 목숨을 구해주었던 성모가 하늘에 그려져 있고, 땅에 핀 일곱 색깔 무지개가 재난의 끝을 알려주고 있다.

원래 이 그림은 1512년부터 산타 마리아 인 아라코엘리 성당의 콘티 채플에 전시되어 있었다. 미켈란젤로의 캄피돌리오 언덕 옆에 있는 성당이다. 가운데 있는 아기 천사가 내용이 적혀 있지 않은 팻말을 들고 서 있는데, 원래 시지스몬도가 그 내용을 나중에 알려주기로 했었다. 그러나 노환과 질병에 시달리던 시지스몬도가 그 내용을 알려주지 않고 임종하자 라파엘로는 천사가 들고 있는 팻말을 그대로 비워두었다.

6. 변화산상의 그리스도

메디치 가문 출신의 두 번째 교황 클레멘트 7세는 피렌체 르네상스를 후원했던 가문의 후손답게 예술가를 후원하는 데 일가견이 있었다. 치열한 경쟁을 통해서만 명작이 탄생한다는 피렌체의 교훈을 기억하고 있던 교황 클레멘트 7세는 이미 교황이 되기 전부터 예술가들끼리 서로 경쟁을 붙이는 것으로 유명했다.

교황으로 선출되기 전, 줄리오 데 메디치(클레멘트 7세)는 라파엘로에게 중앙 제단화를 주문했는데, 그 계약서에는 1515년까지 라파엘로가 작품을 완성한다는 조건이 붙어 있었다. 로마의 잘생긴 한량이었던 라파엘로는 1517년까지도 그 계약을 완수하지 못했고, 이에 화가 난 줄리오 데 메디치 추기경은 미켈란젤로의 동료이자 제자인 세바스티아노 델 피옴보Sebastiano del Piombo(1485~1547년 추정)에게 다른 제단화를 주문해버렸다.

미켈란젤로는 제자에게 작품의 구도를 제시해 도와주었고, 실제로 일부분을 그려주기까지 하면서 라파엘로의 경쟁심을 자극했다. 16세기 초반의 로마를 떠들썩하게 만들었던 미켈란젤로와 라파엘로의 경쟁이 또다시 재현된 것이다. 라파엘로는 미켈란젤로까지 가세한 세바스티아노 델 피옴보의 도전에 맞서 천하의 걸작으로 대응하게 된다. 바로 이 작품이 바티칸 피나코테카에 소장되어 있는 〈변화산상의 그리스도〉이다.

두 사람은 혁신적인 제단화를 각각 선보였다. 두 사람 다, 이전의 고답적인 제단화 구도에서 벗어나 역동적인 구도와 화려한 색채로 표현된 새로운 제단화 양식을 제시한 것이다. 라파엘로의 〈변화산상의 그리스도〉는 바티칸 피나코테카가 자랑하는 최고의 걸작으로 간주된다. 산 위에서 예수 그리스도가 공중부양을 하면서 신적인 권위를 드러내는 동안, 산 아래 마을에서는 귀신들린 어린이를 치료하지 못하는 제자들의 당황하는 모습이 역동적으로 그려져 있다. 세바스티아노 델 피옴보가 미켈란젤로의 도움을 받고 그린 〈나사로의 부활〉은 현재 영국의 내셔널 갤러리가 소장하고 있다. 라파엘로의 그림은 일부 미완성으로 남았는데, 그가 1520년에 갑자기 임종했기 때문이다.

〈변화산상의 그리스도〉 작품 하단에 한 금발의 여성이 뒷모습을 보여주며 등장하고 있다. 이 여성은 당대 최고의 미녀였으며 교황 알렉산데르 6세의 애첩이기도 했던 율리아 파르네세Julia Farnese의 뒷모습이라는 설이 유력하다. '라 벨라La Bella'라는 애칭으로 불리기도 했던 그녀의 노력으로 오빠인 알레산드로 파르네세는 장차 교황 바오로 3세로 취임하게 된다. 아름다운 율리아를 그토록 사랑했던 교황 알렉산데르 6세의 작은 초상화는 피나코테카의 다음 방에 전시되어 있다.

7. 프라리의 성모

미켈란젤로가 구도 중심의 미
학을 피렌체에서 펼쳐가는 동안,
티치아노Vecellio Tiziano(1488/90 ~
1576년)는 색채 중심의 미학을 베
네치아에서 전개하고 있었다. 이
탈리아 최초로 북유럽에서 개발
된 유화 기법을 수용하고 다양한
채색의 기술을 발전시켜온 베네
치아 화가들은 색을 혼합하는 기
법을 통해서 이탈리아 르네상스
에 활력을 불어넣고 있었다. 벨
리니, 조르조네, 피옴보, 티치아
노, 베로네세, 틴토레토 등의 기

라성 같은 베네치아 출신 화가들은 자유로운 붓질과 화려하고 독특한 색
배합을 통해 르네상스 회화의 또 다른 한 축을 형성해갔다.

피나코테카에 소장되어 있는 티치아노의 〈프라리의 성모〉는 원래 베
네치아의 리도Lido섬에 있는 산 니콜로 데이 프라리San Niccolo dei Frari 성당
의 중앙 제단화로 그려진 것이다. 일명 〈성자들과 함께 한 성모자〉라고
도 불리는데, 왼쪽부터 차례로 성 카타리나, 성 니콜라스, 성 베드로, 성
안토니우스, 성 프란체스코, 성 세바스티아노가 작품의 하단부에 일렬로
등장하고 있기 때문이다.

여러 성자들의 시선은 한곳을 향하지 않고 있다. 천상의 신비가 계시
되고 있음에도 불구하고 그들이 바라보고 있는 시선의 방향은 제각각이

다. 다만 작품 하단의 성 니콜라스가 가장 중요한 위치를 차지하고 있는데, 그만이 성모와 아기 예수를 바라보고 있다. 흰색, 붉은색, 검은색만으로 충분히 그림을 그릴 수 있다고 호언장담했던 티치아노의 확신대로, 이 작품은 화려하지는 않지만 그렇다고 단순하지도 않은 미묘한 색감을 성공적으로 표현하고 있다.

이 작품에서 중요한 위치를 차지하고 있는 성 니콜라스는 이탈리아 남부 바리Bari에 유해가 모셔져 있기 때문에 '바리의 니콜라스'라고도 불린다. 항해와 무역으로 나라의 살림을 꾸려가던 베네치아인들은 1차 십자군 원정 때 항구도시 바리를 경유하게 되었는데, 그곳에서 성 니콜라스의 유해를 수거해 약 500조각에 달하는 그의 뼈를 베네치아로 가져왔다. 성 니콜라스가 항해의 수호성자이기 때문이었다. 이 성물聖物은 리도의 성 니콜라스 성당에 안치되었고, 베네치아 화가인 티치아노는 항해의 수호성자인 성 니콜라스를 자기 작품의 가장 중요한 부분에 위치시켰다.

8. 무덤으로 내려지는 예수

카라바조가 그린 이 작품은 지롤라모 비트리체Girolamo Vittrice라는 인물이 산타 마리아 인 발리첼라Santa Maria in Vallichella 성당의 중앙 제단화로 주문했던 작품이다. 산타마리아 인 발리첼라 성당은 16세기에 창립된 개혁파 수도회였던 오라토리오Oratorio회의 중앙 성당이다.

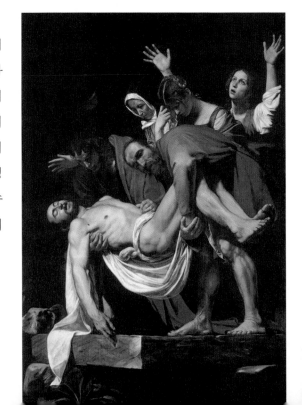

1561년, 가톨릭 교회의 개혁을 주창했던 성 필립포 네리^{St. Filippo Neri}(1515~1595년)는 성과 속의 구분을 없앤 개혁파 수도회를 창립하여 '제3의 로마 창건자'라는 별명을 얻게 된다. 당시 교황은 가톨릭 교회의 수호자로 존경을 받던 필립포 네리에게 산타 마리아 인 발리첼라 성당을 새로 창립된 오라토리오 수도회의 중심 성당으로 삼도록 했다. 이때 재건축된 성당을 '새로운 성당^{Chiesa Nuova}'이라고 부르기도 한다. 이 작품의 주문자였던 지롤라모 비트리체는 성 필립포 네리의 추종자이며 당시 교황과 친분이 깊었던 인물로 카라바조의 강력한 후원자 중 하나였다.

예수의 시신을 무덤으로 내리고 있는 사람은 니고데모^{Nicodemus}인데, 미켈란젤로의 얼굴과 꼭 빼닮았다. 앞에서 잠시 설명되었지만, 카라바조는 그의 예술의 목표를 미켈란젤로를 극복하는 것에 두었고, 여러 작품에서 미켈란젤로에 대한 오마주^{Hommage}를 표시했다. 이 작품을 그린 카라바조의 본명은 미켈란젤로 메리시 다 카라바조였다. 카라바조의 원래 이름이 '미켈란젤로'였던 것이다. 로마 사람들은 두 명의 미켈란젤로를 인정할 수 없었기 때문에, 젊은 미켈란젤로는 그의 고향 이름을 따 그냥 '카라바조'라 부르게 되었다.

라파엘로의 진선미 3부작

우르비노에서 태어난 라파엘로는 레오나르도 다빈치와 미켈란젤로의 예술을 배우기 위해 피렌체로 유학을 떠났다. 1504년부터 1507년까지 이어진 피렌체 활동기간 동안 사람들의 특별한 주목을 크게 끌지 못했던 라파엘로가 로마에서 승승장구할 수 있었던 이유는 고향 사람 브라만테 덕분이었다. 율리우스 2세는 새로 만든 자신의 숙소와 집무실을 장식하기 위해 피렌체에 있던 라파엘로를 로마로 소환했다. 브라만테의 추천 덕분이었다.

청운의 뜻을 품고 로마로 향해 가던 라파엘로는 결국 이 모든 일이 피렌체 예술가들과의 경쟁으로 이어질 것이라는 사실을 잘 알고 있었다. 교황 율리우스 2세가 자신의 영묘를 만들라고 소환했던 피렌체의 천재 예술가 미켈란젤로가 로마에서 시스티나 성당의 천장화를 그리기 시작했다는 소문이 이미 널리 퍼진 상태였다. 욕심 많은 교황이 미켈란젤로와 라파엘로를 경쟁시켜 더 좋은 작품을 갖고 싶어 한다는 소문도 이미 사람들의 입에서 자주 오르내리고 있었다.

교황의 부름을 받고 로마에 도착한 라파엘로는 1508년부터 거장 미켈란젤로와의 피 말리는 경쟁을 시작한다. 그해부터 미켈란젤로는 시스티나 성당에서, 그리고 라파엘로는 '서명의 방'에서 〈아테네 학당〉을 그리

라파엘로의 〈아테네 학당〉이 그려진 서명의 방

기 위한 기초 작업을 시작했다. 전성기 르네상스High Renaissance 시대를 장식하게 될 최고의 경쟁이 바티칸에서 펼쳐지게 된 것이다. 여기에 성 베드로 대성당 신축 공사를 책임진 건축가 브라만테까지 그 경쟁에 끼어들었으니, 가히 조형 예술의 3대 장르인 조각, 회화, 건축의 거장들이 모두 바티칸에 모인 셈이다. 조각에는 미켈란젤로, 회화에는 라파엘로, 건축에는 브라만테라는 양보할 수 없는 각 분야의 거장들이 서로 어깨를 걸고 한판 자웅을 겨루게 되었다.

라파엘로가 서명의 방에 그린 벽화 〈아테네 학당〉과 미켈란젤로의 〈시스티나 성당의 천장화〉는 거의 같은 시기에 그려진 작품들이다. 둘 다 1508년에 시작해서 라파엘로는 1511년에, 그리고 미켈란젤로는 1512년에 작업을 완료했다. 그러나 두 사람이 추구하는 예술의 방향은 완전히 달랐다. 미켈란젤로가 서사적이었다면, 라파엘로는 서정적이었다. 미켈란젤로가 그림으로 웅변을 토했다면, 라파엘로는 그림으로 감미로운 노래를 불렀다. 미켈란젤로가 폭풍이었다면 라파엘로는 산들바람이었다. 한 사람은 영혼을 질책하는 그림을, 다른 사람은 마음을 위로하는 그림을 그렸던 것이다. 미켈란젤로의 그림에 등장하는 인간은 심판의 대상이지만, 라파엘로의 그림에 등장하는 인간은 사랑의 대상이었다. 단테의 《신곡》에 이런 표현이 나온다.

좋은 세상을 이루었던 로마는 두 개의 태양을 가졌는데, 하나는 세상의 길을, 다른 하나는 하느님의 길을 보이게 했다오.**78**

단테는 미래를 예언하는 음유시인처럼 로마에 두 개의 태양이 떠오를 것이라 노래했는데 실제로 미켈란젤로는 신의 길을, 라파엘로는 세속의 길을 비추게 되었다. 물론 언제나 미켈란젤로가 앞서가는 태양이었던 것이 분명하다. 나이도 라파엘로보다 많았고, 생각의 깊이도 라파엘로는 미켈란젤로의 상대가 되지 못했다. 대신 유연하고 신속한 적응력을 가진 라파엘로는 앞서가는 미켈란젤로의 발자국을 조심스럽게 관찰하고, 자신의 그림에서 그 거인의 발자국을 따라 가는 것을 조금도 주저하지 않았다. 미켈란젤로처럼 그릴 수 있다는 사실만으로도 위대한 예술가의 반열에 오를 수 있는 시대였으니, 젊은 라파엘로에게 미켈란젤로는 영원한 스승이었던 것이다.

1511년 〈아테네 학당〉을 거의 완성해가던 라파엘로는 몰래 시스티나 성당으로 들어가 미켈란젤로가 그리고 있던 천장화를 훔쳐보고, 큰 충격

진리의 세계를 표현하고 있는 〈성만찬 논쟁〉

을 받게 된다. 그 엄청난 스케일과 드라마틱하게 인물과 사건을 표현하는 방식을 보면서 차마 넘을 수 없는 엄청난 실력의 격차를 느낀 것이다. '서명의 방'으로 돌아온 그는 갑자기 〈아테네 학당〉의 빈 계단에 철학자 헤라클리토스Heraclitus의 모습을 그려 넣는다. 철학자의 얼굴은 영락없이 미켈란젤로의 얼굴이었고, 긴 장화를 신고 있는 모습은 프레스코 작업을 하면서 장화를 신고 일하던 미켈란젤로를 그대로 묘사한 것이다. 라파엘로는 철학자 헤라클리토스의 모습을 통해 〈시스티나 성당의 천장화〉라는 기적과 같은 작품을 그리고 있는 거장 미켈란젤로에게 경의를 표했다.

라파엘로의 '서명의 방' 벽화는 '진선미眞善美'라는 세 개의 덕목을 다루고 있다. 진리의 세계, 도덕(선)의 세계, 그리고 예술의 세계를 상징하는 작품들이다. 천장에도 네 개의 우의화가 그려져 있는데 신학, 철학, 정의(법), 시의 여신이 고전적인 자태를 뽐내고 있다. 신학은 신앙적인 진리, 철학은 이성적인 진리, 정의(법)은 도덕적 원리, 그리고 시는 예술적 덕목을 상징한다. 4면을 모두 채우고 있는 네 개의 작품도 같은 순서로 배치되어 있다. 〈성만찬 논쟁〉는 신앙적 진리, 〈아테네 학당〉은 이성적 진리, 〈도덕과 법〉은 윤리적 선함, 〈파르나소스 산〉은 예술의 승리를 뜻한다.

먼저 〈성만찬 논쟁〉은 진리의 세계 중에서 '계시된 진리', 즉 신앙이 드러내는 진리의 본질을 표현한 그림이다. 세상 죄를 대신 지고 간 예수의 몸과 희생을 상징하는 성체(빵과 포도주)에 대해 천상과 지상에서의 대화가 이어지는 모습을 담고 있다. 중앙 제단에 모셔져 있는 성체 위로 비둘기로 상징되는 성령, 성자, 성부 하느님이 완벽한 직선을 이루면서 일렬로 배치되어 있다. 천상의 구름 위에는 성경에 나오는 위인들이 모습을 드러내고, 하단에는 교회의 지도자들과 교황, 신학자들이 함께 성체의 본질에 대한 논의를 전개하고 있다.

작품을 자세히 관찰해보면 낯익은 얼굴을 확인할 수 있다. 왼쪽 하단에 등장하는 그레고리우스 대제의 얼굴은 율리우스 2세의 얼굴을 닮았다. 오른쪽에 서 있는 교황은 식스투스 4세다. 그 뒤에 붉은 옷을 입고 있는 매부리코의 단테도 보이고, 그 앞에는 1498년 화형에 처해진 피렌체의 수도원장 지롤라모 사보나롤라도 보인다. 무엇인가를 열심히 읽고 있는 사보나롤라 앞에서 중세를 대표하는 신학자 토마스 아퀴나스^{Thomas} Aquinas(1225~1274년)와 보나벤투라^{Bonaventura}(1221~1274년)가 진지한 대화를 나누고 있다.

〈아테네 학당〉은 라파엘로가 그린 상상 속의 '플라톤 아카데미^{Platonica} Academia'다. 성 베드로 대성당을 연상시키는 회랑의 정중앙에 플라톤과 아리스토텔레스가 각각 손동작으로 자신이 추구하는 철학의 핵심을 표현하고 있다. 이성을 통해 획득할 수 있는 세속적인 진리는, 원형의 이데아를 상정했던 플라톤 철학과 현실의 개별성을 강조하는 아리스토텔레스의 철학으로 나눌 수 있다. 그래서 플라톤의 손가락은 하늘을 향하고 있고, 아리스토텔레스의 손바닥은 땅을 향하고 있다. 초월과 현상, 혹은 이데아와 현실의 세계를 각각 상징하는 손동작이다.

플라톤의 얼굴에는 레오나르도 다빈치의 얼굴이 그려져 있다. 플라톤의 스승 소크라테스도 등장하는데, 올리브색의 옷을 입고 금발의 청년에게 손가락 동작을 취하면서 무엇인가를 설명하는 모습으로 등장한다. 당연히 그 금발의 제자는 아테네의 악동, 알키비아데스^{Alkibiades}(기원전 450~404년 추정)다. 그 옆에서 무장하고 있는 사람은 알렉산드로스 대왕^{Alexandros}(기원전 336~323년 통치)이고, 왼쪽 끝에 떡갈나무 관을 쓰고 있는 사람은 철학자 에피쿠로스^{Epicurus}(기원전 341년~270년)다.

〈아테네 학당〉아래에
서 있는 관람객

이슬람 철학자이자 아리스토텔레스의 주석으로 유명했던 아베로에스 Averroes(1126~1198년)는 터번을 쓴 채, 피타고라스Pythagoras(기원전 570~495년 추정)를 훔쳐보고 있고, 계단에는 견유학파의 철학자 디오게네스 Diogenes(기원전 412~323년 추정)가 한가하게 앉아 있다.

작품 오른쪽 하단의 무리도 얼굴이 친숙하다. 컴퍼스로 도형을 그리고 있는 인물은 브라만테의 얼굴을 한 유클리드Euclid(기원전 4세기~3세기)로, 기하학의 아버지로 알려진 인물이다. 천문학자 프톨레마이오스 Ptolemaeus(100~170년 추정)는 별자리 지구의를 들고 있다. 그리고 오른쪽 끝 열에서 관람객을 응시하고 있는 사람이 바로 이 그림을 그린 라파엘로이며, 그의 옆에 흰 옷을 입고 등장하는 인물은 라파엘로를 도와 '서명의 방' 천장 작업을 하던 소도마Il Sodoma(1477~1549년)다.

나머지 세 작품에 비해 〈도덕과 법〉은 비교적 작은 사이즈로 그렸다. 선한 삶을 위해서는 정의로운 법률의 공정한 적용이 필수적인데, 라파엘로는 이를 교회법과 세속법의 우의화로 표현했다. 교회법을 상징하는 그림에 등장하는 교황 그레고리우스 4세의 얼굴은 율리우스 2세의 얼굴과 닮았다. 그 옆에 서 있는 두 명의 추기경은 장차 교황이 되는 조반니 데 메디치와 알레산드로 파르네세다. 각각 레오 10세와 바오로 3세 교황이 될 인물들이다. 이 작품들은 라파엘로의 조수들이 그린 것으로, 다른 세 벽면에 비해 작품성이 조금 떨어진다.

마지막으로 아름다움과 예술의 세계를 다룬 〈파르나소스 산〉은 그리스 델피의 아폴론 신전을 그린 것이다. 예술의 신 아폴론이 파르나소스 정상에서 음악을 연주하고 있고, 주위에 아홉 명의 뮤즈들이 영감을 불러일으키고 있다. 왼쪽에 배치되어 있는 세 명의 인물은 각각 단테, 호메로스, 베르길리우스다. 호메로스의 《오디세이아》가 트로이 전쟁을 마친

후 배를 타고 귀향하는 오디세우스의 여정을 다루고 있고, 베르길리우스는 《아이네이스》를 통해 로마를 건국하기 위해 위대한 여정에 나섰던 아이네아스와 그의 가족 이야기를 다루고 있다. 또한 《신곡》의 저자 단테가 지옥과 연옥, 천국을 향해 갈 때 베르길리우스의 인도를 받고 가는데, 라파엘로는 이 모든 등장인물의 상호 관계를 한꺼번에 그려 넣었다. 앞을 보지 못하는 호메로스가 더듬거리며 앞으로 나아가고, 베르길리우스는 단테에게 따라오라는 손동작을 하고 있다.

라파엘로가 그린 '서명의 방 벽화'는 사실 네 개가 아니라 세 개로 볼 수 있다. 〈도덕과 법〉의 예술적 묘사가 다른 세 벽면보다 못하기 때문에, 라파엘로의 진선미 3부작을 〈성만찬 논쟁〉, 〈아테네 학당〉, 〈파르나소스 산〉으로 국한시키는 것이다. 〈성만찬 논쟁〉으로 표현된 신학의 세계는 진리를, 도덕적 삶을 지향했던 고대 철학이 묘사된 〈아테네 학당〉은 선함을, 마지막 〈파르나소스 산〉은 아름다움과 예술의 세계를 묘사하고 있다고 보는 것이 정설이다.

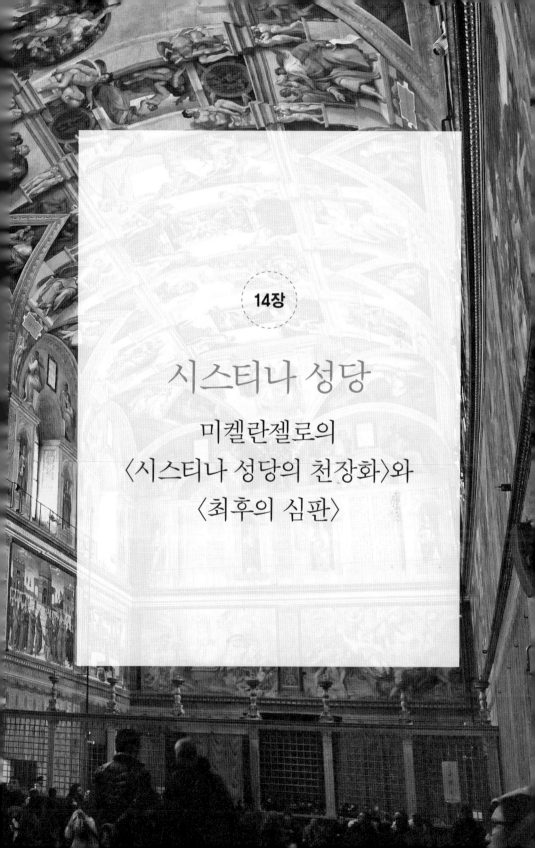

14장

시스티나 성당

미켈란젤로의
〈시스티나 성당의 천장화〉와
〈최후의 심판〉

누가 뭐래도 바티칸 방문의 하이라이트는 미켈란젤로의 〈시스티나 성당의 천장화〉와 〈최후의 심판〉이 전시되어 있는 시스티나 성당이다. 바티칸 박물관의 모든 길은 시스티나 성당으로 향한다고 해도 결코 과장이 아니다. 바티칸 당국은 매일 들이닥치는 관람객의 안전과 편의를 위해서 시스티나로 가는 길을 통제한다. 너무 많은 관람객이 한꺼번에 몰릴 경우, 시스티나 성당으로 가는 길을 우회하도록 해서 입장하는 관람객의 수를 인위적으로 조절하기도 한다. 그러나 시스티나 성당에서의 혼잡은 피할 수가 없다. 사람들의 웅성거림과 경비원들의 사진을 찍지 말라는 고함 소리가 시스티나 성당을 가득 메운다. 여름 시즌은 최악이다. 어떤 때는 내부 온도가 40도에 육박하기도 한다.

　그러나 사람들은 시스티나 성당을 바티칸 투어의 최종 목표로 삼지 않을 수 없다. 그곳에 미켈란젤로의 작품이 있기 때문이다. 바티칸을 처음 방문하는 사람들에게, 시스티나 성당은 그야말로 충격의 시간을 선물한다. 수많은 사람들 틈에 끼여서 미켈란젤로의 천장화를 처음 올려다볼 때의 감동은 이 세상 어느 곳에서도 경험할 수 없는 것이다. 아름답다거나 뛰어나다는 표현으로는 도저히 〈시스티나 성당의 천장화〉를 설명할

수 없다. 단언컨대 인류가 그린 세계 최고의 그림이기에, 서양의 미술은 〈시스티나 성당의 천장화〉에서 끝이 난다고 해도 과언이 아니다.

그러나 시스티나 성당에서 경험하는 충격은 여기서 멈추지 않는다. 중앙 제단 뒤 벽면을 가득 채우고 있는 또 다른 미켈란젤로의 명작 〈최후의 심판〉은 인류의 끝과 역사의 종말까지 보여준다. 이 작품이 완성되었을 때 교황 바오로 3세는 미켈란젤로의 작품 앞에서 무릎을 꿇고, "최후의 심판에서 나를 구원하소서!"라고 두 손을 들고 기도를 했다는 기록이 남아 있을 정도다. 그렇다면 미켈란젤로가 남긴 영혼의 숨결이 느껴지는 시스티나 성당은 과연 어떤 곳일까?

시스티나 성당의 안과 밖

시스티나 성당은 델레 로베레 가문 출신의 교황 식스투스 4세가 건축했기 때문에 그의 이름을 따서 시스티나 성당이라는 이름을 가지게 되었다. 앞에서 언급했듯이 델레 로베레 가문은 두 명의 교황을 배출했는데, 성당 건물을 완성한 사람은 삼촌 식스투스 4세이고 미켈란젤로에게 천장화를 그리도록 한 사람은 조카 율리우스 2세다. 이들은 모두 프란체스코 수도회 소속이었는데, 세상의 종말에 대한 강력한 믿음을 가진 교황들이었다. 그들은 구약성서의 〈스가랴서〉 6장 12~13절에 나오는, 세상의 종말에 대한 구절을 주목했다.

만군의 여호와께서 이같이 말씀하시되, 보라, 줄기Branch라 이름 하는 사람이 자기 자리에서 돋아나서, 여호와의 전을 건축하리라. 여호와의 전을 건축한 그가 영광스러운 옷을 입고 왕좌에 앉아 세상을 통치하리라. 왕좌에 앉은 통치자가 또한 제사장이 되리니, 이 둘 사이가 조화를 이루게 될 것이라.

델레 로베레 가문 출신의 교황들은 자신들이 〈스가랴서〉에 나오는 거룩한 '줄기'라고 믿었다. 더 정확하게 말하자면 자신들은 '다윗의 줄기'에 속한 사람들이며, 선택받은 제사장(교황)인 동시에 통치자(이탈리아의 군주)의 가문에 속해 있다고 확신했다. 그래서 율리우스 2세는 로마 제국의 창건자 가문인 율리우스 가문의 후손이라는 뜻에서 자신의 교황법명을 아예 '율리우스'라 지은 것이다. 이들은 자기 가문의 문장에도 떡갈나무를 그려 넣었다. 로마 제국의 황제 아우구스투스가 자기 문을 지키게 했던 떡갈나무 잎 관을 따온 것이다. 미켈란젤로가 율리우스 2세를 위해 그렸던 〈시스티나 성당의 천장화〉에 등장하는 나무는 모두 델레 로베레 가문을 상징하는 떡갈나무다.

식스투스 4세가 1483년에 시스티나 성당을 건축한 이유는 명백했다. 로마 교황청의 최고 제사장이자 이탈리아의 군주인 자기 가문에 주어진 사명은 〈스가랴서〉 6장 12~13절의 구절처럼 "여호와의 성전聖殿을 건축하는 것"이었기 때문이다. 아니, 순서가 바뀐 것일 수도 있다. 성경의 예언대로, 성과 속의 권력을 모두 손에 넣기 위해서 식스투스 4세는 "여호와의 성전"을 먼저 건축해야만 했다. 그래서 그는 예루살렘에 있는 솔로몬 성전의 사이즈(가로 40.93미터, 세로 13.41미터)를 그대로 옮겨, 여호와의 성전을 바티칸 내부에 짓도록 명령했다.

시스티나 성당은 3이라는 숫자로 구성되어 있다. 가로와 세로의 길이가 1대 3의 비율이고, 양쪽 벽면의 대형 그림은 각각 6개이며, 창문은 모두 12개이다. 모두 삼위일체Trinity를 뜻하는 3이라는 숫자와 연관이 있다.

12개의 창문은 이스라엘의 12지파와 예수의 12명 사도를 동시에 의미한다.

시스티나 성당의 내부 벽면 장식도 3단으로 되어 있다. 벽면 상단에는 중세 시대의 많은 성당이 채택했던 패턴에 따라, 첫 교황 30명의 그림이 영정처럼 그려져 있다. 벽면 중간 부분에는 피렌체와 이탈리아 중부 지방 출신의 화가들이 그린 〈모세의 생애〉 연작과 〈예수의 생애〉 연작이 서로 마주보고 그려져 있다. 구약과 신약의 두 인물이 대조를 이루도록 한 것이다. 이스라엘에게 율법을 전해준 모세와 복음을 전해준 예수의 모습이 대칭을 이루며 그려져 있는데, 율법이 복음에 의해 완성되었다는 신학적 메시지를 전달하는 기능을 하고 있다.

벽면 하단에는 커튼처럼 보이는 장식이 있는데, 델레 로베레 가문의 색인 황금색 천 위에 역시 델레 로베레 가문을 상징하는 떡갈나무 문양이 반복적으로 그려져 있다. 율리우스 2세의 후계자였던 메디치 가문의 레오 10세 교황은 지나친 델레 로베레 문장이 눈에 거슬렸는지, 특별한 행사가 있을 때마다 그 위에 태피스트리(그림을 짜서 넣은 직물)를 걸도록 했다. 레오 10세는 이 태피스트리를 만들기 위해 화가 라파엘로에게 10개의 밑그림을 그리게 했고, 그 밑그림을 바탕으로 당대 최고의 실력을 가졌던 피에테르 반 엘스트Pieter van Aelst의 태피스트리 공방에서 작품을 만들도록 했다. 이미 시스티나 성당의 벽면이 모세와 예수의 생애로 채워졌으니, 라파엘로는 교황의 지시에 따라 베드로와 바오로의 생애를 밑그림의 주제로 선택했다.

라파엘로의 초안 그림을 바탕으로 1516~1521년에 총 16개의 태피스트리가 제작되었는데 지금은 10개만 남아 있다. 라파엘로의 밑그림은 1623년에 영국의 찰스 1세Charles I가 300파운드의 가격으로 구입해서 현재 런던의 빅토리아 앤 앨버트 박물관에서 소장 중이다. 브뤼셀에서 만들어진 실제 태피스트리는 현재 바티칸의 피나코테카에 전시되어 있다.

미켈란젤로의 〈시스티나 성당의 천장화〉

원래 시스티나 성당의 천장에는 푸른색의 창공이 그려져 있었는데, 피에르마테오 다멜리아Piermatteo d'Amelia(1445~1508년 추정)의 작품이었다. 그런데 1504년 5월, 시스티나 성당의 북쪽 부근에서 터파기 공사가 진행되다가 그 충격으로 성당의 천장에 금이 가는 사고가 발생했다. 교황 율리우스 2세는 자기 삼촌이 만든 성당의 천장에 난 균열을 내버려둘 수 없었다. 교황청의 건축 책임자였던 브라만테가 즉각 투입되었는데, 보수 공사를 마친 브라만테는 교황에게 엉뚱한 제안을 한다. 미켈란젤로에게 천장화를 그리도록 하자는 것이었다.

미켈란젤로는 조각가였고, 화가를 경멸하던 사람이었다. 그는 궁극적인 아름다움을 표현하는 예술은 조각이지, 절대로 회화일 수 없다고 확신하던 예술가였다. 미켈란젤로는 조각이야말로 미학의 절정이며, 회화는 저차원의 예술 장르라 믿었다. 그는 이전까지 그림을 그린 적이 두 번 있다. 우피치 미술관에 소장되어 있는 〈도니 톤도Doni Tondo〉와 시뇨리아 정청政廳의 대회의장에 걸기로 했으나 미완성으로 중단했던 〈카시나 전투〉의 밑그림이다. 그러나 이 두 작품 역시 조각처럼 그려진 회화 작품이다. 따라서 조각의 미학적 우월성에 대한 신념을 굽히지 않았던 미켈란젤로에게 〈시스티나 성당의 천장화〉라는 회화 작품을 맡는다는 것은 애초에 상상하기도 힘든 일이었다.

자신을 늘 조각가로 여겼던 미켈란젤로에게 미완성으로 남아 있던 과제가 있었다. 바로 율리우스 2세의 영묘 조각이었다. 새로 건축하게 될 브라만테의 성 베드로 대성당 한쪽 벽면 전체를 채울 거대한 영묘 조각을 위해, 미켈란젤로는 이탈리아 최고의 품질을 자랑하는 순백의 카라라 대리석을 로마로 가져왔다. 그러나 율리우스 2세는 브라만테로 하여금 그 대리석을 모두 압수하게 하고, 성 베드로 대성당의 기초 석재 재료로 사용하라고 지시했다.

고대하던 영묘 조각도 못하게 되었을 뿐 아니라, 대리석 재료를 브라만테에게 몽땅 압수당했던 미켈란젤로로서는 〈시스티나 성당의 천장화〉를 그린다는 건 상상할 수도 없는 일이었다. 자신의 영묘 조각 작업을 불시에 중단시켰던 교황이 또 언제 작업을 중단시킬지 모르는 상황에서 새로운 작업을 맡을 수는 없었다. 그러나 율리우스 2세는 평소 습관대로 소리를 고래고래 지르면서 미켈란젤로를 윽박질렀고, 미켈란젤로는 '내가 그리고 싶은 것을 그린다'는 조건을 내걸면서 천장화 작업을 억지로 떠맡게 된다. 이것이 1508년의 일이다. 교황은 천장의 가장자리에 12명의 사도들을 크게 그리라는 지시를 내렸지만, 미켈란젤로는 이를 "너무 초라하다"며 거절했다. 또한 총 680제곱미터에 달하는 천장의 벽면 전체를 프레스코화로 채우겠다고 선언해서 교황과 주변 사람들을 놀라게 한다. 그리고 천장의 중앙 패널에 3이라는 숫자의 중요성을 재현하면서, 총 아홉 개의 주제로 그림을 그리겠다고 선언했다.

흔히 〈시스티나 성당의 천장화〉를 '천지창조' 혹은 '아담의 창조'로 부르는데, 그것은 잘못된 것이다. 작품의 주제는 '타락한 인류를 향해 내리신 하느님의 심판'이다. 중앙 패널에 담긴 이야기는 이렇다. 천지를 창조하신 하느님이 아담과 이브를 만드셨지만 그들은 에덴동산에서 선악과를 따먹는 죄를 짓게 되어 낙원으로부터 추방을 당한다. 그러나 그들은

시스티나 성당의 천장화와 벽화

또다시 타락한 제사를 드리는 죄를 범한다. 결국 하느님은 '노아의 홍수'로 세상을 심판하지만 겨우 목숨을 건졌던 노아가 술에 취해 주정을 부리는 또 다른 타락한 모습을 보여준다는 것이다.

이것은 미켈란젤로가 16세기의 로마와 가톨릭 교회를 바라보는 시각을 반영한 것이다. 전대 교황 알렉산데르 6세의 타락은 모든 가톨릭 교회의 구성원들을 경악케 했다. 보르자 가문 출신의 알렉산데르 6세는 부정한 방법으로 교황의 자리에 올랐고, 처첩을 거느리고 온갖 부정을 저

질렀다. 그 뒤를 이은 율리우스 2세 역시 미켈란젤로의 눈에는 하느님이 내리는 심판의 대상으로 보였다. 로마 공화정 말기의 야심가 율리우스 카이사르를 따라 하겠다고 교황의 법명조차 '율리우스'로 지었던 교황의 호전적인 태도 앞에서 미켈란젤로는 타락한 인간의 전형을 보았고, 하느님의 심판을 받아 마땅한 인류의 악한 본성을 본 것이다.

미켈란젤로는 이 작품을 주문했던 율리우스 2세의 모습을 선지자 스가랴의 모습으로 그려놓았다. 율리우스 2세는 교황의 전통을 어기면서 수염을 길렀는데, 선지자 스가랴도 흰색 수염을 길게 길렀다. 미켈란젤로는 자신과 영묘 문제로 갈등을 일으켰던 율리우스 2세를 비난하기 위해 교묘한 그림을 〈시스티나 성당의 천장화〉에 그려 넣었다. 선지자 스가랴의 뒤에 천사들을 배치하고, 손가락으로 그 선지자를 욕하는 모습을 작게 그린 것이다. 이 부분을 보면 미켈란젤로가 〈시스티나 성당의 천장화〉를 그릴 때 어떤 심정이었는지를 짐작해볼 수 있다. 인간은 본성적으로 약하고 악하다는 것이 미켈란젤로의 신학이었다. 그래서 그는 전능하신 창조주 하느님의 위대한 속성과 심판의 대상인 인간의 나약함을 극명하게 대비시킨 거대한 그림을 그린 것이다.

중앙 패널의 연작 중, 처음 세 개의 작품은 천지를 창조하신 하느님의 장엄함이 표현되어 있다. 낮과 밤을 나누고, 해와 달과 식물을 만들었으며, 창공과 바다를 가르는 하느님의 모습이 마치 창조의 삼단제단화와 같은 모습이다. 다음 세 개의 작품은 모두 에덴동산에서 일어난 일들이다. 흔히 '아담의 창조'로 널리 알려져 있는 네 번째 패널을 시작으로, 아담의 갈비뼈를 빼서 이브를 창조하는 모습과 이들이 에덴동산에서 선악과를 따먹고 추방을 당하는 장면으로 이어진다. '에덴동산 3부작'이라고 불러도 좋겠다. 그렇다면 나머지 세 개 패널은 '노아의 홍수 3부작'이다.

에덴동산에서 쫓겨난 아담의 후손들이 타락한 제사를 드리는 장면, 노아의 홍수로 세상을 심판하는 장면, 술 마시고 주정부리고 있는 노아의 모습과 아버지의 벗은 몸을 천으로 가리는 노아의 아들들의 모습이 각각 보인다. 노아의 세 아들은 셈, 함, 야벳인데 중세의 신학자들은 이 세 명이 모든 인종의 조상이라고 보았다. 결국 모든 인종이 타락한 모습을 보이고 있고, 이것이 인류의 본성이라는 점을 드러내면서 중앙 패널의 이야기는 마침내 종결된다.

미켈란젤로는 〈시스티나 성당의 천장화〉를 그릴 때 큰 종이에 먼저 밑그림을 그리고 그 거대한 밑그림을 천장 벽면에 붙인 다음, 뾰족한 침으로 밑그림의 아웃라인을 긴 점으로 찍어나갔다. 그리고 그 작은 구멍을 연결한 선에 따라 프레스코화를 그려나갔다. 미켈란젤로는 플라톤 철학자였다. 그는 어린 시절 메디치 가문의 저택에서 신플라톤주의 철학자들에게서 철학 수업을 들었다. 마르실리오 피치노Marsilio Ficino (1433~1499년)와 같은 메디치 가문의 신플라톤 철학자들로부터 이데아(원형)의 중요성을 배운 미켈란젤로는 〈시스티나 성당의 천장화〉도 플라톤적으로 그렸다.

그래서 그는 구도를 우선시했고, 점으로 연결된 작품의 원래 구도는 미켈란젤로에게 아름다움의 이데아를 향해 가는 통로로 받아들여졌다. 중앙 패널의 각 가장자리에 누드로 등장하는 20명의 남자Ignudi가 모습을 드러내는데, 이것 역시 플라톤적인 해석을 내릴 수 있다. 어떤 학자들은 그들을 천사로 간주하기도 하지만, 실은 하느님의 형상으로 창조된 인간의 이데아를 반영한다고 보는 것이 맞다. 그들이 취하고 있는 20가지 몸의 자세와 얼굴의 표정은 인간이 삶에서 봉착하는 모든 희로애락의 순간을 정확하게 포착하고 있다.

중앙 패널을 에워싸고 있는 그림은 시빌레 무녀Sibyl 다섯 명과 구약성

〈델피의 무녀〉

서의 선지자 일곱 명으로 구성되어 있다. 시빌레 무녀들은 그리스도교 신앙과 아무런 연관이 없는 세속적인 존재들이지만, 예수 그리스도의 탄생에 대한 예언을 남겼다는 전설 때문에 여기에 그려지게 되었다. 쿠마에 무녀Cumaean Sibyl는 로마의 미래에 대한 많은 예언을 남겼고, 로마의 왕들은 그 무녀의 예언들을 모아서 책으로 편집하고, 이를 캄피돌리오 언덕에 세워진 유피테르 신전에 소중히 보관했다. 그 예언서의 내용 중에는 한 아기가 태어나 세상에 광명을 주게 될 것이라는 예언이 있었다고 한다.

다섯 명의 무녀들과 순차적으로 교차되는 일곱 명의 선지자들 역시 구세주의 탄생 예언과 연관이 있다. 이들 역시 예수의 탄생을 예언한 선지자들이다. 성과 속이 하나 되는 모습을 무녀와 선지자의 연작 속에서 발견하게 된다. 유일하게 장화를 신고 있는 선지자 예레미야는 숙고하는 자세의 미켈란젤로 자신의 모습을 그려 넣은 것이다. 커다랗게 그려진 무녀와 선지자의 그림 바로 아래에는 아브라함부터 시작되는 예수 그리스도의 직계 조상 40명의 모습이 작게 그려져 있다.

미켈란젤로는 시스티나 성당의 천장에 총 343명의 크고 작은 인물들을 그려 넣었다. 미켈란젤로의 〈시스티나 성당의 천장화〉는 종결되지 않은 해석의 가능성을 열어놓고 있다. 천지창조가 예수 그리스도의 탄생으로 이어진다는 전통적인 해석만으로는 부족하다. 미켈란젤로는 자신의 예술적 창조물을 통해, 하느님이 천지를 창조했다는 것을 보여주었다. 또한 미켈란젤로가 하느님의 '얼굴'을 그림으로써, 이제 인류는 하느님의 얼굴이 우리와 닮았다는 것을 알게 되었다. 예수 그리스도가 인간의 몸으로 세상에 태어났다는, 성육신의 신학을 자신의 〈시스티나 성당의 천장화〉를 통해 보여줌으로써 미켈란젤로는 또 다른 창조자가 된 것이다. 그래서인지 해를 창조하는 하느님의 얼굴이 미켈란젤로의 얼굴과 닮았다는 것을 새삼 확인하게 된다. 미켈란젤로의 천장화는 1994년 4월 8일, 복원 작업을 마치고 대중에게 공개되었다.

미켈란젤로의 〈최후의 심판〉

시스티나 성당 안에서 심호흡을 하고 천천히 좌우의 벽화를 살펴본 사람 중에, 무엇인가 중요한 작품 하나가 빠져 있다는 것을 발견해내는 이가 있다면 분명히 그 사람은 대단한 미술 애호가일 것이다. 사실 미켈란젤로의 〈시스티나 성당의 천장화〉와 〈최후의 심판〉에 압도되어 양쪽 벽에 그려져 있는 〈모세와 예수의 생애 연작〉에는 아무래도 눈길을 덜 주게 된다. 시스티나 성당을 서너 번 방문한 뒤에야 그 그림들이 눈에 들어오는데, 이상하게도 다음의 주제가 없다는 것을 발견하게 된다. 바로 〈아기 예수의 탄생〉과 〈나일강에서 발견된 아기 모세〉이다. 모세와 예수의 생애를 그린 작품이라면 반드시 있어야 할 이 두 그림이 시스티나 성당 안에는 보이지 않는다. 피렌체의 지도자 로렌초 데 메디치가 파견한 피렌체 출신 화가들이 시스티나 성당의 벽면을 〈모세와 예수의 생애 연작〉으로 장식하면서 이 중요한 한 쌍의 그림을 생략했을 리가 없다. 그런데 지금 그 그림들은 어디로 사라진 것일까?

두 그림은 미켈란젤로에 의해 깡그리 지워졌다. 미켈란젤로는 〈최후의 심판〉을 그리기 위해 〈아기 예수의 탄생〉과 〈나일강에서 발견된 아기 모세〉가 그려진 벽을 완전히 긁어내 버리고, 그 위에 자신의 위대한 작품을 남겼다. 자신의 두 작품이 미켈란젤로에 의해 철거되는 비운을 맞이한 작가는 페루자 출신의 화가 페루지노Pietro di Cristoforo Vanucci

Perugino(1446~1523)였다. 라파엘로를 죽도록 싫어했던 미켈란젤로는 라파엘로의 스승이었던 페루지노의 그림을 아무런 망설임 없이 지워버리고 자신의 작품을 그리기 시작했다. 작품을 주문한 사람은 메디치 가문의 두 번째 교황 클레멘트 7세였지만, 작품이 완성된 것은 파르네세 가문의 교황 바오로 3세 때의 일이다. 미켈란젤로는 이 불세출의 작품을 위해 1533년부터 1541년까지 총 8년의 세월을 바쳤다.

〈최후의 심판〉은 로마가 실제로 경험했던 역사의 심판을 반영하고 있다. 1527년의 로마 대 함락 사건, 그것은 로마인들에게 악몽 그 자체였다. 신성로마 제국의 황제 카를 5세가 로마를 초토화시켰기 때문이다. 교황 클레멘트 7세와 로마인들은 가톨릭 교회의 수호자를 자처하던 카를 5세가 로마를 공격하지 않을 것이라 믿었다. 실제로 황제는 직접 로

페루지노, 〈베드로에게 교회의 열쇠를 주는 그리스도〉(1481~82년)

마를 공격하지 않았다. 대신 가톨릭 교회에 대한 반감을 품고 개신교로 개종했던 독일 용병들을 고용해 로마를 초토화시켰다. 147명이 목숨을 잃었던 스위스 교황 근위대의 마지막 저항이 없었다면 교황 클레멘트 7세도 목숨을 부지하기 어려웠을 것이다. 가톨릭 교회에 대한 반감에 가득 찬 독일 용병들은 시스티나 성당을 마구간으로 사용할 정도였다. 로마 시내에서 벌어진 약탈과 방화는 주체할 수 없을 정도였으니, 스페인과 독일의 성난 침략군들의 함성 소리는 마치 세상의 종말을 알리는 최후의 나팔소리와 같았다. 미켈란젤로가 그때의 충격을 그림으로 표현했으니, 바로 그 작품이 〈최후의 심판〉이다.

시스티나 천장의 그림은 '물의 심판' 즉 노아의 홍수 이야기를 담고 있다. 그러나 〈최후의 심판〉은 '불의 심판'이다. 천장에는 〈창세기〉의 심판이, 중앙 제단의 벽면에는 〈요한 계시록〉의 심판이 그려져 있다. 천장에는 알파가, 제단 벽면에는 오메가가 그려져 있다. 미켈란젤로의 〈최후의 심판〉을 가장 정확하게 해석한 사람은 예술사가도, 신학자도 아닌 조니 캐시Johnny Cash(1932~2003년)라는 미국 가수다. 그가 작사 작곡한 〈그분이 다시 오면〉의 가사는 미켈란젤로의 〈최후의 심판〉을 가장 정확하게 설명하고 있다. 그 무시무시한 가사 내용은 아래와 같다.

그분이 다시 오면

보라, 내가 들으니 천둥소리가 울리고
네 마리의 짐승 중의 하나가 이르되,
와서 보라! 그래서 내가 보니, 와서 흰색 말을 보라!

〈최후의 심판〉

그분이 다시 오면 이름을 부를 것이다
그분이 어떤 자에게는 자유를 주고, 어떤 자는 책망할 것이다
모든 사람이 같은 대우를 받지 않을 것이다

황금으로 된 사다리가 내려오고
그분이 다시 오면

모골이 송연해질 것이다
매 끼니, 한 숟가락을 뜰 때마다, 공포에 떨 것이다
그 마지막 잔을 받아 마실 것인가?
아니면 토기장이의 진흙더미로 사라져 버릴 것인가?
그분이 다시 오면

트럼펫 소리와 파이프 오르간 소리를 들어라
수천수만 천사가 노래하고
수천수만 사람들이 북소리에 맞춰 행진하고
이름을 부르는 소리, 울부짖는 소리가 들려올 것이다
어떤 자는 다시 태어나고, 어떤 자는 죽어갈 것이다
처음과 마지막의 왕국이 다시 오시면
소용돌이가 가시나무 주위를 스쳐가고
신부들은 등불을 밝힌다
소용돌이가 가시나무 주위를 스쳐가고
어느 누구도 그 힘에 대항하지 못하리라

최후의 심판 때까지, 평화는 없다. 화평은 없다!
그때가 되어서야 어미 닭이 새끼 닭을 품에 안으리라
현명한 자는 그분의 보좌 앞에 엎드리고
그분의 다리 앞에 황금의 관을 바치리라
그분이 다시 오면

너희 중에 부정한 자가 있느냐, 내버려두어라
너희 중에 정직한 자가 있느냐, 내버려두어라
너희 중에 음탕한 자가 있느냐, 내버려두어라
길게 기록되어 있는 말씀에 귀 기울이라
그분이 다시 오면

　미켈란젤로의 〈최후의 심판〉은 그분이 다시 오시는 사건을 그린 것이다. 선한 자는 천국으로, 악한 자는 지옥으로 가는 심판을 받는다. 최후의 순간이 다가왔음을 알리는 나팔 소리가 울려 퍼질 때, 천국으로 가는 사람들은 자신을 덮고 있던 땅을 박차고 하늘을 향해 솟구쳐 올라가지만, 지옥으로 내려가야 하는 자들의 이름은 명부에 기록되어 있을 뿐이다. 나팔 소리는 그들에게 들리지 않는다. 지옥의 심판이 언제 닥칠지 모른다는 뜻이다. 천국으로 향하는 자들과 지옥으로 향하는 자들의 명부의 크기가 현격한 차이를 보인다. 지옥 명부가 훨씬 더 크고 두껍다. 천국으로 가는 자보다 지옥으로 가는 자가 훨씬 더 많다는 것을 보여준다. 지금도 시스티나 성당으로 입장하는 실제 출입구는 〈최후의 심판〉이 묘사하고 있는 지옥의 입구이다. 미켈란젤로는 시스티나 성당을 오가는 사람들이 지옥의 입구에 서성거리고 있음을 표현했다.

최후의 심판에 들려오는 천사들의 나팔 소리 부분을 확대한 모습

〈최후의 심판〉에 등장하는 사람의 숫자는 총 314명이다. 미켈란젤로
는 유화를 사용하지 않고 프레스코화를 고집했다. 그는 기존 벽면을 채
우고 있던 페루지노의 프레스코화를 완전히 철거해버리고, 먼저 벽돌을
비스듬히 쌓아 올려 그림을 그릴 벽면을 가다듬었다. 바닥과 정확하게

90도를 이루는 것이 아니라, 위로 올라갈수록 앞으로 약간 기울어지게 벽돌을 쌓아 올렸다. 그래야만 그림 표면에 먼지가 쌓이지 않기 때문이었다. 미켈란젤로는 이런 벽면의 기초 작업을 마친 다음, 1536년부터 그림을 그리기 시작하여 1541년에 완성했다. 〈시스티나 성당의 천장화〉가 완성된 후 29년 만에, 또 다른 미켈란젤로의 걸작이 시스티나 성당을 장식하게 된 것이다.

〈최후의 심판〉제일 위에 있는 십자가와 기둥은 예수 그리스도의 수난을 상징한다. 예수가 기둥에 묶여 채찍에 맞았고, 십자가에 달려 고난을 당했기 때문이다. 최후의 심판을 위해 예수 그리스도는 손동작으로 천국과 지옥으로 갈 사람들을 둘로 분리한다. 주위에 등장하는 인물들은 각각 도상학적인 상징들과 함께 그 모습을 드러내고 있다. 성 베드로는 천국의 열쇠를, 성 세례 요한은 낙타 털옷을, 성 안드레는 X자 형 십자가를, 성 로렌스는 쇠 형틀(그 위에서 화형을 당했다)을, 성 바르톨로메오Bartholomew는 도려낸 자신의 살가죽을 들고 있다. 미켈란젤로는 순교자 성 바르톨로메오의 벗겨진 살가죽에 자기 얼굴을 직접 그려 넣었다. 미켈란젤로는 그 작품 속에 자신의 마지막 염원을 담았다. 천사가 최후의 순간을 알리는 나팔을 불 때, 제일 먼저 그 소리를 듣고자 하는 자신의 간절한 소망을 담아, 천사들을 향해 고개를 돌리고 있는 자신의 모습을 그려 넣었다.

문제는 그 모든 인물들이 모두 발가벗고 등장한다는 것이었다. 교황을 선출하는 거룩한 장소에 미켈란젤로가 불경스러운 그림을 그려졌다는 이야기는 삽시간에 로마 거리로 퍼져 나갔다. 문학가 피에트로 아레티노Pietro Aretino(1492~1556년)는 수많은 누드가 꿈틀거리는 미켈란젤로의 작품이 반종교적인 동시에 반예술적이라는 혹평을 퍼부었다. 결국 교황청은 미켈란젤로의 명작 〈최후의 심판〉에 손을 대게 된다. 미켈란젤로의 제자이기도 했던 다니엘레 다 볼테라Daniele da Volterra(1509~1566년)는 교황 피우스 4세의 지시에 따라 스승이 그린 누드화의 주요 부분을 천으로 가렸다. 미켈란젤로의 작품 위에 덧칠이 가해진 것이다. 총 41곳에 덧칠이 가해졌는데, 1980년부터 1993년까지 진행된 복원 작업을 통해서 그중 17곳은 미켈란젤로가 그린 원형 상태로 복원되었다.

〈최후의 심판〉을 그린 미켈란젤로는 〈시스티나 성당의 천장화〉를 그린 미켈란젤로가 아니었다. 〈최후의 심판〉은 그의 독자적인 작품이다. 바티칸 학자나 신학자의 도움 없이 미켈란젤로 본인이 통찰한 삶과 죽음의 의미를 표현한 작품인 것이다. 인생은 무의미하다. 사람들은 자신의 천재성을 칭찬하지만 미켈란젤로 자신은 성자의 벗겨진 살가죽처럼 처참한 몰골로 최후의 나팔 소리를 기다리고 있을 뿐이었다.

〈최후의 심판〉 오른쪽 하단에는 죄인들을 지옥으로 인도하는 '카론의 뱃사공'이 지옥의 입구에서 지체하고 있는 사람들을 노로 후려치고 있다. 단테의 《신곡》이 미켈란젤로의 〈최후의 심판〉에 미친 영향은 지대했다. 또 미켈란젤로는 어릴 때 보았던 피렌체의 성 요한 세례당 천장의 지옥 장면을 떠올렸을 것이다. 피렌체인들에게 임박한 하느님의 심판에 대해 설교하던 지롤라모 사보나롤라 수도원장의 떨리던 목소리도 기억났을 것이다. 미켈란젤로에게 남겨진 것은 최후의 순간이었다. 비록 무시무시한 죽음의 힘은 우리 모두를 망각에 빠뜨릴 것이고 삶은 결국 무의미한 것이 되겠지만, 미켈란젤로는 〈최후의 심판〉을 통해 구원받게 되었다. 그의 생명은 끝이 났으나, 그의 이름은 〈최후의 심판〉과 더불어 영생을 얻게 된 것이다.

미켈란젤로가 그린 〈최후의 심판〉은 르네상스 예술의 종지부를 찍었

시스티나 성당

다. 이제 로마는 한 시대를 끝내고 새 시대를 맞이할 준비를 마치게 된다. 르네상스 시대가 끝나고 바로크 시대의 여명이 밝아온 것이다. 두 시대의 교차점에 미켈란젤로가 있었고, 그가 시스티나 성당의 제단화로 남긴 〈최후의 심판〉은 지나간 르네상스 시대를 향한 '최후의 심판'이었는지 모른다.

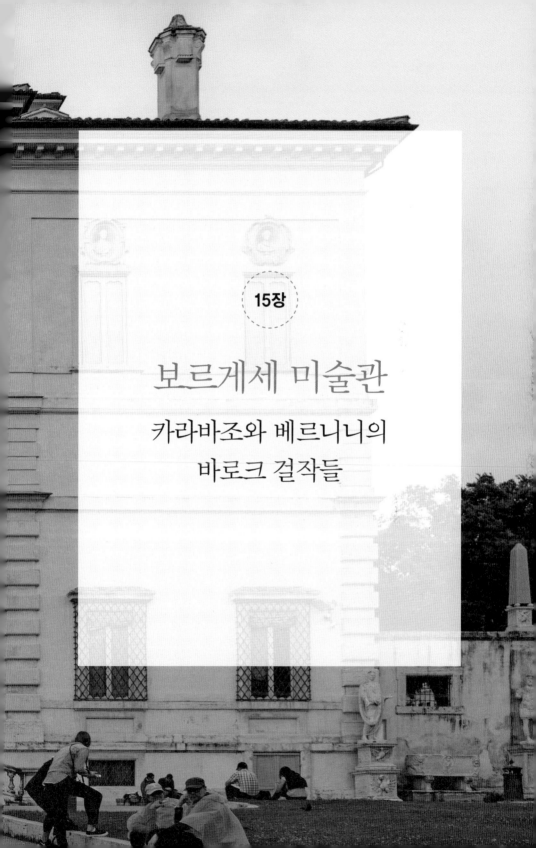

15장

보르게세 미술관

카라바조와 베르니니의
바로크 걸작들

사람마다 차이가 있겠지만, 외국인들이 '로마' 하면 제일 먼저 떠올리는 이미지는 로마를 대표하는 건물, 콜로세움일 것이다. 영화를 좋아하는 사람이라면 〈로마의 휴일〉에 나오는 스페인 계단이나 트레비 분수를 떠올릴지도 모르겠다. 그러나 이탈리아 사람들에게, 특별히 로마에 살고 있는 현지인들에게 로마를 대표하는 곳을 꼽아보라고 하면, 그들은 지체없이 보르게세 미술관Galleria Borghese을 지목한다. 실제로 로마 현지인들을 위한 가이드북에서 보르게세 미술관을 로마 최고의 명소로 선정한 것을 본 적이 있다.

로마 시민들에게 '보르게세'라는 이름은 너무나 친숙하다. 뉴욕에 센트럴 파크Centeral Park가 있다면 로마에는 보르게세 공원이 있기 때문이다. 로마 시민들에게 휴식과 산책의 공간을 제공하고, 아름드리나무들이 도심에 청정한 공기를 제공해주는 보르게세 공원 한쪽 끝에, 아름다운 보르게세 미술관이 자리 잡고 있다. 보르게세 미술관은 단순한 미술관이 아니다. 르네상스와 바로크 시대를 모두 감싸 안으면서, 우리를 근대의 예술 세계로 인도해주는 로마의 특별한 미술관이기 때문이다. 이곳은 로마의 숨겨진 보석과 같은 곳이다.

보르게세 미술관 정면

　원래 보르게세 가문은 시에나Siena 출신이었다. 교황을 배출한 다른 유력한 가문과는 달리 비교적 늦은 시기인 16세기 중엽부터 로마에서 두각을 나타내기 시작했는데, 바로 그다음 세기인 17세기 초반에 교황을 배출하는 기염을 토했다. 카밀로 보르게세Camillo Borghese는 1605년부터 교황으로 취임하여, 바오로 5세라는 법명을 사용했다. 그의 재위 기간 중에 일어난 제일 유명한 사건은 갈릴레오 갈릴레이Galileo Galilei(1564~1642년) 종교재판일 것이다. 지구의 자전을 주장했던 과학자 갈릴레이가 법정에서 신성모독을 범했다는 유죄판결을 받았지만 "그래도 지구는 돈다"고 말했다는 그 유명한 종교재판이, 교황 바오로 5세 재위 기간 중에 일어났다. 성 베드로 대성당 공사를 지금의 모습으로 마무리 지은 사람도 바오로 5세였다. 성 베드로 대성당의 정면 파사드의 정중앙 상단 프리즈 장식에는 'Paulus V Burghesius Romanus(로마의 보르게세, 바오로 5세)'라고 새겨져 있는데, 시에나 출신의 교황이 굳이 자신을 로마인으로 강조했다는 사실이 흥미롭다.

르네상스 시대의 교황 대부분이 그러했듯이 바오로 5세도 자신의 친인척을 대거 등용하여 이른바 네포티즘Nepotism(족벌정치)의 전형을 보여주었다. 바오로 5세는 재위 기간 중, 조카 시피오네 카파렐리Scipione Caffarelli를 양자로 입양했다. 원래 시피오네의 어머니가 바오로 5세의 여동생이었으니, 시피오네에게 바오로 5세는 외삼촌이 되는 셈이다. 시피오네는 아예 자신의 성을 어머니의 성 보르게세로 바꾸고, 교황 외삼촌의 보호막 안으로 들어갔다.

교황 외삼촌이 갈릴레이와의 관계로 유명했다면, 조카 시피오네는 카라바조·베르니니와의 관계로 유명하다. 외삼촌 덕분에 추기경 자리에 오른 시피오네는 막강한 교황 가문의 권력을 등에 업고 재산을 엄청나게 불려나갔다. 교황청 재산을 안정적으로 확보한다는 명목으로 토지나 건물을 헐값으로 매입한 다음 이를 고액으로 임대하여 막대한 재정적인 수입을 올렸다. 한때 로마 남쪽의 땅 3분의 1에 달할 정도로 엄청난 부동산을 소유했다고 알려져 있다. 그는 1613년부터 보르게세 정원을 조성하기 시작했는데, 그 규모가 무려 2만 4,200평에 달했다. 또 시피오네 보르게세는 예술 소장가로 유명했는데, 악명이 높았다는 표현이 더 적절할지 모를 정도로 자신이 원하는 작품을 얻기 위해서라면 어떤 수단도 마다하지 않는 인물이었다.

추기경 시피오네 보르게세는 주세페 체사리Giuseppe Cesari(1568~1640년)라는 당대 최고의 매너리즘 화가를 통해 카라바조와 베르니니라는 두 명의 천재 예술가를 소개받았다. 로마에서 길거리 화가로 전전하던 밀라노 출신의 카라바조는 끼니를 해결해주는 대가로 체사리의 화실에서 과일을 그려주는 일을 맡은 적이 있었다. 이런 인연 때문에, 시피오네 보르게세는 거장으로 성장한 카라바조의 초기 작품인 〈병든 바쿠스〉와 〈과일 바구니를 든 소년〉을 체사리가 소장하고 있다는 것을 알게 되었다. 카라바조의 초기 작품에 욕심을 내던 시피오네는 체사리가 세금을 체납했다는 혐의를 뒤집어씌우고, 그가 소장하고 있던 모든 예술 작품을 압수해버렸다. 1607년에 벌어진 이 유명한 예술품 약탈 사건에 많은 로마의 예술가들이 경악했다. 볼로냐 출신으로 당대 최고의 명성을 누리던 화가 귀도 레니Guido Reni(1575~1642년 추정)가 당장 로마를 떠나겠다고 선언한 것도 바로 시피오네 보르게세의 이런 예술품 약탈 행위 때문이었다.

그러나 예술품 수집에 대한 시피오네의 집착은 여기서 멈추지 않았다. 카라바조가 그린 그림에 신학적인 문제가 있다고 트집을 잡고, 결국 인수가 거절된 작품을 자신의 수장고로 옮겨 놓기도 했다. 아기 예수가 어머니의 발등 위에서 뱀을 밟고 있는 보르게세 미술관의 〈성 가족〉도 그런 식으로 강탈한 것이다. 심지어 라파엘로의 〈예수 그리스도의 매장〉을 빼앗기 위해 아예 도둑과 강도들을 페루자로 보내 성당에 걸려 있던 작품을 몰래 뜯어 오게 했다. 지금 보르게세 미술관에 소장되어 있는 도메니코Domenico Zampieri(1581~1641년)의 〈디아나와 사냥꾼〉도 그런 식으로 작가를 협박해서 가로챈 작품이다.

시피오네 보르게세의 예술품 강탈 행위는 카라바조의 최후 작품을 손에 넣으면서 절정에 달했다. 그는 1606년 로마에서 살인을 저지르고 이탈리아 남부로 도주했던 카라바조에게 사면의 대가로 그림을 요구했고, 카라바조 최후의 작품으로 간주되는 〈다윗과 골리앗〉과 〈성 히에로니무스〉가 그런 경로를 통해 시피오네 보르게세의 손에 넘어갔다.

카라바조만 이런 수모를 당한 것이 아니다. 17세기 로마에 화려한 바로크의 시대를 열었던 조각가 베르니니도 보르게세 가문 때문에 지속적인 어려움을 겪었다. 동시대의 다른 교황들은 베르니니를 건축가로 대우했지만, 바오로 5세와 시피오네 보르게세 추기경은 그에게 조각만 할 것을 강요했다. 보르게세 미술관에 다수의 베르니니의 조각 작품들이 소장되어 있는 이유가 바로 여기에 있다.

베르니니, 〈시피오네 보르게세 추기경의 흉상〉(1631~32년), 보르게세 미술관 소장

이런 점에서 볼 때, 로마의 보르게세 미술관은 새로운 근대적 예술품 소장의 형식을 처음으로 선보인 곳이다. 이전에 존재했던 미술관은 교회나 교황청, 혹은 왕족이나 국가가 관리하면서 시대정신과 정치적인 메시지를 전달하는 기능을 수행했다. 바티칸 박물관처럼 종교 미술을 집중적으로 수집한다거나, 1692년에 문을 연 루브르 박물관처럼 프랑스의 문명을 소개하는 작품을 집중적으로 소장하는 방식이다. 피렌체의 우피치 미술관도 메디치 가문의 르네상스 후원이라는 강력한 정치적 메시지를

전시하는 공간이다. 그러나 로마의 보르게세 미술관은 순전히 시피오네 보르게세라는 한 사람의 취향만을 드러내는 사적인 소장품에서 출발한 미술관이다. 그러니까 예술을 사랑하는 개인이 본인의 취향에 맞는 작품을 장르에 상관없이 모으는 근대적인 예술 소비 형태가 처음 드러난 곳이 바로 보르게세 미술관인 것이다.

보르게세 미술관에는 다른 유럽의 유명한 미술관처럼 작품 컬렉션을 선정하기 위한 특별한 지침이나 추구하는 예술의 목표가 존재하지 않았다. 그래서 어떤 학자들은 이를 '보르게세 가문의 활달한 혼란 상태'가 초래한 무질서한 컬렉션이라고 비판한다. 그러나 개인의 취향을 존중하는 근대적인 예술 소비의 형태가 처음으로 드러났다는 점에서, 보르게세 미술관은 예술품 전시와 소장의 역사에 중요한 분기점을 형성하고 있다.

로마의 명문가로 명성을 떨치고 있던 보르게세 가문은 1803년 카밀로 보르게세가 나폴레옹의 막내 동생 파올리나 보나파르트Paolina Bonaparte(1780~1825년)와 결혼함으로써 새로운 전환점을 맞는다. 1807년, 재정난에 봉착한 카밀로 보르게세는 자신의 처남 나폴레옹 보나파르트에게 무려 695점이나 되는 예술품을 처분하고 말았다. 로마인들은 조상들의 유적과 명작들이 프랑스로 팔려나가는 것에 격분했지만, 그 예술품들은 지금까지 루브르 박물관을 떠나지 못하고 있다. 당시 팔려나간 예술품들의 총 판매대금은 1,300만 프랑(약 7,200만 달러)에 달했다. 더욱 안타까운 것은, 로마에서 파리로 이송되는 과정에서 많은 고대의 대리석 조각 작품이 파손되었다는 것이다. 당시 로마의 공공장소에는 나폴레옹의 이런 문화재 약탈과 파괴를 비판하고 조롱하는 격문이 곳곳에 붙었다. 그 내용은 이랬다.

프랑스 놈들은 모두 도둑놈들인가?

아니, 그렇지는 않다, 그러나 '대부분buona parte'이 그렇다!

나폴레옹의 성 '보나파트르Bonaparte'와 '대부분buona parte'이라는 이탈리아 단어의 유사성을 이용한 위트 넘치는 표현이었지만, 재치와 풍자만으로는 로마의 유적이 해외로 반출되는 것을 막을 수 없었다. 이를 막기 위해 로마의 추기경 바르톨로메오 파카Bartolomeo Pacca는 이른바 '파카 칙령Pacca Edict'을 발표하여, 개인 소유의 작품이나 유적이라고 해도 이탈리아 국외로 매각하거나 임의로 반출하는 것을 금지하는 법령을 통과시켰다 (1820년).

그러나 이러한 법령의 통과에도 불구하고 보르게세 가문은 경제적으로 어려워지면서 재산을 추가로 처분할 수밖에 없었다. 이번에는 아예 보르게세 공원 전체를 외국인에게 팔기 위해 처분 의사를 밝히자, 1902년 로마 시에서 보르게세 공원 전체를 매입하여 시민들을 위한 공원으로 탈바꿈시켰다. 공원 안에 있던 보르게세 미술관도 국가 소유로 전환시킨 다음 일반 대중도 관람할 수 있도록 만들었다.

한때 경제적 위기에 몰리기도 했으나, 보르게세 가문은 지금도 여전히 로마의 명문가로 인정받고 있다. 이른바 검은 귀족Black Nobility의 일원이기 때문이다. 1870년부터 1919년까지 사보이 가문이 주도하던 이탈리아 왕국이 바티칸을 점령하고 이탈리아의 영토로 포함시켜 버리자, 당시 교황이었던 피우스 9세는 바티칸에 대한 사보이 왕국의 세속 지배를 인정하지 않겠다는 뜻으로 교황청 건물의 모든 문을 걸어 잠그고 일체의 공식 행사를 거부하고 나섰다. 이 어려운 시기에 로마의 일부 귀족 가문들은 교황의 뜻에 동조하면서, 자신들의 저택이나 빌라의 문을 걸어 잠그고 스스로를 어둠 속에 유폐시켰다. 짙은 어둠이 그들의 저택에 드리워졌기 때문에 '검은 귀족'이란 칭호가 이때부터 붙게 되었다.

중세 시대부터 로마의 명문가로 명성을 떨치던 콜론나Colonna와 오르시니Orsini 가문을 포함하여 보르게세, 마시모Massimo, 본콤파니-루도비시Boncompagni-Ludovisi 가문 등이 교황과 가톨릭 교회에 충성을 맹세했던 '검은 귀족'들이다. 교황에 대한 믿음과 충성을 지켰던 이 가문들에게 교황청은 이탈리아와 교황청의 이중 국적을 허용했고, 교황이 서거할 경우 관을 운구하는 명예 등을 부여하고 있다. 이들은 비록 명예직이긴 하지만 교황을 경호하는 '고귀한 호위대Guardia Nobile'로 교황청의 특별한 예우를 받고 있다. 아래 작품 목록과 소개는 보르게세 미술관이 소장하고 있는 세계적 수준의 작품들을 포함하고 있다.

보르게세 미술관 10대 걸작

1. 카노바의 <승리자 베누스의 모습을 한 파올리나 보나파트르>

15세기에는 도나텔로, 16세기에는 미켈란젤로, 17세기에는 베르니니, 18세기에는 안토니오 카노바Antonio Canova(1757~1822년)가 있었다. 그들은 각각 초기 르네상스, 전성기 르네상스, 바로크, 신고전주의를 대표하는 세계 최고 수준의 조각가들이다. 안토니오 카노바는 베니스 인근에서 활동하던 석공의 아들로 태어났지만 일찍부터 조각에 두각을 나타내어 유럽 각국의 왕실과 귀족으로부터 지속적인 후원과 주문을 받았다. 나폴레옹의 가문이 그를 특별히 선호했기 때문에, 현재 이탈리아 출신인 카노바의 작품을 보려면 루브르 박물관으로 가야 할 정도이다.

보르게세 가문의 수장이었던 카밀로 보르게세는 나폴레옹의 동생이었던 아내 파올리나의 반 누드 조각 작품을 직접 주문했다. 카노바는 사냥의 여신인 디아나Diana의 모습으로 조각할 것을 제안했지만, 파올리나 본인이 누드로 된 베누스의 모습을 고집했다고 전해진다. 로마 귀족 가문의 안주인이자 나폴레옹의 막내 여동생이 과연 카노바 앞에서 나체를 드러냈는지에 대한 여러 가지 뒷말이 무성했다. 파올리나는 그런 질문을 받을 때마다 "난로가 곁에 있어서 춥지 않았어요"라고 말하며 어색한 순간을 재치 있게 받아넘겼다고 한다.

1808년에 제작된 이 조각 작품 속의 베누스는 작은 사과를 손에 쥐고 있다. '파리스의 심판'에서 황금 사과를 차지한 베누스의 모습을 표현한 것인데, 그래서 작품 제목도 〈승리자 베누스의 모습을 한 파올리나 보나파르트〉가 되었다. 카밀로 보르게세와 파올리나 보나파르트는 나폴레옹의 몰락 이후에 결혼생활의 종지부를 찍고 이혼했는데, 그럼에도 불구하고 남편 카밀로 보르게세는 이 작품을 회전식으로 된 목조 판 위에 올려놓고 공공 전시를 계속했다. 심지어 야간에 촛불을 켜놓은 채 작품을 감

상하도록 해 파올리나의 항의를 받
기도 했다. 촛불에 비친 흰색 대리석
의 베누스가 너무 매혹적이었기 때
문에 관람객들은 밤낮을 가리지 않
고 찾아왔고, 이 작품은 나폴레옹의
사돈이라는 보르게세 가문의 위용
을 드러내는 데 적극적으로 활용되
었다. 마치 실제 침대보가 깔려 있는
것처럼 보이는 대리석의 마감 처리
가, 보는 사람들의 감동을 자아내게
하는 작품이다.

2. 베르니니의 〈다비드〉

미켈란젤로는 모든 예술가들에게
넘어야 할 산과 같은 존재였다. 미켈
란젤로라는 본명까지 같았던 화가 카라바조는 미켈란젤로의 명성에 도
전하기 위해 평생을 걸었고, 조각가 카노바는 처음 로마를 방문했을 때
그의 방문 목적이 오직 미켈란젤로의 작품을 스케치하는 것뿐이라고 밝
힐 정도였다. 전성기 르네상스의 뒤를 이었던 바로크 시대의 조각가 베
르니니도 마찬가지였다. 16세기의 미켈란젤로가 〈다비드〉를 남겼다면,
17세기의 베르니니도 같은 주제의 조각 작품을 남겨 미켈란젤로의 명성
에 도전한다. 1624년에 조각된 〈다비드〉 상이 바로 그런 작품이다.

미켈란젤로의 〈다비드〉가 골리앗을 응시하는 정적인 순간을 포착하
고 있다면, 바로크 시대를 대변하는 베르니니의 〈다비드〉는 골리앗을 향

해 돌팔매질을 하는 역동적인 순간을 묘사하고 있다. 베르니니가 조각한 〈다비드〉의 압권은 얼굴 표정이다. 온 힘을 다해 돌팔매질하기 위해 입을 앙다물고 있는 다비드의 얼굴은 거울에 비친 베르니니 자기 자신의 얼굴을 조각한 것이다. 높이가 170센티미터에 달하는 무거운 대리석을 세우기 위해 힘을 쓰던 베르니니는 우연히 거울에 비친 자신의 모습을 보았고, 그것을 다비드의 얼굴로 표현했다.

미켈란젤로의 〈다비드〉가 적을 응시하며 에너지를 집중하던 모습이었다면, 베르니니의 〈다비드〉는 바로 그다음 순간을 포착한다. 미켈란젤로에 의해 절제되고 응축되었던 에너지가 이제 베르니니 자신에 의해 폭발할 것이라는 기대와 자신감, 그리고 성취에 대한 열망이 굳게 다문 입술을 통해 느껴진다. 바로크 시대의 작품들은 역동성을 강조하기 때문에, 작품 주위를 한 바퀴 돌면서 감상하는 것이 좋다. 앞뒤에서, 그리고 좌우에서 보면 전혀 다른 각도로 보이는 작품에서 다양한 생동감을 느낄 수 있을 것이다.

3. 베르니니의 〈아폴론과 다프네〉

베르니니의 명작 〈아폴론과 다프네〉는 보르게세 미술관을 대표하는 작품일 뿐만 아니라, 서양 조각 예술의 찬란한 금자탑이라고 해도 전혀 손색이 없는 작품이다. 아우구스투스 황제의 역사를 설명하면서 이미 자세히 설명했던 아폴론과 다프네의 사랑 이야기는 오비디우스의 《변신 이야기》를 바탕으로 한다. 아우구스투스의 황실에서 총애를 받다가 정체불명의 사건에 연루되어 로마에서 추방당해 비운의 삶을 살았던 궁정 시인 오비디우스는, 자신에게 밀어닥친 갑작스러운 비극을 그리스와 로마의 신화와 뒤섞어 표현하는 놀라운 문학적 능력을 보여주었다.

　그는 《변신 이야기》를 대표하는 아폴론과 다프네의 사랑 이야기를 통해 관계의 부질없음을 드러내려고 했는지 모른다. 다프네를 열렬히 사랑했던 아폴론은 손을 뻗어 그녀에게 다가가지만 다프네는 그의 사랑을 거절하면서 월계수로 변해간다. 베르니니는 바로 이 순간을 포착하고 있다. 갈망하던 것을 결국 손에 넣었지만 온기 없는 나무껍질만이 만져졌다는 인생의 허무함이 느껴지는 순간이다. 나중에 교황이 된 마페오 바르베리니Maffeo Barberini는 베르니니의 이 명작을 보고 이런 감상문을 써 내려갔다. 이 문장은 작품의 하단에 새겨져 있다.

　언제나 우리 곁에서 멀리 도망치려는 것을 쫓아가는 사람은

열매를 따려고 손을 뻗지만 잎만 무성한 나무를 손에 잡을 것이고
그 손에 잡힌 것은 '슬픔'이란 이름의 열매일 뿐….

아우구스투스는 로마 제국을 창시하면서 팔라티노 언덕 위에 아폴론
신전을 세웠다. 그리고 바로 그 아폴론 신전 옆에 자신의 거처를 마련했
다. 아폴론 신전 옆에 있는 작은 왕궁의 입구에 월계수를 심었으니, 아우
구스투스는 결국 자신을 아폴론 신과 동일시한 것이다. 월계수는 아폴
론의 나무이기 때문이다. 따라서 오비디우스의 《변신 이야기》에 나오는
〈아폴론과 다프네〉 이야기는 아우구스투스 황제와 시인 오비디우스의
애증 관계를 상징하는 것인지 모른다. 영원불멸의 문학 정신을 드높이려
던 오비디우스는 황제의 갑작스러운 추방 명령을 받고 크게 상심했다.
어쩌면 자신의 절박한 마음을 월계수로 변해가는 다프네로 표현했는지
도 모른다.

사실 작품의 주문자인 보르게세와 그 작품을 제작해야 하는 베르니니
의 관계도 절박하기는 마찬가지였다. 시피오네 보르게세는 개인적인 예
술 취향을 만족시키기 위해 베르니니를 조각 공방에서 나오지 못하도록
했다. 회화, 조각, 건축 모든 분야에 재능을 보여 제2의 미켈란젤로가 등
장했다는 칭송을 받고 있었지만 보르게세는 베르니니를 조각가로만 인
정하려 들었다. 회화에는 카라바조가 있고, 건축에는 보로미니가 있으
니 베르니니에게는 조각 작품만 맡기려 든 것이다. 시피오네 보르게세는
〈아폴론과 다프네〉를 조각하고 있던 베르니니에게 갑자기 〈다비드〉를 주
문해서 작업의 흐름을 방해하기도 했다. 결국 이 작품은 〈다비드〉를 먼
저 완성한 이후, 1625년에야 마무리하게 된다.

베르니니의 〈아폴론과 다프네〉는 같은 방에 전시되어 있는 도소 도시

Dosso Dossi(1489~1542년)의 회화 작품과 비교하면서 감상하는 것이 좋다. 이 그림은 페라라Ferrara의 영주 알폰소 데스테Alfonso d'Este(1476~1534년) 공작이 첫째 부인 루크레치아 보르자Lucrezia Borgia(1480~1519년)와 사별한 후, 새로 결혼할 라우라 디안티Laura Dianti에게 보인 사랑의 고백을 담고 있다. 작품 왼쪽에 월계수로 변해가는 다프네의 모습이 어렴풋이 보이고, 그 충격에 예술의 신이기도 한 아폴론이 비올라 연주를 갑자기 멈추는 장면이 포착되어 있는 그림이다.

4. 베르니니의 <프로세르피나의 납치>

베르니니의 <프로세르피나의 납치>는 원래 선물용으로 제작된 것이다. 보르게세 가문의 저택과 지리적으로 가장 가까운 로마의 전통 귀족은 루도비시Ludovisi 가문이었다. 아우렐리우스 성벽을 사이에 두고 안쪽에는 루도비시 가문이, 바깥쪽은 보르게세 가문이 자리를 잡고 있었다. 지금 로마의 미국 대사관과 고급 호텔들이 줄지어 있는 비아 베네토Via Veneto 부근이 루도비시 가문의 영지였다.

1622년 시피오네 보르게세는 이웃집인 루도비시 가문의 경사를 축하하기 위해 베르니니의 작품을 선물로 보냈다. 루도비시 가문에서 교황이 탄생했기 때문이다. 베르니니의 작품은 루도비시 가문 출신의 교황 그레고리우스 15세의 취임과 더불어 추기경이 된 루도비코 루도비시Ludovico Ludovisi에게 직접 전달되었다. 시피오네와 루도비코는 모두 교황의 조카들이었다. 로마의 실권을 장악했던 선임자가 후임자에게 베르니니의 작품을 선물로 보낸 것이다. 1908년까지 루도비시 가문이 소장하고 있던 <프로세르피나의 납치>는 이탈리아 정부에 매각되었고, 현재 베르니니의 다른 작품들과 함께 보르게세 미술관에 전시되어 있다. 결국 보르게

세의 품으로 다시 돌아오게 된 것이다.

〈아폴론과 다프네〉와 마찬가지로 이 작품 역시 오비디우스의 《변신 이야기》에서 출발한다. 봄의 요정이자 숲의 요정인 프로세르피나(그리스 신화의 페르세포네)는 사랑의 금 화살에 맞은 플루토Pluto(그리스 신화의 하데스)에 의해 지하세계로 납치된다. 왼손으로 플루토의 얼굴을 밀치면서 오른손으로 절망을 표현하고 있는 프로세르피나의 뺨에는 한 줄기 눈물이 흘러내리고 있다. 플루토의 오른손은 프로세르피나의 허벅지를 움켜쥐고 있는데, 그 표현이 너무 사실적이라 관람객의 탄식을 자아내게 만든다. 작품을 옆에서 보면 플루토의 발과 무릎, 프로세르피나의 왼쪽 무릎과 왼쪽 팔꿈치, 그리고 프로세르피나의 얼굴을 일직선으로 연결할 수 있을 정도다. 대리석의 사각형 끝부분을 정확하게 포착하고 그것을 최대한 활용할 수 있었던 베르니니의 천재성에 다시 한 번 감탄하게 된다.

5. 베르니니의 〈시간이 지나면 드러나는 진리〉

1652년 작품인 베르니니의 〈시간이 지나면 드러나는 진리〉는 보르게세 미술관이 소장하고 있는 조각 작품 중에서 유일하게 미완성이다. 원래 베르니니의 유가족들이 소장하고 있다가 1957년부터 국가 소유가 되었다. 베르니니는 왜 이런 이상한 제목의 작품을 만든 것일까? 그리고 왜 이 작품만 미완성으로 남게 된 것일까?

베르니니에게 1646년은 수치스러운 해였다. 성 베드로 대성당 정면 파사드 공사를 맡았던 그에게 온갖 비판이 쏟아졌기 때문이다. 그는 성 베드로 대성당의 정면 파사드에 두 개의 종탑을 건축했는데, 한쪽 탑의 무게가 지나쳐서 건물이 무너질지도 모른다는 우려가 제기되었다. 결국 문제의 탑은 1646년에 철거되었고, 지금도 성 베드로 대성당의 정면 파

사드에는 종탑이 없다. 베르니니는 자신의 종탑이 철거당하는 순간부터 〈시간이 지나면 드러나는 진리〉를 조각하기 시작했다. 새로 교황으로 취임한 인노켄티우스 10세(1644~1655년 재위)는 베르니니에게 더 이상 작품을 맡기지 않았고, 로마의 건축물은 모두 그의 경쟁자였던 보로미니에게 넘어갔다.

베르니니는 〈시간이 지나면 드러나는 진리〉를 통해 자신의 솔직한 심정을 토로했다. 비록 작품은 미완성으로 남았지만, 우리는 베르니니가 남긴 기초 데생을 통해 작품의 원래 계획을 알 수 있게 되었다. 현재 미완성 조각으로 남아 있는 '여성'은 원래 진리를 상징했고, 그녀의 손에는 모든 것이 명명백백하게 드러나는 밝은 태양이 들려 있었다. 베르니니는 '진리의 여성' 위에 '시간의 남성'을 조각하려고 했던 것으로 추정되는데, 가을 들판에서 곡식을 자르는 낫을 들고 있는 늙은 노인의 모습이었을 것이다. 베르니니는 자신이 추구하던 아름다움의 진리가 시간이 지나면 결국에는 드러나게 될 것이고, 시간의 도도한 흐름 앞에서 어떤 것도 숨길 수 없다는 것을 이 작품을 통해서 표현하고 싶었던 것이다.

베르니니는 자신의 유서에서도 이 작품에 대해 언급했다. 베르니니 가문의 명예를 이어갈 장손의 집에서 이 작품을 소장하라는 것이었다. 그러나 경제적인 문제에 봉착했던 베르니니 가문은 작품의 상단에 해당하는 '시간의 남성'을 어딘가로 매각해버렸고, 그 작품은 현재 행방불명 상태에 있다. 그것 역시 시간이 지나면 언젠가는 드러날지 모를 일이다.

6. 라파엘로의 <예수 그리스도의 매장>

1507년에 제작된 라파엘로의 명작 <예수 그리스도의 매장>은 세상에서 유일무이한 작품의 구도를 보여준다. 십자가에서 내려진 예수의 시신을 동굴 무덤으로 옮기는 순간, 두 명의 여성이 절규하는 모습이 대비를

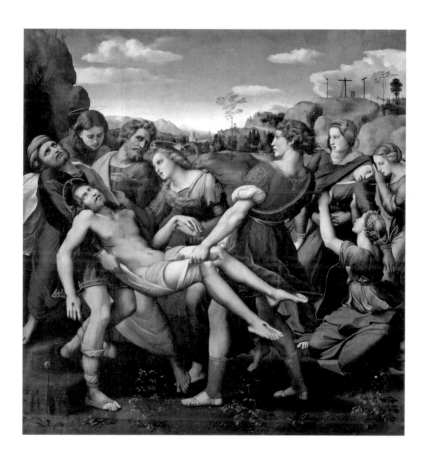

이루는 특이한 구도다. 라파엘로는 특유의 고전주의적인 엄숙함에 역동적인 몸동작을 더해, 르네상스 시대에 그려진 최고 수준의 성화를 완성했다.

이 작품은 페루자의 영주였던 발리오니Baglioni 가문의 비극을 배경으로 한다. 이 작품의 주문자이자 비극의 주인공인 아탈란타 발리오니Atalanta Baglioni는 아들 예수의 죽음 앞에서 실신하는 성모 마리아의 모습으로 그려졌다. 아탈란타도 성모 마리아처럼 아들을 잃는 비극을 경험했기 때문이다.

발리오니 가문의 비극은 1500년에 열렸던 가문의 결혼식에서 시작되었다. 결혼식 축하 파티가 진행되던 페루자의 저택에서 발리오니 가문과 오디Oddi 가문의 자제들 사이에 사소한 충돌이 발생했는데, 이 와중에 아들 그리포네토 발리오니Grifonetto Baglioni가 목숨을 잃고 말았던 것이다. 결국 결혼식장에서의 결투는 전 도시가 연루되는 대규모 분쟁으로 확대되었다. 가문의 남자들이 반이나 목숨을 잃을 정도로 초기에는 수세에 몰렸으나, 발리오니 가문은 하루 만에 다시 세력을 규합하여 오디 가문에게 복수의 철퇴를 가하고 그들을 페루자에서 축출하는 데 성공했다. 발리오니 가문의 여주인이었던 아탈란타는 이 와중에 목숨을 잃었던 아들을 추모하기 위해 라파엘로에게 작품을 의뢰했다. 라파엘로는 예수의 다리 부분을 잡고 있는 청년의 얼굴에 유명을 달리한 아들 그리포네토 발리오니를 그려 넣었다. 예수의 시신을 바라보며 울고 있는 젊은 여성은 스포르차 가문에서 시집온 그의 아내다.

시피오네 보르게세는 이 작품을 손에 넣기 위해 페루자의 발리오니 가족 성당에 침입하여 중앙 제단화였던 〈예수 그리스도의 매장〉을 뜯어오게 했다. 이 작품은 피렌체에 체류하면서 동시대의 거장이었던 레오나르도 다빈치와 미켈란젤로의 영향을 받았던 라파엘로의 성숙한 면모를 보여주고 있다. 그는 피렌체에서 다빈치로부터 인물의 세밀한 표정을 배웠고 미켈란젤로로부터는 구도의 중요성을 배웠다. 아들의 죽음 앞에서 기절하며 쓰러지고 있는 성모 마리아를 양손으로 받치고 있는 하단의 여성은 미켈란젤로의 〈도니 톤도〉에서 성모 마리아가 아들 예수를 두 손으로 받는 모습과 흡사하다.

7. 라파엘로의 〈유니콘을 들고 있는 여인〉

〈예수 그리스도의 매장〉 옆에 전시되어 있는 〈유니콘을 들고 있는 여인〉에서도 라파엘로가 피렌체에서 받은 영향을 확인할 수 있다. 라파엘

로는 피렌체에 체류하는 동안 도니Doni 가문을 위한 초상화 두 점을 남겼는데, 〈아뇰로 도니Agnolo Doni의 초상화〉와 〈막달레나 스트로치Maddalena Strozzi의 초상화〉다. 1503년, 피렌체의 부유한 상인이었던 도니는 피렌체의 명문가 출신 막달레나 스트로치와 결혼하면서 라파엘로에게 이 작품을 주문했다. 현재 이 두 작품은 피렌체 우피치 미술관에 소장되어 있다.

보르게세 미술관에 소장되어 있는 〈유니콘을 들고 있는 여인〉과 〈막달레나 스트로치의 초상화〉의 주인공 얼굴이 서로 닮았고, 두 작품이 같은 시기에 그려진 것으로 추정되기 때문에 동일 인물로 간주되기도 한다. 또 라파엘로가 그린 두 작품 다 레오나르도 다빈치의 〈모나리자〉와 구도가 흡사하다는 공통점도 있다. 다빈치의 그림에서 몽환적인 느낌이 난다면, 라파엘로의 작품에서는 고전주의적인 우아함이 강조되고 있다.

이 작품의 해석은 아직도 현재진행형이다. 처음 이 그림이 그려졌던 1506년 당시, 이 작품의 제목은 〈알렉산드리아의 카타리나〉로 알려졌다. 1936년의 복원작업 전까지 이 그림에는 작품 하단에 유니콘이 아니라 수레바퀴가 그려져 있었기 때문이다. 수레바퀴는 알렉산드리아에서 순교를 당한 성녀 카타리나를 상징하는 정통적인 오브제다. 그러나 저명한 이탈리아의 미술사학자인 로베르토 롱기Roberto Longhi는 이미 1927년에 수레바퀴 부분이 여러 번 겹칠되어 있어 그 뒤에 다른 그림이 그려져 있을 것이라고 추정했는데, 실제로 1936년의 복원 작업 결과 유니콘이 드러나서 로베르토 롱기의 탁월함이 다시 한 번 증명되기도 했다.

그 뒤부터 이 작품은 〈유니콘을 들고 있는 여인〉으로 바뀌게 되었지만, 한 가지 문제가 더 발생했다. 이 작품을 엑스레이로 찍어본 결과 유니콘 뒤에 또 다른 밑그림이 그려져 있었기 때문이다. 유니콘 뒤에 발견된 것은 강아지였다. 전통적으로 충직함을 상징해왔던 강아지가 그려져 있는 것이 발견됨으로써, 라파엘로가 이 그림을 통해 그리고 싶어 했던 것은 〈남편의 충직을 요구하는 막달레나 도니의 초상화〉일지도 모른다는 견해가 조심스럽게 제시되고 있다.

8. 티치아노의 <성스러운 사랑과 세속적인 사랑>

<성스러운 사랑과 세속적인 사랑>은 세계적인 부호 로스차일드 Rothschild 가문이 탐내던 작품이었다. 보르게세 가문이 경제적인 어려움을 겪고 있다는 소문이 퍼지자 로스차일드 가문은 보르게세 미술관에 소장되어 있는 티치아노의 <성스러운 사랑과 세속적인 사랑>을 매입하겠다는 의사를 밝혀왔다. 이 작품이 소장되어 있는 보르게세 미술관 건물의 시가만큼 가격을 쳐주겠다는 파격적인 제안을 했다. 그러나 보르게세 가문은 이 천문학적인 금액의 제안을 거절하면서, 티치아노의 명작을 끝내 팔지 않았다.

티치아노가 이 작품을 제작하게 된 경위나 보르게세 미술관이 이 작품을 소장하게 된 경위는 모두 비밀에 싸여 있다. 어떤 소장 기록도 남아 있지 않기 때문이다. 다만 확인할 수 있는 것은 1514년에 맺어진 베네치아의 니콜로 아우렐리오Niccolo Aurelio와 파도바의 라우라 바가로토Laura Bagarotto의 결혼을 축하하기 위한 작품이라는 것이다. 샘처럼 생긴 무덤의

벽면에 그려져 있는 아우렐리오 가문의 문장과 은 접시의 바닥에 그려져 있는 바가로토 가문의 문장이 확인되었기 때문이다.

가로로 길게 배치된 작품의 구도는 선명해 보이지만 숨겨진 의미는 모호하다. 먼저 그림 속 두 여인의 얼굴이 서로 닮았다는 점이 특이해 보인다. 만약에 두 사람이 각각 성스러운 사랑과 세속적인 사랑을 상징하고 서로 얼굴이 같다면, 한 사람에게 두 가지 면모가 다 드러나야 한다는 뜻일까? 그러나 두 여성이 입고 있는 옷과 배경은 전혀 다르게 묘사되어 있다. 보석 상자를 옆에 끼고 있는 여인은 옷을 입고 있지만, 등잔을 들고 있는 여성은 누드 상태다. 붉은색의 망토가 휘날리고 있지만, 바람이 불고 있다는 흔적은 어디에서도 찾아볼 수 없다.

한쪽에는 성벽과 토끼가 그려져 있고, 반대쪽에는 교회와 양이 그려져 있다. 각각 세속적인 세상과 성스러운 세상을 보여준다. 다산의 상징인 토끼는 욕망을, 희생 제물을 뜻하는 양은 거룩함을 상징한다. 무덤 주변에 두 여인이 배치되어 있는 것도 특이하다. 설마 '결혼은 인생의 무덤'이라는 뜻은 아닐 것이다. 사랑을 전하는 쿠피도가 무덤에 담긴 물을 휘저어 샘물로 만들고 있고 무덤의 벽면으로 파이프가 연결되어 샘물이 쏟아지고 있다. 두 사람의 결혼으로 새로운 생명이 탄생할 것이라는 사실을 예감하게 한다.

티치아노의 이 작품은 구도적인 측면에서도 파격적이다. 가로 279센티미터에 세로 118센티미터에 이르는 대작이기 때문이다. 침실 벽에 가로로 걸어놓기에 적절한 구도라는 점에서 신혼부부의 방에 걸렸을 것이라는 추측이 지지를 얻고 있다. 낮과 밤에 취해야 할 신부의 적절한 처신을 설명한 그림이라는 해설이 신 플라톤 철학에서 추구하는 사랑에 대한 지고한 해석이었다는 해설을 압도하고 있다.

9. 카라바조의 〈병든 바쿠스〉

〈병든 바쿠스〉는 시피오네 보르게세가 주세페 체사리에게서 강탈한 카라바조의 초기 작품이다. 1593년, 처음 로마에서 모습을 드러낸 밀라노 출신의 카라바조는 길거리 화가로 전전하다가 전염병에 걸려(혹은 말의 뒷발에 차였다는 설도 있다) 행려병자들이 수용되는 빈민 구호 병원에 입원했다. 말라붙은 입술을 가진 병든 바쿠스가 퀭한 시선으로 관람객을 응시하고 있는 자세는 행려병자 병원에서 치료를 받고 있던 카라바조 자신의 모습이다. 그는 석판으로 된 의자 뒤에서 상반신을 앞으로 웅크린 채, 포도를 송이째 먹고 있는 바쿠스의 모습으로 자신을 그렸다.

바쿠스의 손톱에 끼어 있는 때가 보일 정도로, 카라바조는 사실주의에 천착했던 화가다. 당시에 유행하던 인물이 전면에 배치되고 배경으로 자연이 묘사되던 포즈는 완전히 사라지고, 짙은 어둠만이 작품의 배경으로 자리 잡고 있다. 체사리의 화실에서 함께 강탈해 온 〈과일 바구니를 든 소년〉도 같은 방에 전시되어 있는데, 그 작품에서도 배경은 어두운 벽으로만 처리되어 있다. 카라바조는 서양 미술사 최초로 과일 정물화를 그린 화가였는데, 그 단독 정물화 〈과일 바구니〉는 현재 밀라노의 피나코테카 암브로시아 미술관에 소장되어 있다. 보르게세 미술관의 〈과일 바구니를 든 소년〉에는 검은 머리칼을 가진 청년의 육감적인 모습이 함께 그려져 있다. 이 두 작품 둘 다 초기에 그려졌기 때문에 어깨 근육 부분이 조금 부자연스럽게 보인다.

카라바조는 자신의 자화상이기도 한 〈병든 바쿠스〉를 통해 자신의 웅대한 포부를 표현하고 있다. 지금은 비록 무명 화가에 불과하고 행려병자 신세를 면치 못하고 있지만 언젠가는 로마 화단을 제패하고 불멸의 명성을 이루겠다는 꿈을 그림 속에 표현한 것이다. 병색이 완연한 얼굴

나의 로망, 로마

이지만 머리에 포도나무 덩굴로 만든 관을 쓰고 있는 카라바조의 모습을 통해, 언젠가는 승리의 월계관을 쓰고 말겠다는 그의 결연한 의지를 느낄 수 있다.

10. 카라바조의 <골리앗의 머리를 들고 있는 다비드>

보르게세 미술관은 카라바조의 최초 작품인 〈병든 바쿠스〉를 소장하고 있을 뿐만 아니라 그의 최후 작품으로 간주되는 〈골리앗의 머리를 들고 있는 다비드〉도 소장하고 있다. 갑자기 나타나 로마의 천재 예술가로 명성을 떨치면서 그의 예술을 추종하는 수많은 아류들, 즉 '카라바지스티^{Caravaggisti}'들로 하여금 자신의 화풍을 모방하게 만들었던 카라바조는 1606년 5월 29일, 동료 라누초 토마소니^{Ranuccio Tommasoni}를 칼로 찔러 죽이고 나폴리, 몰타, 시라쿠사, 메시나, 팔레르모 등지로 도피행각을 벌인다.

당시 교황의 조카이자 형사 사건의 사면권을 가지고 있던 시피오네 보르게세 추기경은 카라바조에게 작품을 요구하면서, 사면의 가능성을 넌지시 흘렸다. 카라바조는 〈골리앗의 머리를 들고 있는 다비드〉와 같은 방에 전시되어 있는 〈성 세례 요한〉을 나폴리에서 그린 후에, 로마로 출발했다. 이 그림을 시피오네에게 바치고 사면을 얻으려는 계획이었다. 그러나 카라바조는 로마로 돌아오지 못하고 중도에서 열병으로 사망했다. 1610년, 카라바조가 죽었다는 소문이 퍼졌지만 시피오네는 그가 그린 그림의 행방에 더 많은 관심을 기울였다. 화가는 로마로 돌아오지 못했지만, 그가 그린 마지막 작품은 추후에 발견되어 보르게세 미술관으로 옮겨졌다.

〈골리앗의 머리를 들고 있는 다비드〉는 이중초상^{Double Portrait}의 전형이다. 소년 다비드의 얼굴과 목이 잘린 채 피를 흘리고 있는 골리앗의 얼

굴은 사실 같은 사람이자 카라바조 자신의 얼굴을 그린 것이다. 일반적으로 다비드와 골리앗이 등장하는 그림에서는 승리자 다비드의 의기양양한 모습을 주로 강조한다. 그러나 카라바조는 자기 자신(골리앗)의 목을 자르고 참회하며 용서를 구하는 자기 자신(다비드)의 얼굴을 한 작품속에 그려놓았다. 다비드가 겨누고 있는 칼날에는 H, AS, OS라는 라틴어 약자가 일정한 간격을 두고 새겨져 있다. "겸손함이 오만함을 죽인다 Humilitas occidit superbiam"라는 라틴어 경구의 주요 글자를 모아둔 것이다. 다비드의 칼날은 그의 사타구니를 향하고 있는데, 오만함의 출처를 겨냥하고 있다는 해석도 있다.

로마, 무엇을 보고
어떻게 떠날 것인가?

    명배우 줄리아 로버츠는 영화 〈먹고, 기도하고, 사랑하라〉에서 이탈리아로 떠나 영혼의 자유를 만끽하는 미국의 전문직 여성으로 등장한다. 그녀는 사랑했던 남편과의 이혼으로 몸과 마음이 만신창이가 된 후에, 무작정 이탈리아로 떠난다. '장미보다 아름다운 언어'인 이탈리아어를 배우고 싶다는 이유 하나만 가지고. 그녀는 이탈리아로 떠나기 전에 자기 자신에게 이렇게 질문을 던진다.

    지난 몇 년간 계속 이탈리아어(내게는 장미보다 더 아름다운 언어)를 배우고 싶다고 생각했지만, 그걸 정당화할 만한 실용적인 이유를 찾을 수 없었다. 차라리 예전에 배운 프랑스어나 러시아어를 열심히 공부하지그래? 아니면 스페인어를 배우든가. 그편이 미국에 거주하는 수백 명의 라틴계 이웃과 소통하는 데 더 도움이 되지 않겠어? 이탈리아어를 배워서 어디에 쓰려고? 이탈리아로 이사 갈 것도 아닌데. 차라리 아코디언 연주를 배우는 게 더 실용적일 터였다.

    하지만 왜 모든 일에 꼭 실용적 가치가 있어야 한단 말인가. 난 수년간 근면한 일개미로 살았다. 일하고, 생산하고, 마감을 한 번도 어기지 않고,

사랑하는 가족들을 보살피고, 잇몸과 신용카드 기록을 관리하고, 투표도 빠짐없이 했다. 인생에는 오직 의무밖에 없단 말인가?**79**

줄리아 로버츠가 로마로 떠나면서 제기했던 질문, '인생에는 오직 의무밖에 없단 말인가?'는 우리에게도 여전히 유효한 질문이다. 근면한 일개미로 사는 것이라면, 어느 나라 사람들보다 우리가 더 확고하게 지키고 있는 삶의 방식이다. 우리가 아침부터 밤까지, 아니 태어날 때부터 공부하고, 취직하고, 결혼하고, 직업을 가지고, 아이를 낳고 살아가는 방식을 떠올려볼 때 '인생에는 오직 의무밖에 없단 말인가?'라는 질문은 우리에게 가장 절실한 것이다. 결국 줄리아 로버츠는 '의무밖에 없는 인생'으로부터의 탈출을 실행에 옮기고 로마로 간다. 아름다운 그녀는 이제 로마에서 이탈리아어를 배우며 진정한 삶의 기쁨을 누린다.

난 이탈리아어를 배우는 게 너무 좋았다. 내게는 모든 단어가 지저귀는 참새, 신기한 마술, 송로 버섯 같았다. 수업이 끝나면 빗속을 찰박거리며 집에 돌아와 욕조에 뜨거운 물을 받아 거품 속에서 누워 큰 소리로 이탈리아어 사전을 읽으며 이혼에 대한 근심과 두통을 날려 버렸다. 심지어 기뻐서 깔깔거리기까지 했다. 휴대 전화를 일 미오 텔레포니노il mio telefonino(내 작고 귀여운 전화기)라고 부르기 시작했다. 헬로가 아닌 차오Ciao! 라고 인사하는 짜증 나는 사람들 중 하나가 되었다. 게다가 난 차오라는 단어가 어디서 유래했는지 꼭 설명하면서 더욱 짜증 나게 굴었지만(꼭 알고 싶어 하는 분들을 위해. 차오는 중세 베네치아인들이 사용하던 친밀한 인사말인 'Sono il suo schiavo!'라는 구절을 줄인 말이다. 뜻은 '나는 당신의 노예예요!'). 그저 이탈리아 단어들을 발음하는 것만으로도 섹시하고 행복해졌다.**80**

이것이 로마다. 로마는 로망의 도시다. 로마는 치료약이며, 우리가 살면서 겪게 되는 통증을 잊게 해주는 강력한 진통제이다. 기원전 753년부터, 그러니까 지금으로부터 약 2,800년 전부터 로마는 그 도시를 찾는 모든 관광객들에게, 성지순례자들에게, 줄리아 로버츠에게 삶의 위안과 인생의 기쁨을 제공했다.

로마에서 인생의 피로를 회복한 사람은 줄리아 로버츠뿐만이 아니다. 《젊은 베르테르의 슬픔》과 《파우스트》로 독일 문학을 단숨에 세계적 반열에 올려놓았고, 바이마르 공화국의 최고 공직자였던 괴테 역시 '인생에는 오직 의무밖에 없단 말인가?'라는 질문을 던지며 로마로 갔다. 탐구심 많은 괴테는 이탈리아에서 새로운 인간 유형을 발견하게 된다. 죽도록 일만 하면서 살아가는 독일 사람들에 비해 이탈리아 사람들은 '맛있게 먹고Mangiare, 즐겁게 노래하고Cantare, 뜨겁게 사랑하기 위해서Amare' 살아간다는 것을 발견하고, 큰 충격을 받는다.

(여기서는) 모든 사람이 단순히 살기 위해서가 아니라 즐기기 위해서 일하며, 심지어는 삶의 노동에서도 즐거움을 얻으려 한다는 것도 알아볼 수 있을 것이다.[81]

그랜드 투어의 종착지로 로마를 찾아온 괴테에게 로마는 "그야말로 큰 학교"였다.

나는 로마라는 그야말로 큰 학교에 들어왔는데, 매일 매일이 해주는 말이 많다 보니, 나로서는 그 하루에 대해 감히 무슨 말을 못 하겠다. 그렇다. 여러 해를 이곳에 머물면서 피타고라스 방식의 침묵 관찰을 한다면 정

말 좋을 것이다.[82]

　세월의 흐름에 따라 근본부터 변해버린 2,000년 이상 된 도시를 바라보는 일, 그러면서도 동일한 토양, 동일한 산, 동일한 기둥과 성벽을 바라보고, 또한 사람들도 그 옛날의 특성을 지니고 있음을 보는 일은, 운명의 거대한 해답을 알아내는 일이 될 것이다.[83]

줄리아 로버츠와 괴테가 사랑했던 도시, 로마. 상처 난 영혼에게 치료약을 발라주는 거대한 병원. 우리는 그곳에서 인간의 살아가는 방식이 얼마나 다양했는지, 인간의 영혼은 권력과 욕망의 정도에 따라 얼마나 부침을 거듭하는지, 예술은 또 얼마나 인간의 메마른 영혼을 촉촉하게 적셔줄 수 있는지 목격하게 된다. 로마는 그래서 오랫동안 인류의 로망이 되었다.

　로마라는 나라를 창건하기 위해 쌍둥이 동생 레무스를 죽여야 했던 로물루스의 숙명, 로마 마지막 왕가의 폭력 앞에 자신의 순결을 잃고 복수를 외치며 자결했

던 루크레티아, 브루투스의 칼에 찔려 숨을 거두면서도 끝까지 자기 얼굴에 묻었던 피를 닦으려 했던 율리우스 카이사르, 불타는 로마 시가지를 바라보며 트로이 성이 불타는 장면을 시로 읊었다는 네로 황제, 미켈란젤로와 카라바조가 시대를 넘어 예술혼의 정수를 보여주기 위해 한 치의 양보도 없는 세대 간의 대결을 펼쳤던 곳, 지금도 세상의 모든 죄인들이 모여와 무릎을 꿇고 하느님에게 용서를 구하는 영혼의 순례지!

우리는 로마에서 '재탄생'을 경험한다. 로마에서 우리가 보아야 할 것은 다시 태어난 우리 자신이다. 그러니, 로마로 들어가기 전에 반드시 던져야 할 질문이 있다. 그것은 바로 "인생에는 오직 의무밖에 없단 말인가?"라는 질문이다. 그럼 로마가 그 질문에 답해줄 것이다.

로마를 어떻게 떠날 것인가?

이제 우리의 그랜드 투어도 끝이 나고 있다. 로마를 떠날 때가 온 것이다. 무릇 여행이란 고향으로 돌아가는 긴 여정이다. 우리의 목적지는 로마가 아니라, 우리가 살고 있는 대한민국이다. 줄리아 로버츠도 미국 뉴욕으로 돌아갔고, 괴테도 독일로 돌아갔다. 우리도 로마를 떠나야 한다. 낡아빠진 문짝, 아무렇게나 진열되어 있는 채소 가게, 사르르 녹아 곧 사라질 것 같지만 달콤함은 끝내 소멸되지 않는 젤라토 한 입, 우리 마음을 활짝 열게 만드는 향기로운 와인 한 모금까지, 그 모든 로마의 기억은 아름다운 추억으로 남을 것이다.

로마에서 독일로 돌아가기 전날 밤, 괴테는 오래된 시 한 편을 기억하고 그것을 암송한다. 바로 《변신 이야기》의 저자 오비디우스가 로마에서 유배를 떠나기 전날 밤에 쓴 시이다. 로마에서의 마지막 밤을 보내던 괴테는 불면의 시간을 보내다가, 캄피돌리오 언덕까지 걸어갔다. 나도 로마에 있는 괴테의 집에서 캄피돌리오 언덕까지 실제로 걸어가본 적이 있다. 40분 정도 걸리는 거리다. 스페인 광장, 트레비 분수 쪽을 경유했다면 약 한 시간 정도 걸렸을 것이다. 캄피돌리오 언덕 어귀에서 괴테는 자기처럼 로마에서의 마지막 밤을 보내면서 시를 썼던 오비디우스를 문득 떠올린다.

> 저 밤의 슬프던 그 모습
> 내 영혼 앞에 오락가락하니
> 로마 시에서 보낸 나의 마지막 밤,
> 소중한 것들을 그토록 많이 내게 남긴
> 그 밤을 기듭 기억하노라면
> 지금도 눈에서 눈물이 흘러내린다.
> 사람들 소리와 개 짖는 소리 이미 잠잠한데
> 달님이여, 달님이 하늘에서 밤의 마차를 끌고 가시네.
> 달님을 올려다보다가 카피톨리노 사원을 보았지.
> 우리 수호 정령 라레스들이 그 신전과
> 맞닿아 있었건만 아무 소용 없었네.**84**

괴테는 오비디우스의 시를 기억하며 로마를 떠났다. "소중한 것들을 그토록 많이 남겼던" 소중한 로마의 추억은 괴테의 기억 속에서 사라지지 않았다. 괴테에게도 로마는 영원한 로망으로 남았을 것이다. 그러나 로마가 로망만으로 남는다면 우리는 로마를 여행하며 '수탉의 여행'을 한 것이다. 매일 새벽, 하루도 빠짐없이 목을 길게 빼고 목청껏 울어젖히는 수탉은 새벽을 깨우는 것이 아니라 그냥 새벽이 왔기 때문에 우는 것이다. 매일 반복되는 일상, 하루도 변함없는 무료한 일상을 보내는 수탉은 어제도 울었고, 오늘도 울었으며, 또 내일도 울 것이다. '인생에는 오직 의무밖에 없단 말인가?'라는 질문을 들고 로마로 왔다가 그냥 로망만을 안고 집으로 돌아간다면, 그것은 다시 일상으로 돌아가는 수탉의 여행일 뿐이다.

바젤 대학교 교수를 역임했고 독일의 르네상스 문학을 탄생시킨 세바스티안 브란트Sebastian Brant(1458~1521년)의 《바보배Das Narrenschiff》라는 책이 있다. 인생이라는 항해의 목적지를 상실한 채 바보들이 타고 가는 '바보배'를 통해 자신의 시대를 풍자했던 브란트 교수는 진정한 여행의 의미와 가치에 대해서 이렇게 설명한다.

바보라네, 여러 나라를 두루 여행하고도
바른 행실과 이성을 깨치지 못한 사람은.
처음 날아갈 때는 거위였는데,
고향에 돌아온 걸 보니 수탉이로구나.
파비아, 로마, 예루살렘에 다녀왔어도
그것만으로는 부족하다네.
이성과 이모저모 지혜의 덕목을
배워 와야 진짜배기라네.
나는 그런 여행을 권하고 싶네.**85**

우리가 로마를 떠나는 적절한 방법은 '거위의 여행'으로 그 도시를 기억하는 것이다. 우리가 로마로 갈 때는 매일매일 반복되는 일상을 거듭

하던 수탉의 모습이었다. 날개는 달렸지만 날지 못하는 새가 수탉이다. 우리는 일상에 지쳐 퍼덕거리는 수탉의 모습으로 로마에 왔다. 그러나 우리가 로마 여행을 마치고 집으로 돌아갈 때는 거위의 모습이어야 하리라. 로마에서 우리는 "이성과 이모저모 지혜의 덕목을 배워 와야" 한다. 그것이 진짜 여행이고, 로마로 떠나는 여행은 바로 그런 여행이어야 한다고 권하고 싶다.

괴테와 오비디우스가 로마에서 마지막 밤을 보냈던 캄피돌리오 언덕. 그곳에서 거위가 목청을 높여 운 적이 있었다. 기원전 390년, 로마는 알프스산맥을 넘어 남하한 프랑스 지역의 골 족에 의해 포위되었다. 로마 시민들은 캄피돌리오 언덕 위에 마지막 배수진을 치고 최후의 결전을 대비하고 있었다. 로마의 운명이 경각에 달린 그해 8월 3일, 칠흑 같은 어둠을 뚫고 골 족의 군사들이 캄피돌리오 언덕을 기어오르고 있었다. 아무도 예상치 못한 야간 기습 공격이었다. 그러나 캄피돌리오 언덕 위에 있던 거위 몇 마리가 갑작스런 적의 침공을 알리기 위해 꽥꽥거리며 울기 시작했다. 거위가 로마를 살린 것이다. 응당 이 야간 경비의 사명을 띤 동물은 집을 지키는 개였을 것이다. 그러나 개는 짖지 않고 대신 로마의 거위가 울었다.

그때부터 로마 시민들은 매월 8월 3일이면, 자신의 본분을 망각하고 늦잠을 잤던 개를 사형에 처하고 시기행진을 벌이는 축제를 열었다. '개에 대한 처벌Supplicia Canum'이라는 시가행진 축제이다. 그리고 그때 도축된 개고기는 노예에게 주어졌다. 무더운 복날이 다가오면 개는 로마에서도 수난을 면치 못한다.

거위는 로마를 상징하는 동물이다. 그래서 지금도 캄피돌리오 박물관에는 로마 시대에 만들어진 청동 거위가 목청껏 우는 모습으로 전시되어

나의 로망, 로마

있다. 로마를 떠날 때 반드시 보고 가야 할 작품이다. 로마로 올 때는 비록 일상에 지친 수탉의 모습이었지만, 로마를 떠날 때는 나라를 구한 거위의 모습으로 돌아가는 멋진 여행이 되었기를!

주

프롤로그: 로마-두 번째 탄생을 위한 오래된 지도

1) 윌리엄 셰익스피어, 이원주 옮김, 《맥베스》 2막 2장 71~74절(2012, 시공사), 93~94쪽.

2) 로마관광청EBTL의 기록에 따르면, 2014년 로마를 방문한 관광객은 13,043,567명이었고 그해 로마에서 숙박한 관광객은 29,527,178명이었다. 로마는 호텔에 투숙하는 외국 관광객에 시 세금City Tax을 부과해 관광객 수의 통계를 확보한다. Andrea Marini, "Tourists are flocking to Rome, and most of them are Americans," *Italy-Europe* 24(2015/6/20).

3) 요한 볼프강 폰 괴테, 안인희 옮김, 《이탈리아 여행》 1786년 12월 3일 로마에서 남긴 글(2016, 지식향연), 244쪽.

1장 세르비우스의 성벽 _로마 왕정의 역사

4) 리비우스, 《로마사》 1권 8절.

5) 리비우스, 《로마사》 1권 4절.

6) 리비우스, 《로마사》 1권 21절.

2장 스페인 계단 _포에니 전쟁과 로마 공화정의 역사

7) 폴리비우스, 《역사》 38권 21장 1~2절.

8) 폴리비우스, 《역사》 38권 22장.

3장 포로 로마노와 캄피돌리오 광장 _참된 인간의 의무는 무엇인가

9) 키케로, 허승일 옮김, 《키케로의 의무론》 3권 83절(2018, 서광사), 227쪽.

10) 마르쿠스 아우렐리우스, 《명상록》 4권 3절.

4장 미네르바 성당과 나보나 광장 _인간됨에 대하여

11) 타키투스, 김경현 등 옮김, 《타키투스의 역사》(2011, 한길사), 362쪽.

12) 윌리엄 셰익스피어, 최종철 옮김, 《셰익스피어 전집 4: 비극 1》 중 〈줄리어스 시
    저〉 3막 1장 237~252절(2014, 민음사), 239쪽.

13) 윌리엄 셰익스피어, 최종철 옮김, 《셰익스피어 전집 4: 비극 1》 중 〈줄리어스 시
    저〉 3막 2장 17~28절(2014, 민음사), 242~243쪽.

14) 윌리엄 셰익스피어, 최종철 옮김, 《셰익스피어 전집 4: 비극 1》 중 〈줄리어스 시
    저〉 3막 2장 236~238절(2014, 민음사), 251쪽.

15) 이 분야는 정태남 이탈리아 공인건축사의 선구적인 연구가 수행되었다. 참고 도
    서는 《건축으로 만나는 1000년 로마》(2013, 21세기북스), 10~67쪽 그리고 《로
    마 산책: 매력과 마력의 도시》(2008, 마로니에북스), 13~77쪽이다.

16) 키케로, 김남우 등 옮김, 《설득의 정치》 중 '아르키아스 변호연설' 2: 3(2015, 민
    음사), 233~234쪽.

17) 키케로, 김남우 등 옮김, 《설득의 정치》 중 '아르키아스 변호연설' 7: 16(2015,
    민음사), 243쪽.

18) 키케로, 허승일 옮김, 《키케로의 의무론》 2권 8절(2018, 서광사), 121쪽.

19) 키케로, 허승일 옮김, 《키케로의 의무론》 1권 51절(2018, 서광사), 49쪽.

5장 라르고 아르젠티나 _카이사르의 삶과 죽음

20) 나머지 진품 일곱 개는 라테란 성당, 성 베드로 대성당, 산타 마리아 델 포폴로
    광장, 몬테클리토리오 광장, 판테온 광장, 디오클레티아누스 황제의 욕장, 빌라 첼
    리몬타나에 각각 전시되어 있다. 로마 시대에 만들어진 복제품 네 개는 나보나 광
    장, 산타 마리아 마조레 성당 뒤편, 퀴리날레 궁 앞에 전시되어 있다.

21) 루크레티우스, 강대진 옮김, 《사물의 본성에 관하여》 1권 635~637, 645~647 행(2016, 아카넷), 72~73쪽.

22) 루크레티우스, 강대진 옮김, 《사물의 본성에 관하여》 3권 445~456행(2016, 아카넷), 224쪽.

23) 루크레티우스, 강대진 옮김, 《사물의 본성에 관하여》 3권 955~962행(2016, 아카넷), 257쪽.

24) 루크레티우스, 강대진 옮김, 《사물의 본성에 관하여》 3권 863~867행(2016, 아카넷), 251쪽.

25) 루크레티우스, 강대진 옮김, 《사물의 본성에 관하여》 2권 6~13행(2016, 아카넷), 111~112쪽.

26) 윌리엄 셰익스피어, 최종철 옮김, 《셰익스피어 전집 4: 비극 1》 중 〈줄리어스 시저〉 3막 1장 78절(2014, 민음사), 232쪽.

27) 윌리엄 셰익스피어, 최종철 옮김, 《셰익스피어 전집 4: 비극 1》 중 〈줄리어스 시저〉 3막 2장 107~108절(2014, 민음사), 246쪽.

28) Louis Antoine Fauvelet de Bourrienne, *Memoirs of Napoleon Bonaparte*(New York: Charles Scribner's Sons, 1891), Vol.1, 35장(1800년의 기록).

29) 플루타르코스, 이윤기 기획, 이다희 옮김, 《플루타르코스 영웅전 7》(2014, 휴먼앤북스), 304쪽.

30) 플루타르코스, 이윤기 기획, 이다희 옮김, 《플루타르코스 영웅전 7》(2014, 휴먼앤북스), 304쪽.

6장 판테온과 트레비 분수 _아우구스투스와 아그리파의 우정

31) 카시우스 디오, 《로마사》 53권 27절(기원전 24년).

32) 카시우스 디오, 《로마사》 52권 2절(기원전 29년).

33) 카시우스 디오, 《로마사》 52권 10절(기원전 29년).

34) 카시우스 디오, 《로마사》 53권 1절(기원전 28년).

35) 카시우스 디오, 《로마사》 54권 29절(기원전 12년).

7장 평화의 제단과 아우구스투스 영묘 _로마에서 추방된 비운의 시인

36) 베르길리우스, 《아이네이스》 3권 390~393절.

37) 오비디우스, 《변신 이야기》 15권 430~448절.

38) 오비디우스, 《변신 이야기》 1권 470~474절.

39) 오비디우스, 《변신 이야기》 1권 557~564절.

8장 콜로세움 _69년의 대혼란과 권력의 암투

40) 타키투스, 김경현 등 옮김, 《타키투스의 역사》 1 : 18(2011, 한길사), 67쪽.

41) 타키투스, 김경현 등 옮김, 《타키투스의 역사》 1 : 32(2011, 한길사), 79쪽.

42) 타키투스, 김경현 등 옮김, 《타키투스의 역사》 1 : 90(2011, 한길사), 129~130쪽.

43) 타키투스, 김경현 등 옮김, 《타키투스의 역사》 2 : 74(2011, 한길사), 193쪽.

44) 타키투스, 김경현 등 옮김, 《타키투스의 역사》 2 : 47(2011, 한길사), 173쪽.

45) 타키투스, 김경현 등 옮김, 《타키투스의 역사》 3 : 25(2011, 한길사), 245~246쪽.

46) 타키투스, 김경현 등 옮김, 《타키투스의 역사》 3 : 35(2011, 한길사), 253쪽.

47) 타키투스, 김경현 등 옮김, 《타키투스의 역사》 4 : 3(2011, 한길사), 309쪽.

9장 산탄젤로 성 _황제의 영묘에서 천사의 성으로

48) 단테, 한형곤 옮김, 《신곡》 지옥 편 18곡 28~33행(2012, 서해문집), 192쪽.

49) 마르쿠스 아우렐리우스, 《명상록》 1 : 7.

50) 마르쿠스 아우렐리우스, 《명상록》 1 : 16.

51) 마르쿠스 아우렐리우스, 《명상록》 2 : 1.

52) 마르쿠스 아우렐리우스, 《명상록》 3 : 4.

53) 마르쿠스 아우렐리우스, 《명상록》 4 : 48.

54) 마르쿠스 아우렐리우스, 《명상록》 6 : 13.

55) 마르쿠스 아우렐리우스, 《명상록》 8 : 50.

56) 마르쿠스 아우렐리우스, 《명상록》 9 : 42.

57) 마르쿠스 아우렐리우스, 《명상록》 12 : 36.

10장 디오클레티아누스 욕장과 카라칼라 욕장 _로마 제국의 쇠퇴

58) 세네카가 코르시카섬에서 쓴 글은 〈어머니 헬비아에게 보내는 위로De Consolatione ad Helviam Matrem〉, 〈위로문De Consolatione ad Polybium〉, 〈마르키아 여사에게 보내는 위로De Consolatione ad Marciam〉, 〈분노에 관하여De Ira〉, 〈인생의 짧음에 관하여De Brevitate Vitae〉 등이다.

59) 세네카, 김남우 등 옮김, 《세네카의 대화》 중 '어머니 헬비아에게 보내는 위로' 7절(2016, 까치), 366~367쪽.

60) 세네카, 김남우 등 옮김, 《세네카의 대화》 중 '어머니 헬비아에게 보내는 위로' 8절(2016, 까치), 369쪽.

61) 세네카, 김남우 등 옮김, 《세네카의 대화》 중 '마르키아 여사에게 보내는 위로' 6절(2016, 까치), 179쪽.

62) 세네카, 김남우 등 옮김, 《세네카의 대화》 중 '마르키아 여사에게 보내는 위로' 10~11절(2016, 까치), 184쪽.

63) 세네카, 김남우 등 옮김, 《세네카의 대화》 중 '마르키아 여사에게 보내는 위로' 19절(2016, 까치), 199쪽.

64) 세네카, 김남우 등 옮김, 《세네카의 대화》 중 '마르키아 여사에게 보내는 위로' 25절(2016, 까치), 211쪽.

65) 세네카, 김천운 옮김, 《세네카 삶의 지혜를 위한 편지》 7번째 편지(2016, 동서문화사), 26~27쪽.

66) 세네카, 김천운 옮김, 《세네카 삶의 지혜를 위한 편지》 21번째 편지(2016, 동서문화사), 72쪽.

11장 콘스탄티누스 황제의 개선문 _제국의 종교

67) 성 어거스틴, 선한용 옮김, 《성어거스틴의 고백록》 1권 7장(2016, 대한기독교서회), 54쪽.

68) 성 어거스틴, 선한용 옮김, 《성어거스틴의 고백록》 1권 19장(2016, 대한기독교서회), 71쪽.

69) 성 어거스틴, 선한용 옮김, 《성어거스틴의 고백록》 2권 4장 9절(2016, 대한기독교서회), 83쪽.

70) 성 어거스틴, 선한용 옮김, 《성어거스틴의 고백록》 4권 2장(2016, 대한기독교서회), 120쪽.

71) 성 어거스틴, 선한용 옮김, 《성어거스틴의 고백록》 8권 7장 16절(2016, 대한기독교서회), 261쪽.

72) 성 어거스틴, 선한용 옮김, 《성어거스틴의 고백록》 8권 12장 28절(2016, 대한기독교서회), 272쪽.

73) 성 어거스틴, 선한용 옮김, 《성어거스틴의 고백록》 8권 8장 20절, 9장 21절(2016, 대한기독교서회), 264~265쪽.

74) 성 어거스틴, 선한용 옮김, 《성어거스틴의 고백록》 10권 5장(2016, 대한기독교서회), 318쪽.

13장 바티칸 박물관과 서명의 방 _라파엘로의 <진선미 3부작>

75) 요한 볼프강 폰 괴테, 안인희 옮김, 《이탈리아 여행》(2016, 지식향연), 629쪽.

76) 베르길리우스, 《아이네이스》 2권 213~222절.

77) 신약성서 중 〈사도행전〉 9장 3~9절.

78) 단테, 한형곤 옮김, 《신곡》 연옥 편 16곡 106~108절(2012, 서해문집), 483~484쪽.

에필로그: 로마, 무엇을 보고 어떻게 떠날 것인가?

79) 엘리자베스 길버트, 노진선 옮김, 《먹고 기도하고 사랑하라》(2018, 민음사), 63쪽.

80) 엘리자베스 길버트, 노진선 옮김, 《먹고 기도하고 사랑하라》(2018, 민음사), 64쪽.

81) 요한 볼프강 폰 괴테, 안인희 옮김, 《이탈리아 여행》 1787년 5월 28일 나폴리에서(2016, 지식향연), 545쪽.

82) 요한 볼프강 폰 괴테, 안인희 옮김, 《이탈리아 여행》 1786년 11월 7일 로마에서 (2016, 지식향연), 214쪽.

83) 요한 볼프강 폰 괴테, 안인희 옮김, 《이탈리아 여행》 1786년 11월 7일 로마에서 (2016, 지식향연), 213쪽.

84) 요한 볼프강 폰 괴테, 안인희 옮김, 《이탈리아 여행》 뒷날 덧붙임 (2016, 지식향연), 892~894쪽.

85) 제바스티안 브란트, 노성두 옮김, 《바보배》 (2016, 일다), 144쪽.

그림 출처

27쪽 ⓒ김상근

61쪽 ⓒ김상근

64쪽 ⓒ김상근

86쪽 ⓒWikipedia/Erik Drost

107쪽 ⓒ김상근

116쪽 ⓒ김상근

133쪽 ⓒ김상근

145쪽 ⓒ김상근

169쪽 ⓒ김상근

171쪽 ⓒ김상근

198쪽 ⓒ김상근

202쪽 ⓒ김상근

205쪽 ⓒLuis García (Zaqarbal), 2008/02/13

217쪽 ⓒ김상근

238쪽 ⓒWikipedia/Marie-Lan Nguyen

243쪽 ⓒWikipedia/Eduardo Barrón González

276쪽 ⓒWikipedia/Mogadir

295쪽 ⓒ김상근

306쪽 ⓒ김상근

307쪽 ⓒ김상근

309쪽 ⓒ김상근

318쪽 ⓒWikipedia/Jean-Pol GRANDMONT

329쪽 ⓒWikipedia/Alvesgaspar

331쪽 ⓒWikipedia/Alvesgaspar

333쪽 ⓒ김상근

353쪽 ⓒ김상근

355쪽 ⓒWikipedia/Aaron Logan

357쪽 ⓒWikipedia/Jörg Bittner Unna

368쪽 ⓒ김상근

376쪽 ⓒ김상근

388쪽 ⓒWikipedia/Fondo Paolo Monti

찾아보기

연표

〈로마 왕정, 공화정, 제정 시대〉

<table>
<tr><td rowspan="16">기원전(B.C.)</td><td>753년</td><td>로물루스에 의해 로마가 건국되다.</td></tr>
<tr><td>753~509년</td><td>로마의 왕정이 이어지다.</td></tr>
<tr><td>509년</td><td>로마 왕정이 타도되고 공화정으로 전환되다.</td></tr>
<tr><td>453년</td><td>로마법을 만들기 위해 그리스에 사절단을 파견하다.</td></tr>
<tr><td>449년</td><td>최초의 성문법인 12표법을 채택하다.</td></tr>
<tr><td>390년</td><td>켈트족이 침공하여 로마가 위기를 겪다.</td></tr>
<tr><td>312년</td><td>아피아 가도Via Appia가 건설되다.</td></tr>
<tr><td>264~241년</td><td>제1차 포에니 전쟁이 발발하다.</td></tr>
<tr><td>218~202년</td><td>제2차 포에니 전쟁이 발발하다.</td></tr>
<tr><td>214~148년</td><td>마케도니아 전쟁이 발발하다.</td></tr>
<tr><td>202년</td><td>스키피오 아프리카누스가 자마 전투에서 한니발의 군대를 격파하다.</td></tr>
<tr><td>146년</td><td>로마군에 의해 카르타고가 정벌당하고 로마의 속주가 되다.</td></tr>
<tr><td>123년</td><td>그라쿠스 형제의 개혁이 실시되다.</td></tr>
<tr><td>88년</td><td>술라가 집정관에 취임하면서 마리우스와 대립하다.</td></tr>
<tr><td>73년</td><td>스파르타쿠스 반란이 일어나다.</td></tr>
</table>

60년	카이사르, 폼페이우스, 크라수스가 제1차 삼두정치를 시작하다.
55년	《사물의 본성에 관하여》를 쓴 루크레티우스가 사망하다.
52년	카이사르가 베르생제토릭스^{Vercingetorix}의 항복을 받아내고 갈리아 원정을 마치다.
49년	카이사르가 루비콘강을 건너 로마로 진격하다.
44년	카이사르가 폼페이우스 극장에서 암살당하다.
43년	안토니우스, 레피두스, 옥타비아누스의 제2차 삼두정치가 시작되다.
42년	필리피 전투에서 패한 브루투스와 카시우스가 자결하다.
31년	악티움 해전에서 안토니우스와 클레오파트라가 옥타비아누스에게 패하다.
27년	아우구스투스가 즉위하며 로마 제정 시대가 시작되다. 최초의 판테온 건물 공사가 시작되다.
19년	로마의 건국 신화를 쓴 베르길리우스가 사망하다.
9년	아우구스투스가 만든 〈평화의 제단〉이 완공되다.

기원후(A.D.)

4년	로마 제국의 창건자 아우구스투스가 티베리우스를 후계자로 결정하다.
64년	로마에 대화재가 발생하고, 네로가 도무스 아우레아를 건설하다.
65년	네로를 암살하려는 피소의 반란이 발생하고, 세네카가 자결하다.
68년	네로 황제가 자살로 생을 마치다.
69년	4황제 시대의 혼란을 극복하고 베스파시아누스가 즉위하다.
193년	셉티미우스 세베루스, 황제에 즉위하다.
211년	카라칼라가 황제에 즉위하다.
212년	카라칼라 황제, 로마 제국 영토 안의 모든 자유민에게 로마 시민권을 주다.
216년	카라칼라 황제, 카라칼라 욕장 건설을 마치다.

284년	디오클레티아누스 황제, 제국을 넷으로 분할하다.
303년	디오클레티아누스 황제, 그리스도교에 대한 대규모 박해를 시작하다.
313년	콘스탄티누스 황제, 밀라노 칙령을 내려 기독교를 공인하다.
324년	콘스탄티누스 황제, 제국을 재통일하고 단독 황제가 되다.
325년	콘스탄티누스 황제, 니케아 공의회를 주재하고 교회 내 분쟁을 조정하다.
330년	콘스탄티노플(비잔티움)이 제국의 새로운 수도가 되다.
395년	테오도시우스 황제의 둘째 아들 호노리우스가 황제로 즉위하다.
400년	성 히에로니무스가 라틴어 번역본인 《불가타 성서》를 완성하다.
410년	서고트 족이 로마를 약탈하다.
476년	서로마 제국이 멸망하다.

〈중세 시대〉

524년	보에티우스가 《철학의 위안De consolatione philosophiae》을 쓰다.
529년	성 베네딕트가 몬테 카시노Monte Cassino에서 베네딕트 수도회를 창건하다.
590년	성 그레고리우스 대제가 교황으로 선출되다. 로마에 전염병이 창궐하다.
800년	샤를마뉴가 로마에서 신성로마 제국의 황제로 취임하다.
1054년	로마 가톨릭 교회와 비잔틴 정교회가 분열되다.
1077년	카노사의 굴욕 사건으로 황제 헨리 4세가 교황 앞에 무릎을 꿇다.
1088년	유럽 최초의 대학, 볼로냐 대학이 개교하다.
1095년	교황 우르바누스 2세가 십자군 운동을 주창하다.
1144년	생드니 교회의 주교 수제르Suger가 프랑스 파리의 생드니 대성당

을 재건축하여 고딕 양식이 태동하다.

1203년   제4차 십자군 원정대가 콘스탄티노플을 공격하다.

〈르네상스 시대〉

1300년   교황 보니파키우스 8세가 최초의 대 희년을 선포하고 단테가 로마를 방문하다.

1309~1376년 교황청이 분열되어 아비뇽에 교황이 거주하다.

1308년   단테가 《신곡》을 집필하기 시작하다.

1341년   페트라르카가 로마에서 최고 시인의 월계관을 수여받다.

1347년   콜라 디 리엔초가 교황의 로마 통치에 저항하다.

1348~1350년 흑사병이 로마에서 창궐하다.

1414~1418년 독일 콘스탄츠Konstanz에서 가톨릭 교회의 분열을 종식하기 위한 회의가 열리다.

1417년   포조 브라촐리니가 독일 풀다 수도원에서 《사물의 본성에 관하여》사본을 발견하다.

1434년   코시모 데 메디치Cosimo de' Medici가 유배지에서 돌아와 피렌체를 통치하기 시작하다.

1435년   건축가 레온 바티스타 알베르티가 《회화에 대하여De Pictura》를 집필하다.

1453년   콘스탄티노플이 오스만투르크에 의해 함락되고 동로마 제국이 무너지다.

1454~1455년 독일 마인츠에서 《구텐베르크 성서》가 인쇄되다.

1495~1497년 레오나르도 다빈치가 〈최후의 만찬〉을 그리다.

1498년   지롤라노 사보나롤라가 피렌체에서 화형을 당하다.

1501~1504년 미켈란젤로가 〈다비드〉를 조각하다.

1506년	도나토 브라만테의 주도로 성 베드로 대성당 공사가 시작되다.
1508~1512년	미켈란젤로가 〈시스티나 성당의 천장화〉를 그리다.
1510~1511년	라파엘로가 〈아테네 학당〉을 그리다.
1513년	마키아벨리가 《군주론》을 집필하다.
1521년	보름스 제국회의에서 마르틴 루터가 종교개혁 철회를 거부하다.
1527년	신성로마 제국의 황제 카를 5세에 의한 '로마 대 함락'이 발생하다.
1528년	발다사레 카스틸리오네Baldassare Castiglione가 《궁정론Il Cortegiano》을 출간하다.
1534~1541년	미켈란젤로가 〈최후의 심판〉을 그리다.
1546년	티치아노가 〈교황 바오로 3세와 그의 가족〉을 그리다. 미켈란젤로가 성 베드로 대성당 공사의 책임을 맡다.
1546~1564년	미켈란젤로가 성 베드로 대성당의 돔을 설계하다.
1550년	조르조 바사리Giorgio Vasari가 《예술가 열전Le Vite》을 출간하다.
1580년	몽테뉴가 《수상록》을 출간하다.
1588년	스페인의 아르마다 무적함대Armada Invincible가 영국 엘리자베스 여왕의 해군에게 패하다.
1599~1602년	카라바조가 〈성 마태를 부르신 예수〉를 그리다.
1633년	갈릴레오 갈릴레이가 로마에서 지동설 재판을 받다.

나의 로망, 로마

초판 1쇄 발행일 2019년 6월 25일
초판 6쇄 발행일 2024년 1월 22일

지은이 김상근

발행인 윤호권, 조윤성
사업총괄 정유한

편집 최안나 **디자인** 박지은 **마케팅** 윤아림
발행처 ㈜시공사 **주소** 서울시 성동구 상원1길 22, 7-8층(우편번호 04779)
대표전화 02 - 3486 - 6877 **팩스(주문)** 02 - 585 - 1755
홈페이지 www.sigongsa.com / www.sigongjunior.com

글 ⓒ김상근, 2019 | 사진 ⓒ김상근, 2019

ISBN 978-89-527-9732-2 03920

*시공사는 시공간을 넘는 무한한 콘텐츠 세상을 만듭니다.
*시공사는 더 나은 내일을 함께 만들 여러분의 소중한 의견을 기다립니다.
*잘못 만들어진 책은 구입하신 곳에서 바꾸어 드립니다.

WEPUB 원스톱 출판 투고 플랫폼 '위펍' _wepub.kr
위펍은 다양한 콘텐츠 발굴과 확장의 기회를 높여주는
시공사의 출판IP 투고·매칭 플랫폼입니다.